这样读三国

龙镇 著

SPM
南方传媒　广东人民出版社
·广州·

图书在版编目（CIP）数据

这样读三国 / 龙镇著. —广州：广东人民出版社，2022.11
ISBN 978-7-218-16048-1

Ⅰ．①这…　Ⅱ．①龙…　Ⅲ．①中国历史—三国时代—通俗读物
Ⅳ．①K236.09

中国版本图书馆CIP数据核字（2022）第175228号

Zheyang Du Sanguo
这 样 读 三 国
龙镇　著

出 版 人：肖风华

责任编辑：冯光艳
封面设计：郭嘉玉
责任技编：吴彦斌

出版发行：广东人民出版社
地　　址：广州市越秀区大沙头四马路10号（邮政编码：510199）
电　　话：（020）85716809（总编室）
传　　真：（020）83289585
网　　址：http://www.gdpph.com
印　　刷：广州市豪威彩色印务有限公司
开　　本：787毫米×1092毫米　1/16
印　　张：22.5　字　　数：360千
版　　次：2022年11月第1版
印　　次：2022年11月第1次印刷
定　　价：48.00元

如发现印装质量问题，影响阅读，请与出版社（020-87712513）联系调换。
售书热线：020-87717307

前言

说什么权谋策略，只不过是人情世故罢了

中国人重人情。

所谓人情，就是人之常情。七情六欲、喜怒哀乐、爱恨情仇，皆人情也。

人情产自内心，体现于人际交往。人情往来，又名世故。

芸芸众生有人情，英雄豪杰也有人情。

由于《三国演义》的影响，三国时期那些叱咤风云的历史人物往往被脸谱化了：曹操老奸巨猾，刘备忠厚老实，关羽义薄云天，赵云一身是胆，诸葛亮神机妙算……但是，当我们排除小说的干扰，去看《三国志》《后汉书》这些正史的记载，我们会发现，所谓英雄豪杰，其实也是常人。他们和我们一样活在人情世界里，有着和我们一样的喜乐和烦恼，甚至他们在某一个历史时刻所做的重大决定，睿智也罢，愚蠢也罢，高尚也罢，卑鄙也罢，也不过是受到了各种人情世故的左右罢了。

何进斗不过宦官，是因为他的实力不够雄厚吗？非也！是因为他和妹妹何皇后之间，有着外人所不知的隔阂与猜忌。

1

董卓凭借三千人马，能够独揽朝政，是因为西凉兵的战斗力特别强吗？非也！是因为他通过各种人际关系控制了京师禁旅，又借为"党人"平反拉拢了士人集团，摆平了文武两道。

袁绍能一呼百应，成为反董卓联盟的带头大哥，仅仅是因为他"四世三公"的家世吗？非也！是因为他年轻的时候行侠仗义，积累了众多的人脉资源。

关羽镇守荆州，为什么不执行刘备"联孙抗曹"的指示，非要得罪孙权，以至于兵败身亡？是因为他真的看不起孙权吗？非也！是因为他太急于证明自己的价值，总想一个人办大事、立大功，过度的骄傲实质上是不自信。

诸葛亮用兵如神，为什么总是打不出祁山？是因为老天不帮他吗？非也！是因为诸葛亮过于谨慎，总想万无一失，结果绑住了自己的手脚，影响了正常水平的发挥。

这是一本关于三国人情世故的解剖书，没有任何戏说的成分，引证的资料均来自正史。

读完它，您或许会对三国那些人、那些事有一个全新的认识。

目录
CONTENTS

1

第三章　袁绍的江湖与庙堂

第四章　曹操的自我救赎

第五章　刘备的厚道

第一章

何进的智商

统帅	39
武力	40
智力	6
政治	41

这是日本一家著名的游戏软件公司KOEI（光荣公司）出品的历史模拟游戏《三国志12》中，对何进的各项能力值的设定。

无论是在《三国演义》小说中，还是正史的记载中，何进的智商堪忧。

为什么？

黄巾起义后，何进以大将军的身份掌控朝政，手下拥有众多雄兵猛将，但为了对付几个手无缚鸡之力的宦官，竟然引狼入室，号召各地诸侯带兵进京勤王，开启了东汉末年诸侯干政、军阀混战的乱局。

何进本人也被宦官们设局杀死。他既害了国家，也害了自己。稍微有点头脑的人，不会做这样的事。

但是，当我们带着"何进的智商真的那么低吗"这个问题去翻阅史料，寻找线索，或许不会那么轻易地下结论。

何进并不傻

何家世居南阳宛城，本为屠户。何进之所以能够当上大将军，当然不是因为他博学多才、聪明能干，而是因为他的妹妹是汉灵帝的皇后。

这不意味着何进必然就很傻，虽然在很多文学和影视作品中，"国舅爷"总是以一副傻乎乎的形象出现。

凭借着妹妹的裙带关系，何进从郎中干起，先后当过虎贲中郎将、颍川太守、将作大匠、河南尹，按照现在的标准，都是省部级的高官。

据《后汉书》记载，在这些显赫的位置上，何进虽然没什么特别的政绩，但也没犯什么明显的错误。细究起来，他对朝廷还是做出过一点点贡献的。确切地说，还不只是"一点点"。

光和七年（184年），发生了中国历史上著名的黄巾起义。

起义的领导者张角创建了一个叫作太平道的宗教组织。张角自称"大贤良师"，以画符治病为名，传道十余年，足迹遍布天下，发展教众数十万人，却没有引起官府的警惕。河北的地方官员甚至上书皇帝，说张角"以善道教化，为民所归"，大有褒赏之意。整个东汉王朝，从中央到地方，对太平道都视若无睹，只是将其当成一个普通的宗教组织，甚至认为它能缓解社会情绪，有助于稳固统治。

朝廷麻痹大意，张角便大胆行事。他将天下教众按地域分为三十六方，大方万余人，小方六七千人，计划于是年三月五日同时举事，全国起兵。这项计划的一个核心环节是，张角派弟子马元义潜入洛阳，策反了汉灵帝身边的高级宦官——中常侍封谞、徐奉，并暗中纠集了一千多名党羽，准备在三月五日那天发动政变，裹胁天子，控制朝廷。

如果这场政变成功，历史无疑将要改写。

何进发现了马元义的阴谋，迅速采取行动，将封谞、徐奉等人一网打尽。很大程度上讲，何进挽救了朝廷。

当时，何进的职务是河南尹。东汉的河南尹，相当于明朝、清朝的顺天府尹，管辖包括洛阳在内的京畿二十一县，负责京师的治安。

何进的运气不错，张角的另一位弟子唐周出卖了马元义，将政变的计划报告了官府。

唐周为什么要背叛张角，成就何进的好事？细节已经无从考证。《后汉书》中有这么一句记载："张角别党马元义谋起洛阳，（何）进发其奸，以功封慎侯。"可知何进并非坐享其成，而是主动作为，破获了案件，因此朝廷封他为慎侯，以示褒奖。

显然，这并不是瞎猫碰上死耗子。能够将这么大的一桩阴谋处理得干净利落，绝不仅仅是因为运气好。

马元义的失败，迫使张角不得不在准备工作没有完全做好的情况下，提前发动了起义。而朝廷已经有所戒备，派出三名经验丰富的武将——卢植、皇甫嵩、朱儁，统率中央和地方军队讨伐起义军，用了不到一年时间就将起义扑灭。

在此期间，何进晋升大将军，统率中央禁旅，镇守京师洛阳。

大将军一职，于两汉极为尊贵，食禄万石，排名更在三公之前，可谓一人之下，万人之上。东汉的大将军基本由外戚担任。何进当上大将军，本来也在情理之中，只不过此时获任，更有一层临危受命的意思。何进的弟弟何苗则接替他当了河南尹。换句话说，汉灵帝将自身的安全，全部托付给两位国舅爷了。

如果何进是个白痴，就算汉灵帝再糊涂，何皇后的枕边风再厉害，恐怕朝廷也不会做出这样的一个决定吧？

黄巾起义被镇压后，何家的势力进一步扩张。中平四年（187年），何苗被拜为车骑将军。

两汉的体制，自大将军以下，又有骠骑将军、车骑将军、卫将军，四将军均食禄万石，仅授予特别亲贵之人，以示尊荣。何氏一门两将军，即便在以外戚专权而闻名的东汉王朝，也算是相当罕见的了。

中平五年，何进建议汉灵帝在原有的京师禁旅之外，建立一支直属于中央的机动部队，名为西园军。

汉朝的京师禁旅，有南北之分：北军护卫京师，南军警备皇宫。北军五校尉所部，归北军中候监管；南军各部，包括南北皇宫卫士、五官郎、左署郎、右署郎、虎贲郎、羽林郎等，则分属郎中令、卫尉等朝廷大员，体系颇为繁杂。何进以为天下未平，中央必须建立一支随时可以出战的常备军，用以镇压农民起义和对付外族入侵，同时保持对地方的军事优势。

汉灵帝同意何进的建军计划，也同意何进的人事安排：西园军设八校尉，袁绍、鲍鸿、曹操、赵融、淳于琼等人分别被任命为中军校尉、下军校尉、典军校尉、助军校尉、佐军校尉等职。这些人都是何进的亲信。

但是，汉灵帝又在西园军中安插了一个宦官——中常侍蹇硕被任命为上军校尉，名列八校尉之首。不仅如此，蹇硕还得到了一个"元帅"的头衔，职权是"督司隶校尉以下"的文武百官，连大将军都要受其节制。

汉朝四百年，还从来没有过元帅这个官职。大将军本是一人之下，万人之上，位极人臣，连三公都要排在大将军后面。那么，元帅又是什么级别？该拿多少俸禄？

汉灵帝此举，足见其昏乱，但也不难理解。何进以国舅之尊，居大将军之位，本来就权势熏天，现在再直接掌握西园军，必须有所约束。而利用宦官来制衡外戚，本来就是东汉皇权政治的特色。

如果要了解东汉末年乃至三国年间的人情世故，便不得不说一说外戚、宦官、士人三者之间的恩怨纠葛了。

东汉王朝的势力划分

东汉王朝的积年流弊，天下士人和百姓深恶痛绝的，便是外戚与宦官争权，扰乱朝纲，祸害天下。

东汉建立之初，汉光武帝刘秀曾经明令："凡后族、宫戚，不得封侯与政。"拒外戚于政权之外。

从制度设计上讲，这一规定有其合理性。因为皇权父子相承，新天子即位的时候，往往年龄不大，甚至没有成年，太后不免要临朝听政。外戚借机掌握大权，轻则把持朝政，架空天子；重则废立天子，颠覆社稷。这绝非危言耸听，自打汉朝建立，这种危险便一直存在。汉高祖刘邦死后，吕太后临朝，险些将刘氏江山变成吕氏江山。汉文帝、汉景帝、汉武帝三朝，国势号称强盛，外戚干政的阴影也无处不在。汉武帝临死前，为了防患于未然，甚至于"立其子而杀其母"，将太子刘弗陵之母钩弋夫人杀死。然而并没有什么作用，几代之后，大权仍然落入外戚之手，最终被王莽篡夺了江山。汉光武帝中兴汉室，吸取历史教训，防微杜渐，出台这样的政策也就不足为奇了。

汉明帝、汉章帝两朝，尚能坚持光武遗命。然而，等到十岁的汉和帝即位，窦太后临朝，违反定规封其兄窦宪为大将军，潘多拉的盒子便被打开了。汉和帝去世后，遗孀邓太后以太子刘胜"有疾"为由，改立刚刚出生百日的次子刘隆为君，是为汉殇帝。邓太后的哥哥邓骘被封为车骑将军，其他兄弟或封虎贲中郎将，或为侍中。邓氏一门，权倾朝野。光武遗命，遂成废纸。此后外戚干政，更是明目张胆，废立天子，有如儿戏。为了把控朝廷，外戚们所立的皇帝，多为无知幼童，甚至是襁褓之中的婴儿。这些可怜的小皇帝，除了听母后的话，还能有什么作为？刘氏的江山，实际上已经成为外戚的天下，这是本朝自汉殇帝以来公开的秘密。

就是在这种阴盛阳衰的政治气候下，另一股不阴不阳的势力悄然生长了。

宦官，这些卑微而残缺的影子，本来只能躲在皇宫最阴暗的角落里悲叹自怜，不知道从什么时候开始却成为天子身边的红人。这也难怪，这些小皇帝被母后和她的娘家人控制，表面上贵为九五之尊，其实不过是任人摆布的傀儡，如果他们有幸活到懂事的年龄，就会发现，自己真正能够依赖的人，只有那些从小照顾自己的白面无须人。这是一种相依为命的感情。

宦官对抗外戚，始自汉和帝朝。钩盾令郑众本来只是一个管理皇家园林的中级宦官，却受天子的重托，制订周密的计划，扳倒了权倾一时的大将军窦宪。也就是从这一天开始，外戚和宦官的战争拉开了序幕。

汉婴帝去世的时候，宦官孙程发动政变，诛杀外戚阎氏，立前废太子刘保为帝。为了报答孙程，汉顺帝刘保不但封孙程为侯，而且拜为骑都尉，并许其养子世袭爵位，开"宦官养子悉听得为后，袭封爵"之先河。

汉冲帝、汉质帝、汉桓帝时期，外戚梁冀擅权，飞扬跋扈，空前绝后。汉桓帝竟也有些作为，与单超、徐璜、唐衡等五名中常侍啮臂为盟，由宦官带领禁军千余人发动政变，包围梁冀府邸，一举剿灭梁氏。单超等人因此而同日封侯，世称"五侯"。单超更被封为车骑将军，荣宠无比。

权力使人腐败，宦官们既然参与朝政，掌握了大权，便不免作威作福起来，相比外戚毫不逊色。连带他们的兄弟姻亲，"皆宰州临郡，辜较百姓，与盗贼无异"。天下百姓，在外戚与宦官的轮番压榨中过着水深火热的日子。

汉灵帝的身边，除了塞硕，还有张让、赵忠等宦官受到宠幸，被世人称为"十常侍"。不消说，这十常侍也是为非作歹，无恶不作。而汉灵帝对他们的信赖也到了无以复加的地步，他甚至对人说："张常侍是我公，赵常侍是我母。"有史以来，认宦官作父母的天子，恐怕也只有这么一位了。

外戚与宦官，构成了东汉皇权政治的两极。而士人作为第三股势力，同样也在政治生活中发挥重要的作用。

士人是什么？士人就是读书人，习孔孟之道，存经世之心，穷则修身齐家，达则治国平天下。东汉的官僚体系便是由庞大的士人集团支撑起来的。换句话说，士人就是专业官僚，是东汉社会的精英阶层。

本来，在外戚与宦官旷日持久的战争中，士人处于游离状态，既看不起宦官也看不起外戚，既被宦官压迫也被外戚欺负。只要稍重名节的士人，都不屑于与外戚或宦官为伍。可是，起源于汉桓帝年间的一场"党锢之祸"，改变了三者之间的关系。

风起于青萍之末。早在汉和帝朝，便有官员站出来批评外戚干政，以为不合祖制，必须革除，朝中反对党初露头角。汉桓帝时，宦官权倾天下，官员中自有坚贞之士，不屑与宦官为伍，成为浊世中的清流。国家的最高学府——太学中，亦形成了清议时政、抨击宦官的风气。于是官学互为推重，结成"党人"，以上书、请愿等形式，要求将宦官清出朝廷，赶回后宫。更有李膺、杜密等正直官员，依法惩治不法宦官及其党羽，雷厉风行，无所畏惧。宦官们受到前所未有的威胁，自然不肯束手待毙，于是全力反扑。

延熹九年（166年），宦官们控告李膺等人结党营私，妄议朝政，图谋不轨。汉桓帝偏听偏信，下令逮捕党人。于是缇骑四出，天下骚动。各地官吏为了邀功，乱捕无辜，波及者甚众。"党锢之祸"，由此肇始。

士人在这场政治迫害中表现得颇有风骨。司空府掾属陈寔听说众人被捕，主动上门请囚，宣称："吾不就狱，众无所恃。"度辽将军皇甫规耻于自己未被列入黑名单，上书自称党人，要求朝廷收捕。太尉陈蕃先是拒绝签署逮捕党人的文书，后又不断上书劝谏，终被罢官。汝南郡功曹范滂入狱，宁死不屈，甚至连提审的宦官都为之感动。

便是在这样一种悲壮的气氛中，窦武挺身而出了。

窦武是汉桓帝皇后的父亲，时任城门校尉，封槐里侯。窦武的身份比较特殊，既是外戚，也是士人，而且是享有盛名的士人。年轻的时候，窦武便以经术德行著称，"名显关西"。因为女儿的关系，他做过郎中、越骑校尉，后来才做到城门校尉。虽然官职不显赫，但是以其国丈的身份，无疑可以获得很多好处。而窦武洁身自好，不肯恃宠营私。宫中每有赏赐，他都拿来资助贫困的太学生，或者换成粮食，赈济灾民。至于兄弟子侄，窦武也严加管束，不使越位。于是在士人百姓心目中，窦武声名日盛，虽不在党人之列，却为党人所推崇。

永康元年（167年），窦武上书汉桓帝，为党人辩护，直指"陛下所行，不合天意"，请求宽恕党人，弃用宦官，并奉还城门校尉及槐里侯印绶，以示决心。汉桓帝被打动，下旨大赦天下，释放党人二百余人，但同时将他们的名字记录在案，禁锢终身，不得做官。

所谓士人，学而优则仕，如果失去了做官的资格，就会痛苦不堪。党人们郁闷之余，抱团取暖，共相标榜，"指天下名士，为之称号"，选出自己的精神领袖。最高级别号称"三君"，窦武、刘淑、陈蕃便是三君。其下又有"八俊""八顾""八及""八厨"之属，均为海内知名士人。党人的活动转入地下，却酝酿了更大的风暴。

永康元年十二月，汉桓帝去世。因为身后无子，窦武与众臣迎立解渎亭侯刘宏为君，是为汉灵帝。原来的窦皇后变成了窦太后，窦武升任大将军。天下士人百姓，突然间看到曙光，莫不翘首盼望窦武拨乱反正，铲除宦官，重振朝纲。窦武和陈蕃等人也积极策划，想将宦官一网打尽。

差那么一点点，历史就要被改写了。正当窦武准备动手的时候，宦官们抢先发难。他们以鱼死网破的勇气，伪造了汉灵帝的诏书，号令虎贲、羽林卫士收捕窦武，并以此欺骗刚刚班师回朝的护匈奴中郎将张奂，向支持窦武的部队发动进攻。命运的天平不可理喻地倾向了宦官。窦武兵败自杀，陈蕃、李膺、杜密等百余人被杀害，株连六七百人。党锢之祸，卷土重来，比上一次更为惨烈，对士人的打击更大。如《后汉书》所载："凶竖得志，士大夫皆丧其气矣！"

直到黄巾起义爆发，汉灵帝为了笼络人心，才宣布解除党锢，重新起用党人。

长达十余年的党锢之祸，是东汉士人心头长久的痛，也使得士人彻底地站到了宦官的对立面，与宦官的死敌外戚结成了同盟。

何进的身边聚集了一群士人，这些人文能赋诗解经，武能上阵杀敌，相当一部分人还有过镇压黄巾军的实战经验，绝非纸上谈兵之徒。更重要的是，他们还有庞大的家族势力和盘根错节的社会关系作为后盾，弥补了何进卑微的出身带来的缺陷。

一个脱离了低级趣味的人

何进向宦官发起第一次进攻，是在镇压黄巾起义时期。当时，豫州刺史王允在接收投降的黄巾军时，找到了张让等人写给张角的信，并转到了何进手里。

宦官私通张角，并不见得都像封谞、徐奉那样抱有政治目的。黄巾起义前，谁也不知道太平道竟然怀有颠覆天下的野心，张角在人们心目中也不过是位画符治病的道长罢了。谁不愿意跟他打交道呢？宦官也是人，也有三病两痛，也想长命百岁。于是形形色色的太平道教众开始偷偷出入宫禁，为宦官们烧香祈福，画符治病。张角当然知道宦官的价值，他本人没有亲临洛阳，却给宦官们写了许多信，并且附上他亲笔画的符箓。宦官们因此也给张角写了回信，没想到却成了私通黄巾军的铁证。

何进以此为依据，向汉灵帝揭发十常侍谋逆。对于宦官来说，这是一场灭顶之灾。然而汉灵帝却有意放水，放松了对他们的审查，事情最终不了了之。

宦官们很快反扑，在汉灵帝面前诬陷王允谋反，将他关进大狱，欲治死罪。何进与太尉袁隗、司徒杨赐联名上书，为王允辩白。天子最终赦免了王允的死罪，交付有司重新审判。张让等人又从中作梗，何进则想方设法营救。几经周折，王允总算出狱，但已经无官可做，只能退隐山林。直到汉灵帝去世后，何进才又将王允请回来，先是让他做了大将军府的幕僚，后来又委以重任——此乃后话，暂且不表。

何进为什么要如此不遗余力地帮助士人来对付宦官？

这个问题不能简单地用"外戚与宦官是天敌"或者"敌人的敌人就是朋友"来回答。

首先，外戚不是一种与生俱来的身份。何进在成为外戚之前，是宛城的屠户，混迹于市井之间，来往的都是贩夫走卒、普罗大众。市井自有市井的价值观。普通百姓不懂什么春秋大义，但是看得到宦官子弟的胡作非为，听得到士人与宦官斗争的悲壮故事，感受得到谁是谁非，谁是好人，谁是坏人。这种价值判断极为朴素，同时也易于放大。一如《鹿鼎记》中韦小宝在丽春院里听客人们讲故事，自然会崇拜反清复明的天地会英雄，鄙视投降满人的吴三桂。东汉末年的芸芸百姓，如果不同情士人在党锢之祸中的遭遇，进而对宦官产生更深的厌恶，那就真是奇事了。

而且，不孝有三，无后为大。在中国传统的价值观中，宦官本来就预先被打上了不孝之名。就算是一个好的宦官，也难免被人指着脊背嘲笑；何况这么多年来，好的宦官少之又少，坏的宦官层出不穷。宦官作为一个群体，看似高踞社会顶层，实则已被千夫所指，遭人唾弃。

再者，仗义每多屠狗辈。出身屠户的何进，天生一副热心肠，为人仗义，敢于出头，不怕麻烦。士人们也许看不起他没文化，但是折服于他的宽厚和豪爽。袁绍、曹操、王允、荀攸之流，都是当世一等一的人才，甘于为何进驱使，亦足见其有过人之处。当然，何进对袁绍等人，也是极其信赖，言听计从。

士人们升华了何进的价值观。在与袁绍等人打交道的过程中，何进慢慢地明白了一个道理：历史是士人书写的，与宦官作战，乃是顺应潮流的壮举。如若成功，将使得他名留青史，光宗耀祖；否则的话，就算他做到了大将军，在本朝的史书中留下一个名头，始终也不过是一介平庸之辈，黯淡无光。

是人都有理想，何进也不例外。他决心改变历史，做一个脱离了低级趣味的人。他要消灭宦官，重振朝纲，复兴汉室。反过来说，宦官们也意识到了何进的威胁，想尽办法反攻。双方明枪暗箭，你来我往，打得不可开交。

汉灵帝在位的时候，双方大致上势均力敌。到了中平六年（189年），汉灵帝突然病死，这种平衡就被打破了。

十四岁的太子刘辩登上皇位，是为汉少帝。何皇后变成了何太后，改元光熹，朝中大事，悉任大将军何进处置。另外提拔后将军袁隗为太傅，与何进同录尚书事。

太傅为古代三公之一，原义是天子的辅弼。先秦时期，三公之制变化颇多，名目也一改再改。东汉以太尉、司徒、司空为三公，太傅则变为虚职。未成年的皇帝即位，往往设置太傅辅佐朝政，实为小皇帝的老师。事实上，大将军也罢，太傅也罢，三公也罢，从某种意义上讲，统统都是浮云，真正厉害的，是"录尚书事"。

长话短说，在汉武帝之前，中国的君权是和相权并存的。西汉初年的体制里，丞相为百官之长，主管政事，有封驳诏书的权力，对皇权形成制约。汉武帝为了限制丞相的权力，在自己身边创造了所谓的"中朝"，以区别于以丞相为首的"外朝"。中朝的核心，便在于天子的秘书机构——尚书台。代表天子意愿的各类诏书，统统从尚书台发出，不再由丞相签发。久而久之，外朝被架空，连丞相一职也不复存在，变为三公中的司徒了。不言而喻，谁控制了尚书台，谁就控制了帝国的中枢。然而，尚书台的长官尚书令，却只是一个秘书长，食禄千石，名义上还是九卿之一的少府的属官，怎么能够服众？于是又有了所谓的录尚书事之制，即由朝中大臣来领导尚书台，可以坐班，也可以不坐班，所有诏书都必须经过他同意才能签发。录尚书事，便成为了汉朝大臣掌握实权的最重要标志。

袁隗是袁绍的亲叔叔。若以"斗地主"比喻，何进将大小王和四个2抓在手上，已经胜券在握。在这种情况下，宦官们不得不向何进摇尾乞怜，虽然这并不容易。他们出卖了自己的同党，将蹇硕写给他们的一封密信交给了何进。信的内容大概是要宦官们坚定信念，下定决心，趁何进来上朝的时候发动政变，刺杀何进。

何进得到这封信，立马逮捕蹇硕，斩首示众。

这样一来，西园军的军权就全部抓在何进手里了。他现在不只是有大小王和四个2，还有了四个A。然而战争并没有结束。本朝的历史经验告诉何进，如果不将宦官势力彻底从中央政权中剔除，他们总有一天会卷土重来——不是十常侍，便是十常侍的徒子徒孙。何进决心一劳永逸地解决这个问题，也就是在体制上将宦官逐出朝廷，永远不得干政！只有这样，他才算是真正超越了前人，他的事业才不是又一次外戚与宦官的互相撕咬，他的生命才被赋予了崇高的意义。

袁绍将这场战争进行到底的态度则更为坚决。何进或许可以软弱，袁绍却不可以软弱；外戚或许可以和宦官和解，士人却不能再过阉党当道的日子。这恐怕不是袁绍一个人的执念，也是当时天下士人共同的心声，同时还是所有百姓内心的呐喊。

按理说，何进和袁绍取得这场战争的胜利，已经是水到渠成，易如反掌。可是，为什么袁绍又给何进出了一个臭名昭著的主意，宣召各路诸侯带兵进京"助拳"，将一手好牌打成了烂牌呢？

▌崇高的理想遇到倔强的女人

问题隐藏在"崇高"两个字背后。

当何进听从袁绍的建议，向妹妹何太后提出，要将宦官逐出朝廷，改用士人任事的时候，这位漂亮寡妇严肃地告诉他：宦官统领禁中事务，乃是汉朝的传统，怎么可以废除？而且，先帝刚刚驾崩，我一介妇人，又怎么方便与这些衣冠楚楚的士人相对共事？

何太后的历史学得不好。有汉以来，宦官统领禁中事务是没错，可是这个禁中事务，本来仅限于与后宫相关的事务。自从汉和帝朝后，宦官们才逐渐进入朝廷中枢，在天子的授意下批阅奏折，签发诏书，直至干涉国政，扰乱朝纲。现在，何进要让宦官恢复本来的职守，只能说是拨乱反正，有何不妥？

何进据理力争。何太后却是个倔强的女人。当年，在汉灵帝的后宫中，何皇后以善妒和霸道而闻名。嫔妃们怀了龙种，往往不喜反忧，生怕何皇后上门来找麻烦，甚至有人害怕到偷偷堕胎，以求自保。后来的汉献帝刘协就差点被他的母亲王美人打掉。而王美人生下刘协后，终不能幸免，被何皇后派人下药毒死。是以刘协从小到大都由祖母董太后抚养，人称"董侯"。

顺便说一下，汉灵帝在位的时候，追尊自己的父亲刘苌为孝仁皇帝，又封母亲董氏为慎园贵人，也就是董太后。董太后的侄子董重当了骠骑将军。汉灵帝死后，何太后临朝，令何进以谋反的罪名将董重下狱处死，又令董太后搬回河间老家去居住。不久，董太后便忧郁而终，距离汉灵帝去世不过四个月。世间传闻，董太后是何太后派人毒死的。以何太后一贯的行事风格来看，并非没有可能。

何进没法说服何太后，想就此罢手，然而袁绍等人不同意。如果不将剩勇追穷寇，将宦官们彻底逐出朝廷，等到宦官们缓过劲来，又将是一场腥风血雨！

何进听从袁绍的建议，称病不朝。汉灵帝的遗体还停在宫中，他也不去守灵。到了出殡那天，他也不参加送葬。他以这种方式向何太后提出抗议，企图逼迫何太后就范。可是，他错了，他的整个智囊团都错了。袁绍、荀攸这班人确实是足智多谋，但是没有对付女人的经验，尤其是没有对付何太后这样倔强的女人的经验。她冷冷地面对何进的缺席，依靠袁隗和何苗等人办完汉灵帝的丧事。对于驱逐宦官一事，仍旧没有任何表示。

这个女人脑子里究竟在想什么呢？袁绍百思不得其解。还有一件事情也是他始料不及的：就在何进称病不朝的日子里，十常侍一伙人已经和何太后的母亲舞阳君搭上了线，将多年来搜刮的财宝源源不断地送到了舞阳君和何苗府上。舞阳君受人钱财，替人消灾，免不了时常在女儿面前为宦官们说上几句好话，甚至还表露了"你哥哥千方百计要赶走你身边的人，就是好让他自己独揽大权"的意思。

舞阳君为什么会帮着宦官来说自己儿子的坏话？

答案很简单，何进不是她儿子。

《后汉书》明确记载，何太后是何进的"异母女弟"。既然异母，则舞阳君不是何进的母亲无疑。

关于这一家人的具体情况，可以这样推测：何进的父亲何真先后娶过两个老婆，第一个老婆生了何进，第二个老婆生了何苗和何太后。又或者，何真娶了一妻一妾，妻生了何进，妾生了何苗和何太后。无论是哪种情况，可以肯定的是，从血缘关系上讲，舞阳君、何苗、何太后才是真正的一家人，何进只是外人。

而今，这个外人凭借着何太后的关系掌握了天下的大权，还咄咄逼人地要求何太后驱逐身边的宦官，怎么能令舞阳君不反感？更何况，出于谁都想象得到的原因，她本来就对这个名义上的儿子抱有诸多成见。

何进与十常侍的战争，不知不觉间变成了何进与何太后的角力。主动权操纵在何太后手里，她有的是时间和精力，她只要安如泰山，何进便无计可施。舞阳君的话起了作用，撇开感情不谈，即便是从理性上考虑，何太后也觉得有必要在朝中保留一股能够抗衡大将军的势力。否则，谁敢保证大将军不会成为又一个梁冀，甚至又一个王莽呢？

日子一天天过去，何进一方首先失去了耐心。袁绍又给何进献了一计。他坚信，女人是经不住恐吓的，如果恐吓无效，那就继续恐吓。他要让太后明白，不是大将军想对付宦官，而是天下人都盼望宦官倒台，包括那些手握重兵的地方诸侯们。

于是中国历史上著名的"茅招"出台了——何进下令四方诸侯，打着"诛阉党，清君侧"的旗号，各自引兵向洛阳进发，向太后发动兵谏。

这个计划当时便遭到了反对。主簿陈琳直言："大将军手握重兵，却为了这点小事而召集诸侯，岂不是倒持干戈，授人以柄吗？"典军校尉曹操也说："大将军要对付几个宦官，派一名典狱长出面就是了，哪里用得着四方诸侯，兴师动众？"但是反对无效。说穿了，何进并非没有足够的武力对付宦官，而是没有足够的理由说服何太后。如果得不到何太后的支持便贸然对宦官动手，那就相当于谋反。

在何进的授意下，前将军董卓进军关中，屯兵上林苑；大将军府掾王匡回泰山老家征召强弩之士，与东郡太守桥瑁一道进驻城皋；羽林骑都尉丁原率领骑兵火烧黄河孟津渡口，火光冲天，连洛阳城内都看得清清楚楚。董卓还根据何进的意思，给朝廷上了一封奏折，大意是：中常侍张让等人仗着太后宠信，为祸海内，扰乱天下。臣以为扬汤止沸，不如釜底抽薪；挤破脓疮，难免疼痛，但是好过坐视其大。今臣兴师前来，请求陛下痛下决心，逮捕张让等人，以清除污秽，重振朝纲。

如果是一般的女人，很可能被这封气势汹汹的奏折吓坏了。可是，当何进派人来告诉何太后，如果再不放弃宦官，董卓便要带兵冲进城来的时候，她依然咬紧了牙关，坚决不松口。很难理解这是一种什么样的感情，她几乎是用全身的力气保护声名狼藉的宦官，维护他们干预朝政的权力。也许，她天生有着一种不受威胁的基因，越是强迫她，她便会反抗得越激烈？

何进骑虎难下。他没打过仗，却也知道"一鼓作气，再而衰，三而竭"的道理。如果孟津那把大火都不能逼太后就范，接下来恐怕就要轮到他自己难堪了。他是不是做错了？说到底，他并不是一个意志很坚定的人。他有一刀斩开硬骨头的力气，但那毕竟是肉案上的勾当。作为政客而言，他还缺乏一种偏执。就在这个时候，何苗来找他。

何进对这个官居车骑将军的弟弟，一向不怎么看得起。可是何苗对他说了推心置腹的一番话，大概意思是：当初咱们兄弟从宛城来到京城，没有人看得起，士人们对咱们更是不屑一顾，如果不是靠了妹妹的关系，就不会有今天的荣华富贵。而妹妹在宫中从美人当到皇后，宦官们是出了力的。我知道你有抱负，可是你听我说一句，国家大事，百年流弊，不是那么容易改变的。你别被袁绍那班人忽悠了，好好想一想，还是以和为贵，与宫中和解吧。

何苗这番话，多多少少打动了何进。他是个藏不住事的人，心里想着什么，脸上就表现出来了。袁绍虽然不知道他们兄弟间的谈话内容，但是觉察到了何进内心的犹豫，于是也对何进进行了劝说：大将军难道忘了窦游平（窦武字游平）的教训吗？您和阉党之间，已经是不共戴天。您现在放过他们，他们也不会感恩戴德，只会恩将仇报。到时候，后悔可就来不及了。

何进觉得袁绍说得也有道理。可是该怎么办呢？怎么样才能使他那个倔强的妹妹同意呢？

很简单，继续施压。

胜者为亡

几天之后，一纸诏书飞到了袁绍的案头，他被任命为司隶校尉了。

司隶校尉不是一般的校尉。汉初沿袭秦制，中央政府设置御史大夫，负责监察百官。到了汉武帝时期，为了加强对地方的控制，在郡县制的基础上，又将天下分为十三州，分派刺史对太守以下的官员进行监察。但是，京师附近的河南、河内、左冯翊、右扶风、京兆、河东、弘农七郡，不委派刺史，而是由司隶校尉负责监察，称为司隶校尉部，简称司隶部。

理论上讲，各州刺史都是御史大夫的属官，司隶校尉也不例外。然而，刺史的俸禄是六百石，司隶校尉的俸禄是二千石，与御史大夫同级。之所以如此设置，主要是考虑到司隶校尉监察的对象，包括大量的朝廷重臣、皇亲国戚，没有一定的职级，恐怕难以服众。

最早的时候，司隶校尉是持节的，也就是持有天子的符节，其威严可想而知。汉元帝年间，侍中许章仗着天子宠爱，作奸犯科，无人敢管。司隶校尉诸葛丰（诸葛亮的先祖）持节捉拿许章，许章驾车逃跑，诸葛丰一直追到宫中。汉元帝因此而没收了诸葛丰的符节。从那个时候开始，司隶校尉才失去持节的资格。

东汉建立后，司隶校尉的地位进一步上升。朝廷开会的时候，排名在九卿之上，且与尚书令、御史中丞独坐一席，号称"三独坐"。汉光武帝时期，司隶校尉鲍永和属下鲍恢刚正不阿，经常惩治不法的皇亲国戚。皇亲国戚跑去向汉光武帝哭诉，得到的答复是：你们还是赶紧收手，躲开二鲍罢！

即便到了东汉中后期，宦官和外戚权倾天下，司隶校尉也常有惊人之举。汉桓帝年间，张让的弟弟张朔贪婪残暴，祸害百姓，被司隶校尉李膺追捕。张朔逃到张让家，藏在夹墙之间。李膺毫不手软，亲自带人到张让家，砸破墙壁，将张朔抓走处死。此后一段时间，宦官们都小心翼翼，连休假都不敢出宫。汉桓帝觉得奇怪，问他们是怎么回事，个个叩首痛哭：好怕李校尉！

现在，司隶校尉这个可怕的职务落到了袁绍头上。与此同时，王允被任命为河南尹，这又是一个宦官的死对头。

袁绍一朝权在手，便把令来行，派监察人员四处明察暗访，寻找宦官们违法乱纪的证据。这并不是一件难事，加上有王允的配合，很快就将一批宦官的亲戚党羽绳之以法。

与袁绍、王允内外呼应，董卓、丁原等人的部队也有了进城的迹象。董卓手下的西凉骑兵甚至出现在平乐观下，往来驰骋，急促的马蹄声如同催命鼓一般，敲得宦官们心惊胆战。

何太后终于害怕了。

每天都有大量的文书送进宫来，控告十常侍的罪行，证据确凿，无可抵赖。何太后如果继续保护他们，无疑会将自己置于一个极为不利的位置。而且，城外那些部队成日鼓噪喧嚣，也使得她这个本来就孤枕难眠的妇道人家休息不畅，连内分泌都开始紊乱。她不得不做出一个艰难的决定：罢免中常侍、小黄门等中高级宦官，将他们遣散回乡，只留下一些低级宦官承担宫中洒扫事务。

何进还没回过神来，十常侍已经来到大将军府，跪倒在他面前，任凭他发落。这是失败者的求饶。数十年来，被宦官们陷害出局的官员，往往在路上就被人截杀，或者回乡后遭到清算。政治斗争是残酷的，从来都是你死我活，没有所谓的全身而退。宦官们现在必须面对这种残酷，他们寄希望于何进的宅心仁厚。

何进犹豫不决，袁绍则坚决要求斩草除根，他甚至自作主张，伪造了何进的书信，私下发给各地官员，要求他们逮捕宦官的亲戚，严加惩办。

宦官们对此并不感到意外，事实上也已经做好准备进行最后一搏了。他们深谙宫里所有的把戏，知道外戚的弱点在哪里。当年窦武谋诛宦官，一直悬而未决，以致宦官得了先机，最主要的原因便是窦太后不同意。外戚的弱点就在于宫里的女人，那些皇后和太后们。她们是外戚权力的源泉，也是他们的死穴。她们缺乏对权力的洞察，只要遇到稍微复杂一点的政治问题，就不知道怎么办了。

张让托人找到舞阳君，请舞阳君给何太后带话，大意是：老奴在宫中干了一辈子，现在就要离开了，然而内心是不舍的。临别之际，只想再到太后、皇上面前服侍一天，然后就算死在回去的路上，也没有什么遗憾了。

何太后果然大受感动，舞阳君不失时机地在一旁劝说。母女俩擦着眼泪说了半天，竟然又下了一道懿旨：将十常侍留下，让他们继续在宫中当班。

这下轮到何进傻眼了。他立刻跑到长乐宫去觐见何太后，明确提出，立即处死十常侍，并派卫尉属下武士看守宦官的住处，防止宦官们叛乱。

这也是他最后一次进宫了。

宦官们早就准备好兵刃，埋伏在宫中。等何进准备出宫的时候，他们派人假传太后旨意，将他引诱到一间偏殿中，一拥而上，将他杀死。

宦官们故技重施，草拟了一道圣旨，任命前太尉樊陵为司隶校尉，取代袁绍；任命少府许相为河南尹，取代王允。但是，在拿去签发的时候遇到了问题：尚书台的值班尚书要求大将军或者太傅出来发话才肯签发。

张让狗急跳墙，让人将何进的脑袋扔出去，宣称："何进谋反，已经伏诛！"

尚书们大惊失色，四散而逃。"大将军被杀"的消息立刻传遍了洛阳城。袁绍当机立断，以"为大将军报仇"之名，带兵攻入皇宫，遇到宦官，格杀勿论，诛杀宦官两千余人。东汉王朝最后一次外戚与宦官的斗争，就这样以两败俱亡的方式落下了帷幕。

回顾何进的所作所为，我们不能说他是一个坏人，更不能说他是一个蠢人。

他有理想，有抱负，也敢于付诸行动。

他依靠士人大战宦官，顺应了当时的民心，功败垂成，未免令人叹息。

历史的可笑之处在于，很多波诡云谲的重大关头，其实是被看似微不足道的人情世故所控制的。

试想一下，如果何进与何太后不是同父异母而是一母所生，又或者何太后不是那么倔强，又或者何进能够用更好的办法说服何太后而不是采用"兵谏"这么愚蠢的方式，这个故事的结局会不会完全不同？

也许吧。

而宦官们之所以能够死而不僵，最终给予何进致命一击，难道是因为他们的智商比何进更高吗？显然不是。他们只不过是牢牢地抓住了一张感情牌，将何太后母女的心思揣摩得清清楚楚，利用她们的弱点来为自己服务罢了。

关于何家人的结局，有必要在此交代一番。

车骑将军何苗，在何进被杀的当天，被何进的"部曲将"，也就是亲兵队长吴匡杀死，罪名是何苗勾结宦官，杀害了何进（这倒也不冤枉）。

何太后的母亲舞阳君亦为乱兵所杀。

至于何太后本人，则经历了更多痛苦。董卓进京后，先是废了汉少帝，改立陈留王刘协为君，将何太后迁到永乐宫软禁起来；后来又以何太后逼死了婆婆董太后为由，派人给她献上一杯毒酒，结束了她倔强的一生。

第一章

董卓的情商

光熹元年（189年）八月二十五日，大将军何进为宦官所杀。袁绍以替何进报仇为名，带兵攻入皇宫，诛杀宦官两千余人。

八月二十六日，前将军董卓带兵进城，迅速掌握政权，废汉少帝为弘农王，立陈留王刘协为君，也就是汉献帝。

董卓本人，先是任司空，后改任太尉，最后当上了相国。

东汉王朝进入了黑暗的董卓专政时期。

董卓为什么能够攫取政权？

当然是凭借武力。

《后汉书》记载：董卓初入洛阳时，步骑不过三千人，自己都觉得兵少，不能服众。每隔四五天，他就在夜里将部队偷偷开出城去，第二天早上再大张旗鼓开进来，宣称"凉州兵又来了"。众人不明就里，以为董卓的兵不可胜数。

后人可能难以理解：横竖只有三千人，即使虚张声势，也不能把控整个朝廷吧？

事情当然没那么简单。

换句话说，董卓也没人们想象中那么简单。

一个被罗贯中冤枉了的人

说到董卓这个人，不免要谈到他的家乡——凉州。

凉州在汉朝的地位比较特殊，它是天下十三州中最为贫瘠的一个州。

西汉时，这里是河西走廊的一部分，见证了汉朝大军讨伐匈奴的壮举和丝路商队来往的盛况。东汉的时候，这里则成为朝廷抵御西北游牧民族入侵的前线。

凉州的居民，因为长期与胡人杂居，语言风俗互相浸染，已经和内地的汉人有明显的区别。他们极少从事田间劳作，而是"鞍马为居，射猎为业"，与游牧民族无异。这种居无定所的生活方式，加上常年与胡人作战，争夺地盘和牲畜，养成了凉州人"悬命锋镝，闻急长驱，去不图反"的尚武精神。胡人之所以不敢长驱直入，侵犯王畿三辅，主要就是因为有强悍的凉州人抵御和牵制。

凉州兵不仅戍守边疆，也供京师。《汉书》记载："汉兴，六郡良家子选给羽林、期门，以材力为官，名将多出焉。"

所谓六郡，即凉州的天水、陇西、安定、北地四郡，以及并州的上郡、西河二郡。

羽林郎、期门郎则为西汉的皇宫警备部队，隶属于南军。换而言之，从西汉开始，凉州就为朝廷的中央禁旅选送兵源。久而久之，便形成了中央有人做官、边疆有人呼应的凉州军事集团。西汉著名的飞将军李广，便是凉州陇西人氏；东汉末年的名将张奂、皇甫嵩，也是凉州人。

董卓和李广一样，是凉州陇西人，祖上并没有出过什么大人物。他的父亲董君雅，当过颍川郡的纶氏县尉，生了三个儿子，董卓是老二。

不知为什么，这一家人没有在地处中原腹地的颍川郡扎根下来。董卓的青少年时期是在凉州度过的。史料上说他是"羌胡之种"，说明母亲很有可能不是汉族。这并不奇怪，胡汉通婚的事，在凉州比比皆是。

亦胡亦汉的血缘关系，使得董卓颇能适应当地的环境。他早年的生活，便是赶着羊群马群，逐草而居。这是一段充满危险的经历。草原上的规矩，从来都是弱肉强食，谁的箭射得准，刀使得狠，马骑得稳，便能活得比别人更长久。当然，也不乏强者之间的惺惺相惜和不醉不归的酒肉之情。

董卓膂力过人，能够在飞驰的骏马上左右开弓，箭无虚发，这是他在草原上声名鹊起的本钱；而与众多部落头领或是强盗头子成为朋友，则是因为他的好客与豪爽。当他积累了一定的财富，在靠近边境的地方经营自己的牧场的时候，这些草原上的朋友还不时前来造访。每一次董卓都杀羊宰牛，倾其所有热情招待。他得到的回报是，有一次为了庆祝他的生日，几个部落的头领们凑了一千多头牛羊，浩浩荡荡地送往他的牧场。

这次热闹非凡的生日宴会成为董卓发迹的起点。陇西的地方官正为这些亦盗亦民的部落人士而头疼，于是将董卓征召到官府当官，主要负责当地的治安。

董卓在这个岗位上干得如鱼得水。他倒不是完全依靠交情来维持一方平安。有一次胡人大举来犯，他率军出击，斩首一千余级，大获全胜。为了表彰他的功绩，凉州刺史向朝廷举荐他当了本州的兵马掾。

汉桓帝年间，朝廷在六郡良家子弟中选拔羽林郎，董卓成功入选，从边鄙之地来到了京师洛阳。

汉朝的各种"郎"，既是警备京师、护卫皇宫的武士，也是随时可以升任要职的后备干部。董卓以凉州人的身份为郎，得到了同乡中郎将张奂的赏识。

永康元年（167年），东羌、先零部落骑兵入侵关中，威胁三辅。张奂奉旨讨贼，以董卓为军司马，与另外一名将领尹端各自率军出击。董卓不负重托，英勇杀敌，斩首万余。

事后，董卓因功拜郎中，并获赏粗布九千匹。他竟然很谦虚，认为自己虽然指挥有功，但作战还是靠大家，将这九千匹布全部分给了属下。

此后，董卓的官越做越大，先后做过广武县令、蜀郡北部都尉、西域戊己校尉，直至当上坐镇一方的并州刺史、河东太守。

黄巾起义爆发，朝廷封董卓为东中郎将，跟随卢植、皇甫嵩等人讨伐黄巾军。后来卢植遭宦官陷害免职，董卓便接过指挥权，在下曲阳一带与张角军展开大战。不过这一次他的运气不好，被张角打得狼狈而逃。

《三国演义》大概是以这一战为蓝本，杜撰了刘备、关羽、张飞三人救援董卓的情节。而且说董卓兵败，本应免职治罪，是因为贿赂了十常侍才保住官位。

这真是天大的冤枉！

正史中并无任何董卓与宦官来往的记录。而且，他也确实被免去了官职。只不过到了中平二年（185年），边章、韩遂在凉州造反，威胁京师安全，朝廷才不得不又起用董卓，命他跟随皇甫嵩、张温讨伐叛贼。

中平二年冬天，张温派出六路兵马分头出击。董卓带三万人进驻天水，遭到羌人包围，眼看就要全军覆灭。董卓急中生智，伪装筑堰捕鱼，军队则在堰的另一方渡河逃跑，得以全师而还。相比其他五路惨败的部队，董卓虽败犹胜，被封为破虏将军、斄乡侯。

中平五年，叛军再度大肆入侵，包围军事重镇陈仓。朝廷以皇甫嵩为左将军，董卓为前将军，率领大军救援，大败叛军王国部，解了陈仓之围。

汉朝的将军，有重号将军和杂号将军之分。大将军、骠骑将军、车骑将军、卫将军食禄万石，位极人臣，当然是重号将军。左、右、前、后四方将军，也算是重号将军。其他则为杂号将军。四方将军在朝廷的排位大致在三公之下，九卿之上。

平心而论，董卓能够做到前将军，主要还是凭自己的本事和声望。据《三国志》注引《英雄记》："（董）卓数讨羌、胡，前后百余战。"保家卫国，他是做出过贡献的。只不过，董卓的桀骜不驯和居功自傲，在这期间也体现出来。

中平三年，朝廷命司空张温代理车骑将军，谋划西北战事。张温以天子的诏书命董卓前来长安会合，董卓姗姗来迟，而且态度傲慢，拒不接受责备。张温的参谋孙坚在座，立即耳语张温："依军法，董卓可杀！"张温却考虑董卓"素著威名于陇蜀之间，今日杀之，西行无依"，没有接受孙坚的建议。可见朝廷依赖董卓，是不争的事实。而董卓拥兵自重，对朝廷有不臣之心，也是昭然若揭。

汉灵帝对董卓不放心，下旨任命他为少府，要他把军队交给皇甫嵩统领，到中央来做官，他便明确抗旨不遵了。理由是：臣手下的湟中义从和秦胡兵不答应！

所谓"湟中义从"，是指湟中地区的"月氏胡"，大概是西汉时期大月氏国的后裔吧，人数虽然不多，但是骁勇善战，号称无敌。"秦胡兵"则是指凉州的汉胡各族士兵。湟中义从和秦胡兵明为汉家军队，实为董卓的私人武装。

董卓傲视群雄的底气就是湟中义从和秦胡兵。他不肯交出兵权，朝廷也不敢强夺。于是，汉灵帝又下旨任命董卓为并州牧，再一次要他交出兵权，由皇甫嵩接管。董卓还是不交，擅自将部队带往并州。

此时已经是中平六年春天，凉州军在泥泞的道路中缓缓北行，不久便收到汉灵帝驾崩的信息。董卓立即在离京师不远的河东郡驻扎下来，"以观时变"。这个时候的董卓，不只是有不臣之心，而是有觊觎朝政的野心了。

也就在这个时候，天遂人愿，何进的一纸命令，给了董卓一个名正言顺带兵进京的机会。于是，他马上麾军南下，直逼洛阳城下，参与了何进发起的兵谏。何进死后，他又强行带兵进城，开东汉地方武装进京的先河。

这便是日后被称为"国之大贼"的董卓其人。他的成长经历也并非不堪入目。作为一名带兵打仗的将领，他并不输于任何当世名将。但是，单凭过去的声望和手里头那点儿本钱，董卓就想成一番大事，显然是不现实的。那么，他是靠什么成为朝廷的实际控制人的呢？

答案很简单：人情。

左手凉州，右手并州

董卓带兵进京之初，能够与之抗衡的势力至少有三股：一是司隶校尉袁绍，二是左将军皇甫嵩，三是执金吾丁原。

先说袁绍。

袁绍的叔叔袁隗是太傅，与何进同录尚书事。何进死了，袁隗便是尚书台唯一的领导，掌握了朝廷的核心办公机构。袁绍本人当过虎贲中郎将，后任西园军中军校尉，现在又是司隶校尉，无论在朝廷还是在中央军中，袁绍都具有广泛的人脉和坚实的基础。

对于董卓的强势登场，最懊恼的也就是袁绍。

袁绍原本是看不起董卓的。他劝何进将董卓召来，最初的想法不过是将其当作一枚棋子来使用。可是一夜之间，主客易位，董卓成了朝堂上嗓门最大的人。相比之下，他这位司隶校尉便逊色多了。人们甚至忘记了他诛杀宦官的功劳，而将凉州军入城归咎于他的失策——如果不是袁绍建议何进征召四方诸侯向太后兵谏，董卓又怎么可能名正言顺地将部队带到洛阳城下呢？现在好了，引狼入室了吧？

解决懊恼的最好办法，莫过于除掉董卓。

事实上，董卓进城的第一天，便有人向袁绍提出了这个建议。此人名叫鲍信，是兖州泰山郡人氏。鲍信分析，董卓坐拥天下强兵，且非善类，如果不及早消灭，必定会受制于他。趁他现在立足未稳，突然发动袭击，其事可成！

鲍信所言不虚。开始的时候，袁绍的力量是比董卓强的。当时何进兄弟已死，京师禁旅群龙无首。以袁绍的影响力，只需振臂一呼，号召大家群起而攻之，消灭董卓的三千人马绝非难事。

可是，袁绍犹豫了。

袁绍不是那么鲁莽的人。讨伐董卓需要有足够的理由。至少从目前看，理由是不充分的。说句不中听的话，董卓还是那些手握重兵的将领中第一个带兵救驾的。八月二十五日，袁绍带兵入宫诛杀宦官的时候，张让等人劫持汉少帝和陈留王逃出洛阳北门。董卓得到情报，立马从洛阳南门外的上林苑出发，连夜行军，于第二天早上赶到城北的北芒山，接到了汉少帝和陈留王，并护送他们回到京城。单凭这一点，袁绍就处于下风。

正当袁绍犹豫不决的时候，董卓的力量却增强了。

如前所述，董卓采用瞒天过海之计，将部队调出调进，让人误以为凉州兵还在源源不断进城。但这只是虚张声势的权宜之计，迟早会被人看穿。

董卓真正厉害之处在于他利用各种人际关系，迅速将京师禁旅拉到了自己旗下。

其一，何进、何苗死后，他们的部曲群龙无首，投靠了董卓。所谓部曲，也就是私人武装，或者说是亲兵。这支部队人数不多，但是装备精良，战斗力可观。

他们为什么会投靠董卓？可以从《后汉书》的记载中找到线索。八月二十五日，何进被宦官诱杀。何进的部将吴匡怀疑何苗与宦官同谋，"乃令军中曰：'杀大将军者即车骑也，士吏能为报仇乎？'进素有仁恩，士卒皆流涕曰：'愿致死！'匡遂引兵与董卓弟奉车都尉旻攻杀苗，弃其尸于苑中。"

由此可知，吴匡与董卓的亲弟弟、时任奉车都尉的董旻关系非同一般。吴匡杀何苗，董旻是参与者，甚至有可能是在背后撑腰的人。董旻介入，相当于董卓介入。否则的话，吴匡作为区区一个亲兵队长，就算再愤怒，恐怕也不敢向朝廷的车骑将军动刀。

董卓进城后，吴匡通过董旻与董卓搭上线，良禽择木而栖，带队投奔董卓门下，也就不足为奇了。

其二，南军负责皇宫守卫。南军中的精锐，即羽林、虎贲二营，基本由凉州人和并州人组成。董卓又曾经当过羽林郎，通过老乡关系拉拢南军各营，轻车熟路，手到擒来。

其三，北军负责京师警备，由屯骑、越骑、步兵、长水、射声五营组成。五营校尉食禄比二千石，相当于现在的副省级。但是，负责监管五校尉的北军中候，食禄仅为六百石，至多是个正处级（这也是汉朝体制设计的独特之处，以位卑者监管位高者，使得有权者无位，有位者无权，互为牵制）。时任北军中候者，姓刘名表，乃是西汉鲁恭王之后。几个月之后，董卓推荐刘表出任荆州刺史，成为独霸一方的诸侯。二人之间做了什么样的交易，不言而喻。

董卓将何进兄弟的部曲和中央的南、北军都拉到自己这边后，袁绍在军事上已经失去了与董卓抗衡的资格。

再说皇甫嵩。

皇甫嵩也是凉州人，是东汉末年的名将。因镇压黄巾起义有功，皇甫嵩曾封左车骑将军，食邑八千户；后遭宦官陷害，降至左将军，食邑两千户。即便如此，皇甫嵩的排位还在董卓之前（汉朝的左将军，位列四方将军之首）。

更重要的是，皇甫嵩手里也有兵。董卓进京的时候，他带着三万人马，就驻扎在京师附近的扶风郡。

无论从声望上还是实力上讲，皇甫嵩都能够与董卓分庭抗礼，甚至高于董卓。皇甫嵩的侄子皇甫郦就曾经对他说过这样的话："本朝失政，天下倒悬，能安危定倾者，唯大人与董卓耳。"

叔侄之间的聊天，难免带有主观色彩，却绝非夸大其辞。汉灵帝在世的时候，也一直将皇甫嵩视为约束董卓的首选人物，两次下旨要董卓交出兵权，都是命皇甫嵩为接收人。然而，皇甫嵩是一个循规蹈矩的人，甚至可以说是过于保守了。他谨守武将的本分，无意参与朝廷的权力纷争。董卓在洛阳胡作非为，皇甫郦劝他以抗拒皇命之罪讨伐董卓，他没有采纳；后来，关东诸侯起兵讨伐董卓，京兆尹盖勋和长史梁衍也劝他趁机诛杀董卓，他还是无动于衷。皇甫嵩这种与世无争的立场背后，可能还有一层微妙的关系——他的儿子皇甫坚寿与董卓交情笃深。

《后汉书》记载，董卓大权在握后，曾经想杀掉皇甫嵩。人已经下狱，皇甫坚寿跑去找董卓说情。董卓当时正大宴宾客，皇甫坚寿当着大伙儿的面对董卓"责以大义，叩头流涕"。董卓竟然感动，赦免了皇甫嵩。由此不难想象皇甫坚寿和董卓的交情有多深。当皇甫郦等人劝皇甫嵩讨伐董卓的时候，皇甫坚寿必然是反对的。因此，皇甫嵩作为可以抗衡董卓的最强大的一股势力，并没有发挥作用。

最后说丁原。

丁原是兖州人，先后担任过并州刺史、羽林骑都尉，何进征召诸侯进京的时候，他又被提升为执金吾。

执金吾为朝廷九卿之一，主要负责京师的治安和天子出巡的警卫。这是个威风八面的职务。汉光武帝刘秀未发迹时，在长安看到执金吾出巡的情景，不由得感叹："仕宦当作执金吾。"时至东汉末年，执金吾已经不再拥有兵权，变成了一个高级荣誉职务。但是，丁原这个执金吾并非徒有其表，而是有强悍的并州兵作为后盾的。

并州在汉朝的版图上处于正北的位置，大致包括今天陕西、山西和内蒙古的一部分。和凉州有相似之处，并州毗邻匈奴、西羌等游牧民族，盛产良兵强将，连妇女也可以"载戟挟矛，弦弓负矢"。自古以来，并州兵和凉州兵同供中央，合称"并凉劲旅"。并州兵的战斗力不在凉州兵之下。而且，为丁原统率并州兵的吕布、张辽、高顺等人，皆为勇冠三军的将领。双方如果发生冲突，凉州兵不见得能够占到什么便宜。

《三国演义》写道，董卓有位部将李肃，是吕布的并州同乡。李肃夜访吕布，带着董卓赠送的一匹日行千里的赤兔马和"黄金一千两、明珠数十颗、玉带一条"，以及封官晋爵的许愿。吕布经受不住诱惑，杀死丁原，投奔了董卓。

事实上，董卓并不需要通过李肃来结识吕布。

别忘了，黄巾起义之前，董卓是当过并州刺史的。丁原的几位手下，包括吕布、张辽，以及当时不在洛阳的张杨在内，应该都与董卓有过交往。后来丁原接替董卓做了并州刺史，吕布等人才又在丁原帐下效力，而且受到丁原的重用。

但是，所谓的重用又是什么呢？

且看吕布——"（丁原）以布为主簿，大见亲待"。

所谓主簿，说穿了就是领导的秘书，同时还兼管家事务。这当然是个"大见亲待"的职务，甚至很有油水可捞，但是没有地位。在别驾、治中等州府要员面前，主簿只是一个小官。《三国演义》中"顶束发金冠，披百花战袍，擐唐猊铠甲，系狮蛮宝带"的吕奉先，在丁原帐下时只是个主簿，多少有点黑色幽默。

再看张辽——"并州刺史丁原以辽武力过人，召为从事"。

从事也是刺史的佐吏，俸禄与主簿差不多，皆为百石。搁到现在，估计也就是个科员。论及地位，则更在主簿之下。需要说明的是，这个时候的张辽，并非吕布的手下，而是直属于丁原的官吏。区区一介主簿，是无法使唤从事的。

丁原手下当然不止这两个并州人。但是，从丁原给这两个人的待遇来看，他对这些赳赳武夫并不信任，只是将他们当作看家护院的家丁罢了。

而董卓为了收买吕布，送上的人情是什么？

封吕布为羽林骑都尉，也就是丁原曾经担任过的职务，比二千石的高官。

以吕布的心性，是抵挡不住这样的诱惑的。这也不能怪吕布，而要怪丁原不能够知人善用。众所周知，吕布三心二意，张辽却是个品性极佳的汉子。吕布反水投奔董卓之后，张辽马上带兵归属吕布，说明张辽也和吕布一样，早就不想侍候丁原这个小气鬼了。

随着丁原的人头落地，董卓左手凉州，右手并州，坐拥并凉劲旅，再加上何进兄弟的部曲和南军、北军，试问洛阳城中还有谁敢对他说个"不"字？

话说回来，当董卓提出要"行伊、霍之事"时，还是有人反对的。

行伊、霍之事

伊尹是商朝的大臣，商王太甲无道，伊尹便将其软禁在桐宫反思，并代为执政，直到太甲认识错误，改过自新，才又将其迎接回来，继续当天子。霍光则是西汉的权臣，汉昭帝驾崩之时，没有子嗣，霍光与群臣商议，迎立昌邑王刘贺为君。但是仅仅二十七天之后，又因刘贺昏庸无道而将其废为海昏侯，改立汉武帝的曾孙刘询，是为汉宣帝。所谓行伊、霍之事，实际上是废立皇帝的代名词。

董卓行伊、霍之事的理由是：汉少帝懦弱无能，陈留王天资聪颖，更适合当皇帝。

世人很难理解，董卓既然要控制朝廷，独揽大权，一个懦弱无能的汉少帝难道不比天资聪颖的陈留王更容易驾驭？他为什么要冒天下之大不韪给自己添麻烦呢？

《后汉书》的解释是：董卓与汉灵帝的母亲董太后是同族。陈留王自幼失去母亲，由董太后抚养长大。因为这层关系，董卓或许觉得这个孩子会跟自己更亲近一点。

这种解释不仅肤浅，而且牵强。没有任何证据表明董太后和董卓有亲属关系。要知道，汉灵帝的父亲刘苌，"世封解渎亭侯"，封地在冀州的河间国境内，与董卓家族所在的凉州陇西郡，相去四千余里。董太后和董卓虽然都姓董，估计也就五百年前是一家吧。

接近于常识的解释是，董卓想以此树立自己的绝对权威。换而言之，废谁或者立谁，其实都不是问题。董卓只是向朝臣们宣告，自己有这个权力；并且借这个机会，看看谁敢反对他，引蛇出洞，再一棒子打死。

也许更深层次的原因往往被忽略了——天子懦弱，他的母亲何太后却是非常倔强的女人。董卓可以玩弄天子于股掌之上，却很难逼迫何太后就范。而且从理论上讲，当时的执政者不是年少的天子，而是垂帘听政的何太后。

对于董卓来说，这是一个必须解决的麻烦。相比之下，自幼失去母亲的陈留王，就不存在这方面的问题了。

但是，废立天子不是闹着玩的。所谓天子，并非真是天的儿子，事实上也只是个凡人而已。因为血缘的关系，他便坐在皇位上君临天下，即使只是个襁褓中的婴儿，也要被人称为君父。这当然是可笑的，但是话又说回来，在民智未开的时代，这种古老的继承制度并非全无可取之处。试想一下，如果谁都能当天子，势必引起诸多纷争和战乱，政权随时可能被推翻和重建，对于天下百姓来说，未见得是一件好事。臣民们跪倒在天子脚下，从某种意义上讲，并非膜拜天子的人格，而是对传统秩序表示尊重。而今，在天子没有犯任何错误的情况下，仅以"昏暗懦弱"为名，便要将其废除，显然是说不过去的。

当时站出来反对的有两个人，一个是尚书卢植，另一个是司隶校尉袁绍。

尚书的职务并不高，卢植却不是一般人。黄巾起义的时候，卢植出任北中郎将，战功卓著，但是因为十常侍陷害，非但没有奖赏，反而被下狱治罪，后经皇甫嵩等人营救出狱，只担任了一个尚书。卢植不只是善于打仗，而且学问高深，德高望重，是东汉末年数一数二的经学家，有"汉家儒宗"之称，是天下士人仰望的对象。

袁绍的家族，号称"四世三公"，门生故吏遍布天下，是东汉最负盛名的世家大族。

毫无疑问，卢植和袁绍都是士人的代表，前者代表了学问渊深，后者代表了家世显赫。这两个人打破沉默，反对董卓，产生的影响是不言而喻的。

卢植提反对意见的时候，董卓尚且能忍，没有当场发作。袁绍公开唱反调，董卓就捺不住自己的脾气，与袁绍爆发了激烈的冲突。当着一众朝臣的面，袁绍横刀作揖，说了一句很牛的话："天下强横的人，难道只有你董公么？"转身就走，两个人公开决裂。

董卓未尝不想杀掉卢植，但是当有人告诉他卢植是汉家儒宗，杀了卢植会引起天下士人震动的时候，他便打消了这个念头。

董卓也没有报复袁绍，放任他逃出洛阳，出走河北。

这不是董卓的风格，他究竟是想干什么？

答案很简单：他在讨好士人。

董卓的出身，也算是士人。然而董氏家族并不显赫，他本人又在边塞长大，自幼不读经书，不懂诗词歌赋，行为举止粗鲁，早被士人集团视为异类。

董卓或许从骨子里看不起士人。但是，如果要统治整个国家，必须依靠士人的力量。如果对反对他的士人表示宽容，更能体现他的心胸开阔。

从这一点看，董卓很像民国时期的一些军阀。他们占山为王，打家劫舍的时候完全是土匪作风；等他们成了气候，占有几县甚至是几省之地的时候，便无师自通地尊重起知识分子来。据说张作霖在东北，每逢孔子诞辰便穿上长袍和马褂，到学校里给老师鞠躬作揖，说："我没文化，教育的事情就拜托各位先生了，特此前来感谢！"这样的故事或真或假，总是让人感动，这个军阀的人格形象随之高大起来。中国老百姓最乐意看到的，就是武夫尊重知识；旧时知识分子最经不住的诱惑，便是统治者对自己尊重。东汉末年朝中那帮士人，注定是躲不过董卓的温柔一刀的。

这不，中平六年（189年）九月，董卓进京才一个月，就成功将汉少帝废为弘农王，立九岁的陈留王刘协为君了。

据《资治通鉴》记载，废立皇帝的那天，"太后鲠涕，群臣含悲，莫敢言者"。在这种沉闷的气氛中，一路小跑上前，亲自解下汉少帝佩戴的玺绶，将它奉给陈留王；然后又扶着弘农王下殿，向汉献帝北面称臣的，不是别人，正是袁绍的叔叔，太傅袁隗。

▍一出好戏在上演

董卓现在可以大展拳脚了。京师在他手中，天子是他的傀儡，大臣们对他唯唯诺诺，就连袁隗这个老头子也听命于他，还有什么事情是干不成的呢？他进城之初，先是做了司空，后改任太尉，仍领前将军事。司空一职由太中大夫杨彪接任，司徒则放给了豫州牧黄琬。

杨彪和黄琬也是东汉士人中的一流人物。

杨彪是弘农人，曾祖父杨震、祖父杨秉、父亲杨赐，都曾官居太尉。杨家和袁家一样，是士人中的名门，官僚中的望族，门生故吏遍布天下。杨彪本人家学渊深，才华横溢，而且为人正直。汉灵帝光和年间，时任京兆尹的杨彪与司隶校尉阳球联手侦办大宦官王甫敲诈勒索案，一举诛杀王甫及其党羽多人，天下人无不拍手称快。此后杨彪又担任过五官中郎将、颍川太守、南阳太守、永乐少府、太仆、卫尉等职，可以说是官场上的老鸟。

黄琬也是世家子弟，其祖父黄琼历任司空、司徒、太尉，遍历三公。汉桓帝年间，黄琬担任五官中郎将，与陈蕃合作，选拔了大量的人才入仕。后因党锢之祸，遭受禁锢近二十年，直到黄巾之乱起，才因杨彪的父亲杨赐举荐，解锢为官，先后出任青州刺史、右扶风、将作大匠、少府、太仆等要职。在豫州牧任上，黄琬政绩斐然，朝廷以为天下表率，封为关内侯。

杨、黄二人肯与董卓共事，再加上袁隗的背书，几乎可以视为整个士人阶层都在支持董卓了。

士人者，诗书传家，学而优则仕，最讲春秋大义，满脑子忠君爱国，怎么会一边倒地投向董卓呢？

答案很快揭晓。

九月的一天清晨，太尉董卓、司徒黄琬、司空杨彪在一大群官员的簇拥下，步行来到皇宫。只见三公身穿礼服，头戴长冠，腰佩金印紫绶，神色肃然。每个人的身后，都有几名壮士抬着一架阴森恐怖的虎头铡，刀锋锃亮，仿佛看一眼都会割伤眼睛。在数千人的注视下，三公行至殿前行叩拜之礼，山呼万岁。董卓高高举起三公联署的奏折，慷慨陈词：二十四年前，宦官肆虐，党人落难，国家颓危，前太傅陈蕃、前大将军窦武挺身而出，力挽狂澜，却遭阉人陷害，含恨而死。二人虽然功败垂成，其精神却一直鼓舞人心，天下士人，没齿不忘。现今宦阉已灭，海内澄清，恳请陛下顺天应人，为陈蕃、窦武及诸党人平反，恢复名誉，以安民心。臣等三人，已经抱有必死之心。如若陛下震怒，臣等甘愿受铡，也绝不退缩！

这便是所谓的死谏了。虽然是演戏，却令在场的士人无不动容。二十四年前的那场腥风血雨，还没有从他们的记忆中完全抹去。他们中的大多数人，或多或少遭受过党锢之祸。董卓说的每一个字都令他们心有戚戚焉。时间或许可以冲淡一切，但是如果正义始终得不到伸张，就会凝成心结。现在，竟然有人如此隆重地说出了他们的心里话，要为他们仗义执言，怎不令他们热泪盈眶？

奏折被层层传递到端坐在殿堂深处的汉献帝手上。他认真看了一遍，有些字还不认得，有些语句过于晦涩，但是按照早就约定好的，他口齿清晰地答复："准奏！"这一圣谕也经过层层传递，良久才传到殿前。三公再次叩拜，感谢天子的圣明。全体臣工忘记了矜持，欢呼万岁，感激涕零，并争相向三公道贺。

这个秋日的早晨，连空气都变得祥和。董卓俨然成为士人的领袖和保护神，他的罪恶被原谅了。桀骜不驯，抗命不遵，那是英雄本色；带兵进京，诛杀大臣，那是安危定倾；废立天子，把持朝政，那是行伊、霍之事（平心而论，朝臣们对何太后母子向来并无好感）。而董卓，似乎为了做得更好，马上又进行了一系列令人眼花缭乱的人事任命。

汉阳人周珌，任为尚书，为董卓策划"进退天下之士，沙汰秽浊，显拔幽滞"。周珌的父亲荡寇将军周慎，曾与董卓同在张温麾下作战，算是昔日同僚。周珌本人长期在洛阳居住，与各种各样的官宦子弟打得火热。董卓对其委以人事重任，令其牵线搭桥，笼络士人，可谓知人善用。

在周珌的安排下，原来何进属下的谋士郑泰、何颙、伍琼分别被授予尚书、长史、侍中。长期遭受党锢的陈纪、韩融等人入朝为卿。尚书韩馥提拔为冀州刺史，侍中刘岱为兖州刺史，孔伷为豫州刺史，张咨为南阳太守。更有颍川名士荀爽，一直沉心著书，世称"硕儒"，现在也受到感召，应征出来做官。

颍川荀氏，相传为荀子后裔，于汉末三国期间，人才辈出，盛极一时。荀爽的父亲荀淑，虽然没有做过太大的官，却是一代名臣李固、李膺等人的授业之师，人称"神君"。荀淑有子八人，出类拔萃，时人谓之"荀氏八龙，慈明无双"。荀彧、荀谌、荀攸等后来的风云人物，则是荀淑的孙辈乃至曾孙辈。荀氏八龙中，荀爽排行第六，论及才名，则为第一。董卓得到荀爽，先是封他做平原国相，途中改任光禄勋，等他到了京师不过三天，又升任司空——从布衣到三公，只用了短短九十五天，说是坐着火箭提拔也不为过。

此后，杨彪改任司徒，黄琬改任太尉，组成了新的三公班子。至于董卓本人，由于他的丰功伟绩，被封为更在三公之上的相国。有汉以来，相国这个职务只有萧何一人做过，此后数百年便再无设置，以示对这位开国元勋的尊重。不期四百年后，董卓成为出任相国的第二人，虽然有点狂妄，但是没关系，他这样不拘一格降人才，奖赏一下自己也是应该的。至于董卓的母亲被封为池阳君，比照公主的待遇，家里设置令、丞，那就更是小事一桩，不值一提了。

董卓网罗的人才中，最令人瞩目的当属蔡邕。此君是兖州人，不但博学多闻，而且善于鼓琴。汉桓帝时，朝廷征召蔡邕入宫奉职，他托病不行，实则不肯与宦官共事。党锢之祸中，他两度遭到宦官陷害，后一次亡命江湖达十二年。董卓一当上司空，便请蔡邕出来做官。他仍旧以生病为借口推却。董卓派人告诉他："我随便就能灭人三族，来不来你自己看着办！"蔡邕不得已，战战兢兢前往官府报到。不料董卓对他的器重大大超出他本人的预期。蔡邕一到洛阳，便任祭酒。三日之内，"周历三台"，历任侍御史、治书侍御史、尚书，马上又升巴郡太守，留任侍中。一系列令人眼花缭乱的升迁，搞得蔡邕云里雾里，由衷地对董卓产生了感激之情。每逢大事，董卓必与蔡邕商量，蔡邕也总是尽心回答，而董卓竟然听得进去（卢植那条命，便是蔡邕保住的）。董卓要做相国，蔡邕心领神会，写了一篇《表太尉董公可相国》，极尽谄媚之能事，让董卓很是开心，又给蔡邕加赠了一个左中郎将的职务。

董卓从西凉带过来的众将，看到士人如此受宠，本来就心理不平衡——董卓对他们的封赏"但将校而已"，实则获任中郎将者，不过董越、段煨、牛辅、徐荣等寥寥数人；其余诸如李傕、郭汜、张济、樊稠之流，均为军中校尉。现在又看到蔡邕仅凭一篇文章便加官晋爵，武夫们不免动了凡心，依葫芦画瓢，联名上书，想给董卓上个"尚父"的尊号。董卓拿不定主意，征询蔡邕的意见。蔡邕直言："尚父是姜太公的尊号，相国现在虽然劳苦功高，但是威望还不足以称尚父。"此议遂无疾而终。

董卓对士人言听计从，到了盲从的地步。袁绍和董卓公开闹翻后，离开京师，出走河北。董卓本来想悬赏捉拿袁绍，周珌、伍琼等人为袁绍说情，说废立之事，本非常人所能理解，袁绍不识大体，忿一时之气而逃亡，实则是因为害怕，并没有其他想法。而且袁家四世三公，门生故吏遍布天下，如果把袁绍逼急了，聚众造反，反而不好收拾。不如赦免了袁绍，给他一个郡守的职务，让他安心待在那里，也就不足为患了。

这自然是馊主意。安抚袁绍，不追究他的责任便也罢了，何必给他当个郡守？好让他拥兵自重？董卓却照单全收，不仅给袁绍封了个渤海太守，还将袁术提升为后将军。当然，这未尝不是对袁隗的一种报答。董卓想要统治天下，离不开世家大族支持，而且袁隗又在废立天子这件事上给了他最直接的帮助。

可以用《后汉书》中的一句话来概括董卓在洛阳的所作所为："（董）卓素闻天下同疾阉官诛杀忠良，及其在事，虽行无道，而犹忍性矫情，擢用群士。"

客观地说，董卓抓住了士人和百姓的心理，顺应了天下的人情，这是他在短时间内能够控制朝廷、废立皇帝、攫取政权的一个重要原因。

当然，这并不是董卓的本来面目。人情世故四个字，本来就包含了诸多表演的成分。对于政客而言，表演是最基本的修养，道行深的，能够把戏一直演下去，甚至演到人戏不分；道行浅的，开始还像模像样，时间一长就难免露出马脚。董卓的道行，也就至此为止了。

董卓的本来面目

董卓是怎么露出马脚的呢？

初平元年（190年）正月，袁绍在河北举起了反董的大旗。关东诸侯公推袁绍为盟主，打着诛董卓的旗号，合兵三十余万向洛阳进军。

董卓下令京畿地区全面戒严，并准备征召百姓入伍，起兵迎击诸侯联军。这个时候郑泰站出来反对，认为袁绍是个公子哥儿，没有打仗的经验，而且诸侯各怀心思，貌合神离，不足为患，没有必要为此兴师动众。

董卓竟然听进去了，放弃了征兵，而且任命郑泰为将军，督率各军进击关东。有人劝告董卓，说郑泰才智过人，心思难测，如果将大军交到他手里，恐怕很危险。董卓这才恍然大悟，赶紧又将兵权收了回来。

董卓这个人的反射弧确实是有点长。但他终究还是反应过来了：郑泰原本是何进的幕僚，而且是袁绍推荐给何进的，郑泰和袁绍之间，岂能没有瓜葛？

再回过头来想，当时如果不是周珌、伍琼等人为袁绍说情，给袁绍封了个渤海太守，袁绍又怎么能够建立自己的武装，起兵造反呢？

韩馥、刘岱、孔伷等人都是他一手提拔的诸侯，现在为什么都聚集在袁绍旗下，成为他的敌人？

从头到尾就是一个骗局，狡猾的士人把董卓给耍了。他们装作顺从的样子，把董卓捧得高高的，背地里却与袁绍暗通款曲，里应外合。

董卓打心底感到一阵寒意，他不知道自己身边还有多少这样的两面人，抑或全部都是？他本来对诸侯联军不屑一顾，现在却不得不担心：如果洛阳城里隐藏了大量内奸，那么就算联军再无能，恐怕也是能够长驱直入的。

董卓决定试探一下，他派出精锐部队袭击屯兵河阳津的河内太守王匡，将他打得落荒而逃。然后，派出大鸿胪韩融、少府阴循、执金吾胡母班、将作大匠吴循、越骑校尉王瑰为使者，前往关东，尝试与诸侯们谈判。

五位使者中，除了王瑰，其余四位都是九卿一级的高官，足可体现董卓的诚意。可是袁绍根本没有给他们表达的机会，便吩咐王匡把胡母班、吴循和王瑰给斩了。袁术也斩了阴循。只留下韩融，据说是因为德高望重，侥幸逃过一劫。

这样一来，董卓便认定：袁绍有必胜的信心，不是因为诸侯兵强马壮，而是洛阳城内有内奸。否则，袁绍至少应该跟他派出的使者谈判一下才对啊！

董卓立马采取行动，将太傅袁隗、太仆袁基等袁氏宗亲五十余人抓起来，在洛阳的大街上斩首示众。

上当受骗之后的挫败感使得董卓开始怀疑每一个士人。自然而然的，他对士人的尊重消失了，"忍性矫情"的表演不再继续了，原来那个粗暴狂野的凉州军阀又回来了。

侍御史扰龙宗前来相府向董卓汇报工作。也许是因为紧张，也许是一时疏忽，扰龙宗忘记解下腰间佩带的长剑。董卓便下令将扰龙宗拖到庭中乱棍打死。

在塞外的草原上，主子打死一名奴隶就是这么随意，没有谁会大惊小怪。可是在洛阳，即便是天子也不能用如此残忍的手段对付一位大臣。扰龙宗的惨死，导致京师震动。朝野之间，议论纷纷。董卓费尽心机塑造的"人设"，一夜之间轰然坍塌。

当然，董卓也不在乎这个人设了。

他安排了一个宴会，邀请文武百官前来参加。众人喝到半醉的时候，士兵们将数百名马贼赶到院子里，撬开他们的嘴巴，剪断他们的舌头，又或者斩去手脚、挖掉眼睛、扔进汤锅。有些马贼生命力强，半死不活地爬上来，在宴席间辗转呼号。在座的官员无不惊慌失措，吓得连筷子都拿不稳。

董卓却神态自若，吃喝如常。看着臣僚们失魂落魄的样子，他的自尊心得到了极大的满足。

什么汉官威仪，这点小事就受不了啦！

董卓几乎要笑出声来。到京师的这几个月以来，他想方设法讨好那些满腹经纶的士人们，早就觉得周身不自在。现在，他终于找回了熟悉的感觉。这才是他喜欢的生活！充满着血腥与刺激。

这才是凉州本色，有如朔风般残酷无情。

这才是他，董卓！

凉州军的将士们惊喜地看到了董卓的回归，他们早就憋不住了。从荒凉贫瘠的边塞之地来到繁花似锦的京师，看到满眼"金帛财产，家家殷积"的景象，他们冒出的第一个念头便是"抢"。几个月以来，这个念头就像未能得到满足的酒瘾一般，逼得他们抓耳挠腮，坐卧不安。现在，闸门被打开了。凉州兵成群结队地走出军营，在洛阳的大街上游荡，只要看到一座像样的宅子，便不请自入，也不管主人是王公贵族还是商贾市民，就开始"搜牢"——这是他们的专业术语，意思是挖地三尺也要将所有值钱的东西找出来带走。他们既劫财，也劫色，只要稍有姿色的女人，便会遭到侵犯，甚至带到营中，等待她们的是更悲惨的命运。

董卓睁一只眼，闭一只眼，有意无意地纵容了这种行径。本来，董卓的部队就是靠"进城之后,大掠三天"这样的政策来鼓舞士气,同时解决军饷和犒赏问题,如今到了洛阳,他凭什么制止"搜牢"呢?他也需要钱!而国库早已经空虚,从汉灵帝时代便是靠卖官来维持。

于是董卓也开始想办法搞钱,游兵散勇的劫掠变成了有组织的犯罪。何太后被毒死后,与汉灵帝合葬。汉灵帝陵被打开,陪葬的金银财宝被董卓悉数取出。何苗的墓葬也被挖开,名义上是对何苗抛尸露骨,为何进报仇,实际上还是为了陪葬品。但这只是杯水车薪,满足不了董卓的需求,他必须采取更有效的办法——直接在钱身上做文章。

自汉武帝以来,汉朝一直使用所谓的五铢钱,其文为五铢,其重亦为五铢。东汉自汉章帝后便再无铸造记录,官府和民间主要以布帛为基本货币进行流通。董卓下令收集五铢钱,熔化之后铸成没有文字的小钱。铜不够用,便将长安、洛阳城中的铜人、铜钟、铜兽之类装饰全部挖走。秦始皇统一天下时,收六国之兵器铸成十二尊铜人,董卓取走其中十尊,也用于铸钱。然而,货币与金融是董卓完全不能理解的学问。在经历了一番轰轰烈烈的大炼铜钱后,董卓失望地发现,他铸造的钱币根本就是一堆废铜烂铁。洛阳附近,五六万甚至几十万新钱才能买到一石米,完全没有流通价值。

董卓一夜暴富的梦想落空了,他开始抓狂了。士兵们需要发泄,他便派他们到阳城,那里正在举行一年一度的社祭。凉州兵突然出现,像打猎一般追逐四散而逃的百姓。他们杀死男人,抢走财物和女人,并且将女人的头发系在车辕上,像牲口一样带回去。他们做这些事情,不以为耻,反以为荣。回到洛阳,一进城门便高呼"万岁",宣称讨伐盗贼,大获归来。

然后,董卓下令放弃洛阳,将朝廷迁往长安。而且,为了不给诸侯们留下任何资源,他将洛阳全体居民也迁往长安,再放一把火将洛阳城烧掉。

这便是所谓的焦土政策了。杨彪、黄琬、周珌、伍琼等人强烈反对,董卓便将周珌、伍琼斩首。杨彪和黄琬吓坏了,赶紧辩解说他们只是念旧,并非想阻挠国事。董卓大概是觉得这两个人还有利用价值,先是将他们撤了职，不久又上表将他们都封作光禄大夫，在天子身边当个闲差。

平心而论，董卓对这些所谓的名士，也算是仁至义尽了。相比之下，洛阳的百姓真叫遭罪！他们眼睁睁地看着自己的家园被焚毁，被迫从河南迁到陕西，一路"步骑驱蹙，更相蹈藉，饥饿寇掠，积尸盈路"。侥幸到了长安，也很难找到落脚点来重建家园，不知道多少人被折腾得家破人亡。

西方人说，上帝让谁亡，先让谁疯狂。董卓的所作所为，也将他推到了败亡的边缘。

世间并无貂蝉

迁都长安后，董卓不满足于相国的尊号，自封为太师，排名更在太傅之上。原来古代的三公，即为太师、太保、太傅，其中太师主管军事，为三公之首。自秦汉以降，古代三公的名号已经不复存在。东汉以皇帝的老师为太傅，无非是为了体现师道尊严，就官职本身而言，并无实际意义。董卓一屁股坐上太师椅，说白了也就是图个乐子——他早就大权独揽，说一不二，担任什么职务又有什么区别呢？

一人得道，鸡犬升天。董氏一门因为董卓的关系而迅速显贵起来。董卓的弟弟董旻封为左将军，拜鄠侯；侄子董璜封为侍中、中军校尉；董氏亲戚均封官拜爵，连光屁股的小孩都不例外。

董卓的心态也变了，他需要更大的乐子来刺激自己。初平二年冬，董卓使人诬告时任卫尉的张温私通袁术，图谋造反，把他拉到长安的大街上，鞭笞致死。

其实，张温算是有恩于董卓的。中平三年，张温以车骑将军的身份谋划西北战事，以天子的诏书命董卓前来长安会合，董卓故意迟到。孙坚劝张温以军法处死董卓，被张温拒绝。可以说，张温对董卓有不杀之恩，董卓却恩将仇报，反致张温于死地。

董卓的暴行引发了众怒。权力的游戏历来残酷，处死自己的政敌并非奇事，可是为什么一定要公开使用如此残忍的手段呢？这与夏桀、商纣有什么区别？

于是有人奋不顾身，为国除害。

豫州人伍孚，原本是大将军何进的幕僚。董卓大概是将他当作拉拢的对象吧，先后让他当过侍中、河南尹，现任越骑校尉。有一天伍孚去拜见董卓，谈话完毕，董卓起身相送，拍着伍孚的肩膀以示亲热。伍孚突然从袖中翻出一柄利刃，刺向董卓。董卓毕竟久经战阵，反应敏捷，闪身躲过那一刀，反手一拍，便将伍孚击倒在地。伍孚被捕之后，大骂董卓，慷慨赴死。

经过这件事，董卓变得小心了。他回到长安，却不在城里居住，派人在城东修筑了一座营垒作为居所，以重兵护卫，确保安全。他又在长安西边的郿县修建了一座坞堡，城高七丈，坚不可摧，号称"万岁坞"，外人则称之为"郿坞"。坞中存粮，足可使用三十年。董卓不无得意地宣称：事成，则雄踞天下；事不成，守着这座坞堡也可以过一辈子。他还在郿坞前大宴百官，一如既往地痛饮美酒，喝醉之后便变得歇斯底里，随意鞭笞部下。即便是跟随他多年的将领，言语稍有不慎，便有可能遭到惩罚，甚至陈尸席前。他和吕布之间的矛盾，大概就是在这个时候激化的。

吕布投奔董卓后，颇得信任，二人"誓为父子"。董卓出行，吕布常在左右警卫。董卓回府，也是"常使布守中阁"，由吕布担任宿卫。从这种关系上看，吕布自然是董卓麾下第一员大将，其实不然。

初平元年，关东诸侯讨伐董卓的时候，时任长沙太守的孙坚从湖南北上，一直打到了洛阳近郊。董卓派胡轸和吕布迎战，给胡轸分派的战时职务是"大督"，吕布则是"骑督"。换句话说，胡轸是总指挥，吕布不过是骑兵队长罢了。之所以如此安排，是因为胡轸是凉州人，而吕布是并州人。

董卓左手凉州，右手并州，坐拥天下雄师，一碗水却没有端平。洛阳城中，凉州人始终是看不起并州人的。胡轸和吕布迎战孙坚，部队还未出发，胡轸便公然宣称：此行"当斩一青绶"。

按汉律，俸禄比二千石以上的官员都可以佩戴银印青绶。吕布为羽林骑都尉，孙坚为长沙太守（后来又被袁术表为破虏将军，领豫州刺史），皆为青绶。胡轸此言，可以说是针对孙坚，但也有可能是针对吕布。从逻辑上分析，针对吕布的可能性更大——如果是针对孙坚，直呼其名就是了，何必用这种模棱两可的语言？

吕布听了，不但恼火，而且害怕。两军交战，大督如果要给骑督穿个小鞋，编个理由来杀他；或者使个小手段，借敌军之手杀掉骑督，都不是难事。吕布手下的并州兵也气愤难平，大家都是为董卓卖命，为什么要分三六九等，搞内外有别？

等到两军对阵，董卓军尚未集结完毕，并州兵就故意咋呼："红头子（孙坚作战的时候，喜欢戴一顶红头巾）杀过来了！"导致全军大乱，孙坚趁机掩杀，大获全胜。

这件事情并没有引起董卓的怀疑。但是，吕布从此明白，董卓并不放心将大军交给自己指挥。充其量，自己不过是董卓的警卫队长罢了。

凭借着警卫队长的身份，吕布可以自由出入董卓的府邸。他年轻，又高大威武，充满男子汉的气概，难免与董卓的侍婢们眉来眼去，并与其中的一位产生了私情。本来也不是什么大事，侍婢嘛，又不是董卓的夫人，甚至连小妾都不是。而且董卓也不知道，一直蒙在鼓里。可是吕布做贼心虚，生怕被董卓发现。董卓发起火来可不是闹着玩的。有一次，因为一件很小的事，董卓随手拾起一支手戟便向吕布掷去。幸好吕布身手敏捷，堪堪闪过，否则当场毙命。事后，吕布主动向董卓赔罪，董卓也很大度地原谅了吕布。

《三国演义》以此为题材，编造了一段精彩的故事：司徒王允为了除掉董卓，先是请吕布到自己家里做客，将歌姬貂蝉介绍给吕布，令吕布一见倾心；又将貂蝉送给董卓，让吕布与董卓之间产生矛盾。而貂蝉在这期间，巧施小计，推波助澜，又激化了这种矛盾。最后的结果是吕布冲冠一怒为红颜，刺杀董卓，为天下人除了害。

演义毕竟是演义，和正史有较大出入。

首先可以肯定的是，王允和吕布交往，不需要通过貂蝉这样一个中间人。王允也是并州人。何进被杀的时候，王允担任河南尹。汉献帝即位，王允升任太仆，守尚书令。杨彪、黄琬被免职后，王允又成为司徒，位列三公。这就说明，董卓对他是很信任的。王允凭借这种信任，再加上并州同乡的关系，很容易跟吕布亲近起来。

老乡见老乡，两眼泪汪汪。尤其是当并州人被凉州人看不起的时候，这种老乡关系就显得更为可贵了。王允策反吕布，吕布一开始还很犹豫，傻乎乎地说："奈如父子何？"意思是，我和董卓可是父子关系啊！王允立马问他：你姓吕，他姓董，是什么父子？而且，有父亲拿戟去杀儿子的吗？吕布就醒悟了，与王允等人谋划，趁董卓上朝之机，亲手杀了董卓。

其次要说明的是，正史里是没有貂蝉的。但是《后汉书》里有这么一段记载："三年四月，（汉献）帝疾新愈，大会未央殿。（董）卓朝服升车，既而马惊堕泥，还入更衣。其少妻止之，卓不从，遂行。"

这位少妻是谁，是否就是与吕布有过私情的侍婢？史料上没有任何线索。或许可以这样猜测：这个女人开始只是董卓的侍婢，后来成为他的小妾。她与吕布有私，也在意董卓，在两个男人之间纠缠不清……不管怎么样，她给后人留下了遐想的空间。

元人写《三国志平话》的时候，貂蝉这个名字第一次出现，故事是这样的：

话说有一日，司徒王允下朝回家，在后园看到一妇人在烧香祷告，于是上前询问。妇人自云姓任，小名貂蝉，原来是吕布之妻，因为与吕布失散，流落到王允府上，大概是充当婢女之类吧。王允马上意识到，这是一个宝贝，于是厚待貂蝉，认作干女儿。后来，王允请董卓赴宴，令貂蝉歌舞助兴，又请吕布前来，告诉他貂蝉在自己府上，只等选个吉日，便送去与吕布团聚。吕布当然千恩万谢，不料王允使了个小手段，故意不说穿貂蝉的来历，先送到董府。董卓以为这是王允在贿赂他，欣然收下，并与貂蝉饮酒作乐。吕布知道，勃然大怒，将董卓刺死。

写平话的这位仁兄，故事编得还凑合，但也仅仅是凑合。吕布的老婆怎么会流落到王允府上？既然知道是吕布的老婆，又告诉了吕布，还要择什么吉日送过去？说不过去。

元代又有个杂剧作家，写了一本《锦云堂暗定连环计》，将貂蝉的出身作了仔细交代，说她本是忻州人氏，任昂之女，小字红昌。汉灵帝时期，选秀入宫，"掌貂蝉冠来"，因此叫作貂蝉。汉灵帝将她赐给丁原，丁原又将她赐给吕布。后来阵上走失，所以流落到王允府上。

貂蝉是否为汉朝宫女之名现在已经无法考究。然而，按照这个写法，貂蝉好歹是进过宫的，姿色便出来了。罗贯中大概是读到了这个剧本，触动灵感，妙笔生花，才有了《三国演义》中"王司徒巧使连环计，董太师大闹凤仪亭"这一回。

故事当然是罗贯中讲得好。然而，如果我们总结正史上董卓败亡的原因，却不外如下三条：

第一，他没有摆平自己和朝廷的关系，废立皇帝，纯属瞎折腾。吕思勉先生说得好，做这样的事情，必须在自己权势已成，反对自己的人都已经被消灭后，哪有一上来就先干一件让人攻击的事的？可见董卓是个草包。（大意如此，并非原话，详见吕思勉先生《三国历史的教训》）

第二，他没有摆平自己和士人的关系，从讨好士人到怀疑士人，再到残杀士人，始乱终弃，进退失据。

第三，他没有摆平凉州人与并州人的关系，导致王允与吕布合谋，给了他致命一击。既然要做天下第一人，就要有天下第一人的格局，过去的关系要照顾好，新的关系也要重视。一碗水端得平，那才叫水平。否则的话，天下没得到，内部先反水，祸害的不就是自己？

董卓败亡，与貂蝉何干？

聪明人不干聪明事

董卓死后，王允成为朝廷的实际控制人。他原本是司徒，现在又加上了"录尚书事"。吕布则被拜为奋威将军，假节，仪同三司，并封为温侯。

奋威将军只是个杂号将军，并没有什么特别了不起的。可是假节和仪同三司就非同小可了，就是持有天子的符节，仪仗比照三公。作为诛杀董卓的关键人物，吕布理应享受这个待遇；但是考虑到他有过两次背主的经历，所以不能给他太大的实权。从这一安排来看，王允是很聪明的。

王允从小就聪明，而且读过很多书，有建功立业的志向。年轻的时候，他的老乡郭泰见到他，给了一句评价："一日千里，王佐才也。"

郭泰是"八顾"之一，以善于鉴识人物而闻名，与许邵并称"许郭"。经他金口玉言给予好评的人，很快就会声名鹊起，成为士人追捧的对象。王允也对得起郭泰的评价，他当地方官的时候，清正廉洁，刚直不阿，敢于与为非作歹的宦官子弟做斗争，受到社会各界的称赞，因而也成为宦官打击的对象。铲除董卓之后，王允更是获得了前所未有的声誉。皇帝信赖他，朝臣钦佩他，百姓拥护他，将他视为汉室中兴的希望。

可是，以王允的聪明，加上吕布的武勇，再加上从董卓家中抄没的黄金两三万斤、白银八九万两以及堆积如山的丝帛布料作为资金支持，这个新鲜热辣的"内阁"竟然在短短的两个月之内就倒台了，王允被杀，吕布出走，长安再一次陷入混乱，这是为什么？

因为王允虽然聪明，却太不懂人情世故了。

董卓的智商是硬伤，情商不稳定；王允则智商相当高，情商是硬伤。

董卓死后，有一次群臣在王允家中聚会。蔡邕在席间听人谈到董卓，不免叹息了一声。王允听到，勃然大怒，斥责道："董卓是国之大贼，几乎颠覆汉室。但凡王臣，都应该同仇敌忾。可你竟然因为他的些许小恩小惠，就忘记了大节！大伙儿都因为诛杀董卓而高兴，你却在这里唉声叹气，莫非你是他的同党？"蔡邕没想到王允会给他扣上这样一顶大帽子，赶紧伏地请罪。可是已经晚了。王允当场下令廷尉逮捕蔡邕，收于大狱。蔡邕在狱中上书悔过，表示愿意接受惩罚，黥面刖足也无所怨恨，只求留下一条性命，完成他当时正在参与的修史工作，又遭王允拒绝。

自古以来，因言获罪的事并不少见，因为一声叹息就遭此大难的，恐怕还是第一例。蔡邕的为人并不差，学问更是蜚声海内，在董卓手下为官，虽然颇受宠信，但也没干什么伤天害理的事。当时便有不少人为蔡邕说情，包括太尉马日䃅。

马日䃅也是一代大儒，曾奉旨与卢植、杨彪、蔡邕等人在洛阳南宫之东观典校儒家五经，续补东汉的官史《汉纪》，与蔡邕交情颇深。听说王允要杀蔡邕，马日䃅立即登门拜访，说伯喈（蔡邕字伯喈）是当世罕有的人才，又熟知本朝故事，应该给他一个机会完成修史，这也是国家大事。再说，伯喈这个人忠厚老实，又没犯什么大罪，杀掉他岂不是太让人失望了吗？

马日䃅不提修史还好，一提修史，王允更是气壮如牛："当年汉武帝不杀司马迁，结果让他胡说八道，诽谤朝廷，流传于后世。现今国家中道衰落，政权不固，尤其不能让奸邪之臣在幼主身边执笔。如果让蔡邕修史，还不胡乱评议我们这些人？"

三公之中，太尉排名最前，王允本来应该给马日䃅几分薄面才对。可是，马日䃅灰头土脸地从司徒府出来了，上马回头看看，只留下一声长叹。

蔡邕终于死于狱中。天下士人听到这个消息，无不摇头悲叹，皆有不平之意。蔡邕老家兖州陈留郡的士人，更将他的画像挂起来以作纪念。王允听到朝野间议论纷纷，也明白自己做得太过分，可是人死不能复生，后悔也来不及了。

回想董卓擅权的时候，曾经想杀卢植，因为蔡邕说卢植是汉家儒宗，杀了他恐怕天下士人震动，董卓便立马收手。从这一点上看，王允还不如董卓。

得罪士人也就算了，王允最大的败笔是没有处理好董卓的军事遗产，也就是长安城内外的凉州兵。

董卓被杀的时候，他的女婿牛辅正屯兵陕县，并派手下校尉李傕、郭汜、张济等带领数万兵马进攻中牟，劫掠颖川、陈留等郡县。后来，也不知道发生了什么事情，牛辅军中突然骚乱。牛辅仓皇出逃，被部下斩杀，首级被送到长安请赏。李傕等人群龙无首，不知所措，便也遣使到长安请降。此时的形势，对王允来说无疑是极好的。可是，王允却连出昏招，打坏了一手好牌。

他拒绝了李傕等人的投降。

王允这样做，自有其原因。董卓的老部下基本上是凉州人，王允和吕布则是并州人。李傕军中也曾经有数百名并州人。李傕在颖川得知董卓被杀的消息，将这些并州人以及他们的家属都拉出来杀了。现在李傕要投降，王允在感情上过不了自己那一关。

可是，政治是一门妥协的艺术，需要精打细算的生意头脑，而不是一根筋的感情纠结。西方有句俗语"Business is business"。为了追求利益最大化，为了团结更多的人，为了避免不必要的流血，很多时候连不共戴天之仇都要放到一边。

偏偏王允不懂这些。

李傕投降不成，还真有些惊慌。他和郭汜、张济等人之间并无从属关系，基本上是各自为政，相互之间也不信任。凉州军现在是一盘散沙，是失去了狼王的狼群。可是放眼望去，谁也没有这个能力出任新的狼王。说到底，他们都只是武夫，对政治一窍不通。最绝望的时候，他们甚至想过，干脆解散部队，回到凉州去过日子。

有一个人及时打消了他们这个愚蠢的念头。

此人姓贾名诩，字文和，是凉州武威郡人。董卓任太尉的时候，贾诩为其幕僚，后升任讨虏校尉，在牛辅军中效力。牛辅死后，贾诩又栖身于李傕军中。他劝李傕等人："听闻长安城中正在商议，打算把凉州人斩尽杀绝，你们如果弃军而逃，王允只消派一个亭长就能把你们抓去。与其这样，还不如联合起来向长安进军，为董公报仇。事成，则拥戴天子坐天下；事不成，那再考虑逃跑的事也不迟。"

贾诩替他们出这个主意，一半因为他是凉州人，一半则因为他有出谋划策的嗜好。看到这几个傻瓜坐拥天下第一的凉州劲旅却叽叽喳喳、惊惶失措，贾诩便忍不住技痒，想看看自己究竟能够掀起多大的波澜。平心而论，贾诩这个建议也没什么大不了的，可是对于李傕等人来说，那便是了不得的智慧了。他们拿定主意，歃了血，结了盟，各自带领数千人马昼夜西行，向长安进军。

王允的智谋不如贾诩，在某些问题的处理上，甚至不如吕布。董卓死后，吕布劝他将董卓的部曲全部剿灭，以绝后患。王允不听，说这些人无罪。吕布又劝他将抄董卓家得来的财宝全部赏给公卿大臣和军中将校，以收买人心。王允还是不答应。从内心深处讲，王允是看不起吕布的。《后汉书》里说王允"素轻布，以剑客遇之"。所谓剑客，无非是武艺高强罢了，除此之外，别无所长。

可就算是剑客，只要他说得有道理，你也该听啊！

王允一度与人商量，准备请天子下诏特赦长安内外的董卓部下众将校，事到临头又后悔，因为他觉得这些人都是董卓的亲信，董卓有罪，他们也是逆附之徒。其罪名仍在却又赦免，只怕引起他们的怀疑，不利于稳定，于是又动议要解散他们。王允就是这样一个人，任何问题到了他手里，都变得极其复杂，没有一丝弹性。他坚持要杀蔡邕，便是这种棱角分明的处世之道的表现，由此产生了意想不到的影响——长安城内的董卓旧部暗中商量："蔡伯喈不过是因为董公厚待，便遭受这样的下场。现在王司徒既不赦免我们，又说要解散我们，这不是准备对我们下手么？"

军中的这种思想波动，当权者本来应该及时掌握，可王允却浑然不知。李傕等人打来了，他竟然又突发奇想，将董卓旧部胡轸、徐荣叫来，好言劝慰一番，派他们到新丰去迎击叛军。

这可真是乱来！徐荣便也罢了，他是辽东人，虽在董卓帐下效力多年，却一直没有融入凉州派系。可胡轸是个不折不扣的凉州人，而且和吕布格格不入啊！派胡轸去迎击叛军，这不是拿肉包子打狗么？

两军在新丰对阵，胡轸出其不意地杀了徐荣，带着整支部队投降了凉州老乡。李傕声势大盛，一路收拢游兵散勇和流亡的百姓，樊稠、李蒙等董卓旧部也纷纷赶来会合，杀到长安城下的时候，竟然已经有了浩浩荡荡十几万大军。

叛军只用了十天时间，就攻进了长安。

吕布奋力拼杀，亲手射死了十几名敌人，但是无济于事。他带着手下几百名骑兵杀出重围，本想叫王允一同逃跑，被王允拒绝。

王允死在了凉州兵手上，和他一同遇难的还有现任司隶校尉的黄琬，以及王允任命的左冯翊宋翼、右扶风王宏。值得一提的是，宋、王二人不仅是王允的并州同乡，更与王允同为太原郡人。

第二章

袁绍的江湖与庙堂

初平元年（190年）正月，袁绍在河北举起反董的大旗，号召天下诸侯起兵诛董卓，清君侧。关东诸侯纷起响应，公推袁绍为盟主，各自带领人马向洛阳进军。盟军浩浩荡荡，号称百万，实际上只有三十余万。

《三国演义》写这件事，说是曹操先发矫诏给各路诸侯，袁绍等人才各带人马前来与曹操会盟。盟主当然还是给了袁绍，首发之功却是给了曹操。

这当然是虚构的，而且也不合逻辑。

汉朝四百年来，废立天子不算是奇事，地方诸侯起兵反对中央却很罕见。至于如此大规模的造反，则只有西汉的七王之乱可以等量齐观。

且不说当时曹操还不算什么人物，普天之下，能够在一池春水中掀起如此壮阔波澜的，也就只有袁绍了。换作其他任何一个人来张罗这件事，都不可能造成这么大的反响。

说到袁绍，还得从汝南袁家说起。

庶子并非竖子

汝南袁家可不是一般的名门望族。自打袁绍的高祖袁安开始，袁家每一代都有人出任三公一级的高官，被世人称为"四世三公"，实则做过三公的有五人：

袁安曾任司徒；

袁安的儿子袁敞，做过司空；

袁安的孙子袁汤（即袁绍的祖父），做过司空、司徒、太尉；

袁绍的父亲袁逢，也是司空；

袁绍的叔父袁隗，也当过司徒，而且当过三公之上的太傅。

除此之外，袁家还有七人当过光禄勋、太守、中郎将等高官。

整个东汉时期，能够在当官这件事上与袁家媲美的，只有弘农杨家。而杨家做过三公的，总共是四人，比袁家稍逊一筹。

然而，袁绍在这个显赫的家族中，却是个边缘人物。他是袁逢的庶子。他的母亲在史上没有留下姓氏出处，很有可能只是袁家的一名奴婢。一个偶然的机会，袁逢和这名奴婢有了一夜之欢——本来只是逢场作戏，没想到珠胎暗结，有了袁绍。

在世家大族中，这样的事情常常发生。由此而得来的儿子，差不多算是捡来的，只不过因为有不可否认的血缘关系，勉强被人称作公子罢了。因此，当袁逢的哥哥——左中郎将袁成因为无子而烦恼的时候，袁逢便主动提议，将袁绍过继给了袁成。

后来，大概是因为袁成去世，袁绍才又回到了本家。史书上说袁术是"绍之从弟"，就是这个原因。实际上他们并不是堂兄弟，而是同父异母的兄弟。

袁术是袁逢的嫡子。兄弟之间的地位反差，单从名字上便能窥知一二。

哥哥袁绍，字本初。

弟弟袁术，字公路。

本初之意，固守其本，不忘其初也。这是期望，也是告诫：你须谨记自己的出身，不要有非分之想。

后来，袁绍和袁术反目，袁术说过这样的话："群竖不吾从，而从吾家奴乎！"意思是："你们这些小子不听我的，却去跟随我的家奴吗？"

话说得难听，未尝不是事实。自古以来，嫡子与庶子的关系，原本也就是主从关系。越是世家大族，越是看重这种身份的差异。

不难想象，家庭生活并没有给袁绍带来多少温暖。从少年时代开始，他便有点叛逆，交的朋友有点儿不三不四，做的事情有点儿离经叛道。《世说新语》记载了一个故事，大概是关于他的"青春残酷物语"的：

有一天，袁绍和曹操带刀出游，遇到一户人家娶亲，便去凑热闹喝喜酒。席间看到新娘子非常漂亮，两人动了歪心思，商量着要将人家抢走。于是酒席散后，他们偷偷躲在主人家的园子里，等到夜深人静，突然扯开嗓门，大呼："有贼！"人们被惊醒，纷纷跑出来抓贼，他们却趁乱跑进屋，将新娘子掳走了。不料逃跑的时候，由于人生地不熟，加上天黑看不见路，袁绍脚一滑，掉进了满是荆棘的坑中，动弹不得。眼看就要被人追上，曹操急中生智，大叫一声："贼在这里！"袁绍大惊，顾不得疼痛，一跃而起，虽然被荆棘刺得血肉模糊，但总算是两个人都逃脱了。

年轻时候的袁绍，便是这样一个人，作为一名世家子弟，无疑是过于孟浪了。然而，正是在这种带有冒险意味的江湖闯荡中，问题少年成长了。相比待在温室里的同辈，他显然更接地气，更加知道天下人的疾苦与无奈——虽不一定因此而对黎民百姓产生同情心，但他至少看得见，听得到，了解这个社会存在的问题，并且产生了思考，形成了自己的立场。久而久之，他变成熟了。就像是虫蛹化蝶，他突然展开翅膀，变得光彩夺目。包括曹操、张邈、何颙、许攸、伍琼在内，许多人成为袁绍的挚友。他们行走江湖，意气相投，扶危救难，重信守诺，大有古代侠士之风。江湖上传播着他们的事迹，将他们比作战国四公子一类的风流人物。只要认为正确的事，他们必定会挺身而出。如果是能用钱解决的事，他们一掷千金，决不手软；如果是不能用钱解决的问题，他们便拔出宝剑，血溅三尺也在所不惜。

袁家的长者们看到这种情况，觉得有必要将这个误入歧途的年轻人拉回正道，以免他给家族带来不必要的麻烦。于是，二十岁的时候，袁绍被任命为濮阳县令，食禄六百石，相当于现在的正处级干部。

即便对于根正苗红的官二代来说，这个步入政坛的起点也可以说是相当高了。原以为袁绍会心怀感激，好好做官，报答家族。不曾想，这个庶子竟然毫不珍惜眼前的官位，干了没几天，便挂印而去，走上了一条比以前更危险的路。

汉桓帝延熹九年，党锢之祸初起，天下骚动。朝廷悬赏重金缉拿逃跑的党人，执行逮捕任务的使者相望于道。无良官吏为了邀功请赏，乱捕无辜，一州之内，动辄勾连数百人。全国上下，闻"党"色变，唯恐避之不及。可是，就是在这种恐怖的气氛中，有一群人却逆流而动，想方设法通过各种途径救助党人。

这便是袁绍和他的朋友们。

据《后汉书》记载，"是时，党事起，天下多离其难，（何）颙常私入洛阳，从（袁）绍计议。其穷困闭厄者，为求援救，以济其患；有被掩捕者，则广设权计，使得逃隐，全免者甚众。"疏财济困，不过是寻常义举；想方设法帮助党人逃脱朝廷追捕，而且"全免者甚众"，则是冒着杀头的危险，舍生取义，甚至可以说是侠之大者了。

党锢之祸反反复复，持续十几年，袁绍一直不改初衷，游离于官场之外，行走于江湖之中。

他成功地引起了宦官们的注意。

中常侍赵忠曾经在宫中当着皇帝的面质问袁隗："袁本初不出来做官，却自抬身价，好养死士，这到底是想干什么？！"

袁隗吓坏了，回去赶紧告诫袁绍，希望他有所收敛。外有宦官的威压，内有宗主的训诫，形势不可谓不严峻。袁绍的态度，却是终不悔改。

直到何进征召，袁绍才出来做官。此时的他已经是名满天下，甚至可以说是过于出名了。无论他走到哪里，都有一大批粉丝追随着他，浩浩荡荡，"车徒甚盛"。有时候，他甚至不得不请这些人离开，好让他低调回家，安安静静地做一枚美男子——这不是开玩笑，袁绍"有姿貌威容"，出自《三国志》的记载，言之凿凿，不可诋毁。

《后汉书》亦写道："绍有姿貌威容，爱士养名。既累世台司，宾客所归，加倾心折节，莫不争赴其庭，士无贵贱，与之抗礼，辎軿柴毂，填接街陌。"

作为东汉第一官僚世家的子弟，袁绍却以行侠仗义而闻名天下，以至于门庭若市，宾客应接不暇，这也是一件相当有趣的事。

袁绍的行为不能简单地用逆反心理来解释。他是袁家的庶子，他的出身决定他在袁家处于卑微的地位。在外人看来，他因为显赫的家族背景而光鲜亮丽。在他的内心深处，却对这个家族又爱又恨，甚至是恨多于爱。鞋合不合适，只有脚知道；家舒不舒服，袁绍冷暖自知。再加上他那个弟弟袁术，又确实是个不折不扣的人渣，想必给了他不少苦头吃。生性倔强的他，必须用自己的行为来证明自己的价值，而不是依赖这个视他的母亲为奴婢的家族。

袁绍的付出得到了回报。当他的母亲去世，归葬汝南老家时，闻讯前来吊唁者，多达三万余人。声势之盛，甚至超过了他父亲的葬礼。他用自己的江湖地位，为母亲洗刷了耻辱。

连蒙带骗，共襄义举

袁绍决定起兵讨伐董卓，这是一件惊天动地的大事。办大事得有人脉，袁绍的人脉主要来自两个方面：

一方面是袁家四世三公，门生故吏遍布天下，编织了一张无边无际的关系网。什么叫门生？门生就是学生。东汉的士人，学而优则仕，当了官也要讲学问，官当得越大，来听他讲学问的人就越多，门生就越多。什么叫故吏？故吏就是老部下，一个人官场的经历越丰富，官当得越大，故吏就越多。门生和故吏的关系，往往又掺杂在一起，既是师生，又是上下级，还是长辈和晚辈，特别有感情。而且这种关系，不是一代人就断了，而是代代相传。你提拔我当太守，我为你儿子举孝廉；等到你儿子发达了，再来帮助我儿子进步。你中有我，我中有你，互相提携，良性循环。袁家四世三公，一百多年来，有多少这样的人脉，恐怕是掰着手指头都数不清的。这一类人脉，可以叫作庙堂关系，也就是做官的关系。

另一方面则是袁绍当年行走江湖，结识了诸多好友，营救了不少士人。由此积累的人脉，可以叫作江湖关系。江湖关系和庙堂关系并不冲突，很多人既是袁家的门生故吏，又是袁绍的江湖好友。门生故吏讲感情，但是未免客套；如果再加上江湖关系，那就完全不一样，很有可能是生死之交。而且，江湖关系还导致庙堂关系向袁绍倾斜。他虽然是袁家的庶子，但在袁家的门生故吏的心目中，地位早就远远高于身为嫡子的袁术了。

简单地说，袁绍的头上自带两顶光环，一顶是世家子弟，一顶是江湖大佬。汇聚在这两顶光环下的人脉，使他具备了向董卓发动挑战的资本，这是其他任何一位诸侯都不具备的，就连袁术也只能甘拜下风。

董卓再傻也知道袁绍的分量，所以派了一个人来盯住袁绍，不给他有轻举妄动的机会。

此人名叫韩馥，是颍川人氏，原本是朝中一名默默无闻的尚书，却被董卓提拔当上了坐镇一方的冀州刺史。袁绍被任命为渤海太守的时候，韩馥又升任冀州牧，成了袁绍的顶头上司。

董卓之所以如此信赖韩馥，很有可能是因为其父董君雅曾经在颍川为官，两家人之间有过交集吧。而他将监视袁绍的重任交给韩馥，一开始看起来也没做错——韩馥没有别的本事，贵在做事踏实，甚至是过于死板。他忠实地执行了董卓的命令，派了多名从事到袁绍的郡守府，将渤海郡的兵权、财政权牢牢控制住。

说白了，袁绍这个太守，实际上是被韩馥架空的，要兵没兵，要钱没钱，拿什么造反？

不能怪韩馥势利，他本来就是一名循规蹈矩的官员。天下虽然有很多人对董卓废立天子不满，可不管怎么说，洛阳城里的汉献帝是汉朝的合法统治者，相国董卓是汉献帝的合法代理人，这是袁隗、杨彪、黄琬等蜚声海内的大人物都认可的，他韩馥凭什么不听从董卓的调遣呢？更何况，袁绍如果要造反，反的就是朝廷，这可是诛九族的大罪，他作为守土有责的冀州牧，断无袖手旁观之理。

事实上，这也正是袁绍面临的难题：造反不是一个人的事，怎样才能说服包括韩馥在内的各路诸侯置身家性命于不顾，跟他起来造反呢？

最简单、最直接也是最有效的办法，当然是伪造汉献帝的诏书，宣称自己被董卓裹胁，号召大家起兵勤王。这样的套路，在中国历史上很常见，几乎没有任何技术含量。但是，袁绍没有这么做，而是退而求其次，伪造了三公的书信。

为什么袁绍没有伪造汉献帝的诏书？这是一个相当有意思的问题。

答案是：从骨子里讲，袁绍不愿意承认汉献帝的合法性。

回想一下，当时董卓要行伊、霍之事，废立皇帝，满朝文武噤若寒蝉，唯有袁绍和卢植站出来反对。袁绍更是与董卓横刀相对，公开决裂。这种姿态，正符合袁绍侠之大者的形象；这种胆魄，足以令全天下士人为之心折。

这是袁绍一辈子都可以拿出来吹嘘的光荣历史啊！

现在，如果袁绍伪造了汉献帝的诏书，以此号令天下诸侯，岂不是承认了汉献帝的合法性吗？既然汉献帝是合法的，那又凭什么讨伐董卓呢？更重要的是，既然汉献帝是合法的，那袁绍当时与董卓横刀相对的壮举，又有什么意义呢？

这不是瞎折腾嘛！

所以，从逻辑上讲，袁绍不可能以任何形式对汉献帝俯首称臣，否则就是打自己的嘴。

袁绍反董卓，其实就是反汉献帝。只不过在场面上，他还不能将矛头直接对准汉献帝，那样做的话，就没有人敢支持他了。

于是便有了那封三公联署的书信，以太尉黄琬、司徒杨彪、司空荀爽的名义，痛陈董卓的种种罪恶。三公自云被逼无奈，无以自救，只能号召各地诸侯组织义军起来"解国患难"。

写这样一封信很容易，袁绍手下有的是笔杆子，问题是由谁来将这封信公之于众？

袁绍连这一点都考虑到了：他本人不合适。他是主角，是旗手，不能充当信使，否则会降低这封信的可信度。他想到了一个人——东郡太守桥瑁。

《三国演义》中，桥瑁基本上属于打酱油的角色，没有存在感。但是桥家上一辈曾经出过一位大人物——桥玄。此人为官清廉，不畏权贵，从县里的小吏做到朝廷的太尉，名满天下。

曹操年轻的时候，桥玄对他有过这样的评价："今天下将乱，安生民者其在君乎！"可谓慧眼识英雄。

桥瑁是桥玄的族子，则桥瑁是桥玄的祖父的亲兄弟的曾孙。现代人也许不太在意这种亲戚关系，但是在古代，这便是真正的亲戚了。桥瑁能够当上东郡太守，多少应该和这位当过太尉的长辈有点关系。

何进征召四方诸侯进京，桥瑁也曾以东郡太守的身份应召前来，屯兵城鯭。由此不难想象，他与袁绍之间交往颇深，是互相信任的人。而且，东郡所处的位置，离洛阳不远不近，由桥瑁来获得三公的密信，顺理成章。

桥瑁通过公家的传邮系统，将这封密信传递到各州郡，产生了轰动的效果。连韩馥也被搞晕了，他将信将疑，拿着信询问下属："我是该帮董氏呢，还是该帮袁氏？"

下属中有个叫刘子惠的，毫不客气地回答："兴兵是为了国家，说什么董氏、袁氏！"

韩馥大为脸红。他既然当过尚书，便也算是袁隗的故吏，对于监视袁绍一事，本来就多少心存顾虑。现在，既然有三公发出号召，他也就顺水推舟，写了一封信给袁绍，表示愿意支持袁绍起兵。

韩馥的态度转变，不但打开了董卓套在袁绍身上的枷锁，而且使得原本还在观望风向的诸侯坚定了信念。

就这样，关东诸侯齐聚袁绍麾下，开始了一路向西的勤王之旅。《后汉书》描写当时的盛况，用了这样一句话："州郡蜂起，莫不以袁氏为名。"

这应该是袁绍一生中最"高光"的时刻吧。

汉末诸侯的前世今生

据《三国演义》，东汉末年参加反董卓同盟的诸侯共有十八路之多，除发起人曹操外，第一镇，后将军南阳太守袁术；第二镇，冀州刺史韩馥；第三镇，豫州刺史孔伷；第四镇，兖州刺史刘岱；第五镇，河内郡太守王匡；第六镇，陈留太守张邈；第七镇，东郡太守桥瑁；第八镇，山阳太守袁遗；第九镇，济北相鲍信；第十镇，北海太守孔融；第十一镇，广陵太守张超；第十二镇，徐州刺史陶谦；第十三镇，西凉太守马腾；第十四镇，北平太守公孙瓒；第十五镇，上党太守张杨；第十六镇，乌程侯长沙太守孙坚；第十七镇，祁乡侯渤海太守袁绍。

事实上，按照《后汉书》的记载，初平元年在酸枣县公推袁绍为盟主的诸侯，共有十位。他们是：后将军袁术（此人于去年冬天逃出洛阳，来到南阳自立门户）、冀州牧韩馥、豫州刺史孔伷、兖州刺史刘岱、河内太守王匡、陈留太守张邈、广陵太守张超、东郡太守桥瑁、山阳太守袁遗、济北相鲍信。加上袁绍本人，便是十一路诸侯。

孔融、陶谦、马腾、公孙瓒、张杨五位，是小说家硬塞进来的。

曹操也确实参加了这场运动，只不过他当时从长安流亡回乡，无官无位（后来袁绍给他一个行奋武将军的头衔），只能跟着陈留太守张邈效力，不算诸侯。

还有一位长沙太守孙坚，也是反董卓运动中的一员，而且是非常重要的一员。只不过孙坚是单干户，跟袁绍走的不是同一条路。

所谓诸侯，其实只是个代称，意思是独占一方、握有军政大权、与朝廷保持相对独立的地方大员，也可以说是军阀。严格意义上的诸侯是朝廷敕封的刘姓王侯，不过是食租税的地主罢了。

这里说的"诸侯"实际上是些什么人呢？主要有三种：太守、刺史和州牧。为了搞清楚东汉末年官场的人情世故，有必要对这些诸侯进行一番说明。

首先说太守。

太守即郡守。秦始皇开创了中国的郡县制，将天下分为三十六郡，设郡守以治其民，郡守为一郡之最高行政长官（早在战国时期便有郡守之称，只不过秦朝才大规模设置此官）。汉朝因袭秦制，并于汉景帝年间改郡守为太守，一直沿用此称呼。

秦汉的太守，年俸二千石，于是二千石便成为省部级干部的统称。事实上，二千石又可细分为三等——

中二千石：中的意思是满，也就是货真价实的二千石，每月发给谷物一百八十斛，一年总计二千一百六十石。

二千石：月给谷物一百二十斛，年计一千四百四十石。

比二千石：月给谷物一百斛，年计一千二百石。

最低的比二千石和最高的中二千石，年俸相差九百六十石，工资系数比为0.55：1，差距相当大。

朝廷的九卿便是中二千石，比太守高一截。北军五校尉，便是比二千石，比太守低一截，也可以说是副省部级待遇。太守原则上是二千石，但也不排除个别人高职低配，又或者受到特别嘉奖，享受中二千石的待遇。

秦始皇建立郡县制的时候，郡中除了有郡守，还有郡监御史和郡尉，分别为一郡之最高监察官和最高军事长官，形成了三权分立、互相制约的局面。西汉撤销郡监御史，并改郡尉为都尉。东汉则进一步撤销都尉，将军事权也收归太守（但还是在部分战事频发的边郡保留了都尉，协助太守防御敌寇），太守便成为名副其实的一把手，集人权、财权、兵权、司法权、监察权于一身，甚至能够自行颁布地方法令。而且，随着中央政权的逐渐衰落，太守大权独揽的现象日益突出。例如县令、县长，本为中央任命，即便犯了错误，太守非经请示不得治其罪。但事实上，有很多太守不但擅自处罚县官，甚至随意加以驱逐。东汉后期，太守竟可以对县令乃至二千石级官员先斩后奏，那就分明是独立王国，无所顾忌了。至于兵权，朝廷本来是控制很严的。太守发兵，必须是遇到紧急军情，事后还得及时上报，否则将受到严厉惩罚。可是黄巾起义后，各地官员以保境安民为由，擅自扩大武装，并且形成私人部曲，朝廷想管也管不了。太守向军阀转变，终成大势所趋。

再来说刺史。

刺史原本是监察官员。汉初因袭秦制，中央设丞相、太尉、御史大夫，分别为最高行政长官、最高军事长官和首席监察官。并在各郡设立监察御史，负责监察官员过失，考核官员政绩。汉文帝当政之后，发现这些监察御史长期驻在地方，屁股指挥脑袋，实际上没有起到监察的作用，于是"遣丞相史出刺"，也就是派丞相史到各地行使监督职能，为刺史制度之雏形。

丞相史是丞相的属官，编制二十人，俸禄四百石，不及一个县长高。以位卑者监督位高者，其用意在于防止监督者权力过大，形成尾大不掉的局面。到了汉武帝时期，朝廷进一步改革监察制度，将天下分为十三州，每州委派一名刺史进行监督。

十三州刺史的顶头上司便是当时的中纪委副书记——朝廷的御史中丞。

御史中丞是御史大夫的副手，俸禄为千石。

刺史俸禄六百石。

但是，二千石的郡守也得老老实实接受刺史的监督，郡中其他官员就更不用说了。甚至包括在地方的各级王公贵族，也是刺史监察的对象。

特别需要说明的是，京师附近的河南、河内、左冯翊、右扶风、京兆、河东、弘农七郡，不委派刺史，而是由司隶校尉负责监察，称为司隶校尉部。而且司隶校尉的俸禄是二千石，与御史大夫（东汉改为司空）同级。袁绍自从得到司隶校尉这个官职，就一直当作宝贝；即便到了河北，也还是以司隶校尉自居；起兵讨伐董卓的时候，他自封车骑将军，也还是不忘加上一个"领司隶校尉"。

中国的监察制度在汉武帝手里得到了质的飞跃。秦始皇奠定了中国两千多年皇权体制的基础，而汉武帝又将其发扬光大，此后历朝历代，无非都是因袭秦汉之制，只不过略有变通而已。

对于加强中央集权、巩固国家统一来说，汉武帝的这一套监察制度无疑是相当有效的。然而，到了东汉中后期，刺史的权力也开始失控了。主要原因是，为了镇压起义和抵抗入侵，刺史也被赋予了兵权。而且，太守的兵权仅限于一郡之内，刺史的兵权则覆盖一州数郡。当刺史也由朝廷命官向地方军阀转化的时候，他们手里掌握的部队往往比太守多。刺史实际上也由监察官员变成了一州数郡的军政一把手。

当然，从俸禄上讲，他们始终只是六百石的官员，也就是现在的正处到副厅之间吧。

再来说州牧。

早在西汉年间，就有人提出这样一个问题：以六百石的刺史监督二千石的太守，合适吗？

汉成帝认为不太合适，于是下令改刺史为州牧。这个"牧"字源自《尚书》。上古虞舜时期，牧是天下十二州的管理者。从字面上理解，州牧已经不是监察官员，而是名正言顺的州长了。

州牧的年俸，别出心裁地设定为"真二千石"，月收入谷物一百五十斛，一年实发一千八百斛，比中二千石低，比二千石高。这也意味着，州牧的官位低于朝廷九卿，但是高于太守。这样一来，州牧管理太守，腰杆子也硬了。

汉成帝此举看似合理，实则违背了汉武帝定下的以位卑者监督位高者的原则。说白了，不过是在郡县二级行政机构上又增加了州一级而已，不但不利于扁平化管理，而且使得地方诸侯权力加大，对中央形成威胁。所以东汉时，汉光武帝立马又将州牧改回刺史。

到了汉灵帝年间，时局不稳，太常刘焉上书天子，认为刺史位卑威轻，不足以镇守四方，又建议废史置牧，派宗室重臣出任州牧。汉灵帝听从了刘焉的建议，一下子任命了三个州牧：太常刘焉为益州牧，太仆黄琬为豫州牧，宗正刘虞为幽州牧。

这三个人原来都是九卿，俸禄中二千石。担任州牧之后，仍然享受中二千石的待遇，低职高配，更加体现了州牧的权威。

回过头再来看《后汉书》中关于袁绍起兵的这段记载："初平元年，绍遂以勃海起兵，与从弟后将军（袁）术、冀州牧韩馥、豫州刺史孔伷、兖刺史刘岱、陈留太守张邈、广陵太守张超、河内太守王匡、山阳太守袁遗、东郡太守桥瑁、济北相鲍信等同时俱起，众各数万。"

从这份名单的排列也可以看出，后将军的地位高于州牧（前面说过，后将军还高于九卿），州牧的地位高于刺史，刺史的地位高于太守。至于国相，简单地说，汉朝实行郡国并行制，诸侯王国与郡是同一级单位（如曹操便是沛国谯县人）。东汉的刘姓诸侯王只能享受封国的租税，政事则由朝廷任命的国相全权代理。所以，国相也就相当于太守，排名略低于太守。

当然，作为割据一方的军阀，谁的枪杆子硬谁就是老大，这个排名很快就会被打破，也只能算是立此存照，以资留念了。

高光下的阴影

有高光就有阴影。将一个人摆在聚光灯下，即便妆化得再好，也难免被人看出瑕疵；笑容摆得再灿烂，也难免让人感觉生硬。当袁绍在河北振臂一呼，号召天下诸侯讨伐董卓的时候，他便站在了这样一盏聚光灯下。人们难免要问：他的动机是什么？毕竟，他的叔叔袁隗以及袁家上下五十余口人还在京师，随时会成为董卓的刀下鬼（事实也正是如此）。他置亲人的性命于不顾，毅然举起大旗，难道真的只是为了铲除奸臣，匡扶汉室吗？

就算是，依照当时的伦理道德，这种"大义灭亲"也是让人诟病的。封建伦理建立在家庭的基础上。所谓"老吾老，以及人之老；幼吾幼，以及人之幼"，爱国爱民，必先爱家。将对家人的爱推广到对邻人、对国人、对天下人的爱，叫作"亲亲仁民"，本末不能倒置。如果一个人为了忠君爱国而将整个家族的性命作为献祭，是很不合人之常情的，甚至是不道德的。后来公孙瓒讨伐袁绍，列举袁绍的十条大罪，其中有一条便是："（袁）绍为勃海太守，默选戎马，当攻董卓，不告父兄，至使太傅（袁隗）门户，太仆（袁基）母子，一旦而毙，不仁不孝。"

而从袁绍起兵之后的所作所为来看，他的动机就更值得怀疑了。盟军三十余万，浩浩荡荡杀向洛阳，还没看到洛阳的城墙就停下来了，分别集结在魏郡、河内、颍川、陈留等地，没有任何再前进的意思。袁绍则将大本营设在陈留郡的酸枣县，每天"置酒高会，不图进取"。期间只有曹操不知死活，带着自己那支小小的部队向董卓军发起了一次进攻，被打得铩羽而归。曹操向袁绍提出进军计划，他也置之不理。这是铲除奸臣，匡扶汉室的架势吗？

酒喝多了，还喝出了问题。东郡太守桥瑁和兖州刺史刘岱一言不合，刀兵相向。桥瑁兵败被杀，成为这场战争中第一位也是仅有的一位战死的诸侯。话说回来，这场战争本来也是经桥瑁之手挑起来的。

袁绍对于桥瑁的死，并不觉得很难过。他和韩馥商量之后，向朝廷上表推荐了一个叫王肱的人接替桥瑁当了东郡太守。此后数十年，军阀之间这种互相推荐将成为常态，也不管天子同不同意，批不批复，只要拜发了奏折，就算完成了手续，获推荐者便可以堂而皇之上任了。

袁绍既然不想讨伐董卓，为什么又要发动这样一场声势浩大的战争呢？他的真实目的是什么？关于这个问题，可以从他和曹操之间的一段对话中找到答案。

据《三国志》记载，有一次袁绍和曹操闲聊，袁绍问曹操，如果讨伐董卓失败，该怎么办？曹操反问，你有什么想法？袁绍便敞开心扉："吾南据河，北阻燕代，兼戎狄之众，南向以争天下，庶可以济乎？"

袁绍所说的这个地方，便是河北——当然不是现在的河北省，而是泛指黄河以北的广大地区。具体而言，包括天下十三部州中的四个州：冀州，大致相当于今天的河北省南部；幽州，大致包括今天的河北省北部和东北三省的部分地区，还包括朝鲜半岛的北部；青州，大致相当于今天的山东省东北部；并州，大致包括今天的山西省及河北、内蒙古、陕西的一部分。

这是相当广阔的一片土地，人口众多，物产丰饶，而且汉胡杂居，盛产战马，便于组建强大的骑兵部队。谁占领了这里，就算是占有了半个中国。

曹操听明白了，这哪里是讨伐董卓失败之后的打算，分明是从一开始就定好的目标。袁绍起兵的目的，根本不在于消灭董卓，匡扶汉室，而在于占有河北，争夺天下。于是曹操也回应："吾任天下之智力，以道御之，无所不可。"这话说得极为虚伪，等于没有说。事实上，曹操只是没有实力，绝非没有野心。他的目光早就盯住了河南，也就是兖州、豫州一带的中原地区，只是不肯轻易说出来罢了。

袁绍怀着这样的心思，自然不会用心作战。而且从内心深处讲，还有一个问题是袁绍不愿意面对的：盟军讨伐董卓，万一取得胜利，将汉献帝从董卓的魔掌下解救出来，该怎么办？对着他山呼万岁，俯首称臣吧，如前所述，袁绍拉不下这个面子；将他废掉，再立一个皇帝吧，袁绍岂不成了另一个董卓？

而且，不管是哪种选择，对他袁绍有什么好处？最多不也就是当个三公？而他们袁家从来就不缺三公，袁绍也从来没有将位列三公当作什么了不起的成就。或者更进一步说，就算像董卓那样当了相国，当了太师又如何，哪里有独霸一方、南面称孤那么快乐？

正是出于这种考虑，当湖南来的单干户孙坚披荆斩棘，接连打败华雄、吕布和董卓本人（当时董卓已经迁都长安，但仍驻军洛阳城南），一路杀进洛阳的时候，袁绍是相当紧张的。他担心孙坚这个愣头青会继续杀到长安，于是派了一个叫周昂的人来当豫州刺史，骚扰孙坚的后方，断绝孙坚的粮道。对此，《三国志》注引《典略》有这样一段话："长沙太守孙坚，前领豫州刺史，驱走董卓，扫除陵庙，其功莫大。（袁）绍令周昂盗居其位，断绝坚粮，令不得入，使卓不被诛。"

这真是天大的笑话，反董卓联盟的盟主竟然害怕董卓被诛！孙坚因此而大为沮丧，以至于发出了这样的哀叹："同举义兵，将救社稷。逆贼垂破而各若此，吾当谁与戮力乎！"从此心灰意懒，放弃了对董卓的进攻。

经历过这件事后，袁绍不得不思考一个问题：董卓并非不可战胜，万一董卓败亡，不管是汉献帝亲政还是天下落入其他人手中，他又该怎么办？如果是那样，他还不如扶持一个自己的傀儡，和汉献帝分庭抗礼。这当然是一个荒唐的想法，但是袁绍已经昏了头，将四周扫视了一圈之后，他将目光放到了幽州牧刘虞身上。

说起这位刘虞，倒是正儿八经的汉室宗亲——汉朝延续四百年，汉室宗亲多如牛毛，连编草鞋的刘备也自称汉室宗亲，可谓滥矣。但是刘虞不同，刘虞的先祖刘强，原本是汉光武帝的太子。刘强之母郭氏，于建武二年（公元26年）被立为皇后，又于建武十七年被废。其时刘强已经当了十六年的太子，并无过错，却主动提出放弃储君之位，好让新皇后阴氏的儿子刘阳上位。汉光武帝不同意，刘强便屡次上书，终于建武十九年如愿以偿，由太子改封为东海王。

某种意义上讲，东汉的皇位是刘强让给兄弟的。因此百余年来，皇室对刘强这一支宗亲极为尊重。刘虞的祖父刘嘉，担任过光禄勋。刘虞本人，先是担任过幽州刺史，后来又当过宗正，再提拔为幽州牧，加封太尉。在幽州任上，刘虞勤政爱民，名声极好。这是一个德高望重的人，推选他做皇帝的话，准错不了！

袁绍马上行动，和韩馥联名写了一封劝进信，派一个叫张岐的人送给刘虞。张岐是冀州清河国人，曾任乐浪太守，是刘虞的老部下，与刘虞私交甚深。以张岐为使者，显然也是经过深思熟虑的。原以为刘虞会半推半就，不料张岐刚说明来意，就被刘虞骂跑了。袁绍不甘心，又派其他人去。刘虞干脆表态：你们要是再来逼我，我就逃到匈奴那去了。袁绍无计可施，只得退而求其次，请求刘虞"领尚书事"，以天子的名义号令群雄。结果又被刘虞拒绝，而且把袁绍派来的使者杀了。

刘虞死活不肯做皇帝，自是明智之举。董卓废汉少帝而立汉献帝，人神共愤，罪无可赦。然而，汉献帝本人并无罪责，血统也无可挑剔。特别是汉少帝被董卓杀害后，汉献帝作为汉灵帝仅存的儿子，无疑是全天下最有资格坐在皇位上的人。关于这一点，即便是袁绍也无法否认。所以自始至终，袁绍不敢把矛头对准汉献帝。在这种情况下，袁绍等人推举刘虞来做皇帝，岂不是将刘虞放在火上烤么？以刘虞的政治智慧，又怎么会犯这种低级错误？

袁绍将刘虞想得太简单了。袁绍是个聪明人，但是他对于汉献帝的种种心结，导致他在大是大非的问题上总是犯糊涂。而且，这种糊涂将使得他在几年之后与曹操明争暗斗的时候错失良机，大受挫折。

世界上最省事的人

盟主虚情假意，诸侯自然也不肯出力。等到把酒喝完，粮食吃光，这场讨伐董卓的运动也就结束了。诸侯们各自打道回府。如果要问他们得到了什么，那就是从此摆脱了朝廷的控制，可以堂而皇之地拥兵自重，自行其是了。只要你有足够的实力，就可以占据一州一郡。长安的朝廷如果再派个刺史或太守过来，你就说那是国贼董卓的主意，不是天子本人的意愿，将他拒之门外。你看谁顺眼，或者跟他有利益交换，就表奏他当个刺史或太守。当然，能不能实际控制这个州郡就另当别论，很多的时候也不过是挂个空名，得个"爽"字罢了。至于州郡内的别驾、从事等官吏，以及各县的县令、县长，更是你说了算，想让谁干就让谁干。一句话，朝廷从此管不着啦！

话又说回来，任何事情都是双刃剑。人们在获得自由的同时，往往也就失去了安全。没有朝廷的约束，秩序自然消失，弱肉强食成为世间通行的法则。大大小小的诸侯们在讨伐董卓的时候没打几仗，散伙之后却因为争夺地盘打得六亲不认，血流成河。

袁绍的心思在河北，首要目标是拿下冀州。但是冀州是韩馥的。从理论上讲，韩馥作为冀州牧，还是袁绍这个渤海太守的顶头上司。当然，袁绍还自封了个车骑将军，兼领司隶校尉，又是讨伐董卓的盟主，与韩馥平起平坐是没有问题的。问题是他不能强行赶走韩馥这个老实人，因为这样做不合道义，也不符合袁绍一贯的风格。袁绍惯用的手段是借力打力，或者说得更直白一点，借刀杀人。当年他劝何进征召诸侯带兵进京恐吓何太后，便是一例；发动天下诸侯讨伐董卓，又是一例。或许在袁绍的骨子里头，天生是以利用他人为乐的。他只有一双手，可这双手能够搅动一池春水，掀起壮阔的波澜。对于他来说，每一个人都是他的棋子，无论是敌人还是朋友。他纯熟地玩弄权术，享受着幕后操纵一切的快乐。

但是有一个人从来不上袁绍的套，那就是曹操。

刚刚当上盟主的时候，袁绍未免得意，"有骄矜色"，陈留太守张邈批评了他几句，他竟然动了杀心，唆使曹操去杀张邈。

张邈是谁？是袁绍和曹操当年行走江湖的"奔走之友"啊！因为几句批评的话，袁绍就要杀张邈，是不是太过分了呢？而且，曹操当时没有地盘，就寄身于张邈帐下，并且得到张邈很好的照顾。要曹操去杀张邈，岂不是让曹操背上忘恩负义的恶名，为天下英雄耻笑么？

虽然史料上没有明确记载，但是以常理推测，袁绍很有可能给曹操开出了一个难以拒绝的条件，比如事成之后给曹操做陈留太守。否则的话，他对曹操开不了这个口。

对于急需立足之地的曹操来说，这是一个巨大的诱惑，可是曹操拒绝了。他一本正经地劝告袁绍："张孟卓（张邈字孟卓）是胜过亲人的好朋友，就算有什么对不起你的地方，也要多多包容。"曹操凭借着圆滑的世故和装傻的本领，巧妙地应付袁绍，让他无力可借。

然而曹操只有一个，世上的傻子总是比聪明人多。当袁绍想要攫取韩馥的冀州的时候，他想到了一个人——驻军幽州的奋武将军公孙瓒。

袁绍给公孙瓒写了一封信，引诱他进攻冀州。

公孙瓒果然带兵南下，将驻扎在安平的韩馥军打得一败涂地。

韩馥懵了，不知道自己什么地方得罪了公孙瓒。公孙瓒打着诛董卓的旗号而来，可韩馥就是反董卓同盟中的一员啊！天下已经乱成这个样子了吗？只要随便找一个借口，便敢向朝廷任命的州牧开战，此等行径，与黄巾贼何异？而且，听说袁绍的部队也有了东移的迹象，似有袭击冀州的意图，这又是为什么？

正当韩馥惴惴不安之际，有人来拜访他了。此人姓荀名谌，字友若，是韩馥属下的谋士。颍川荀氏是著名的世家大族。荀谌的兄弟荀彧，侄子荀攸，均以足智多谋而著称，被时人视为"无对"之士。韩馥也是颍川人，从朝廷调到冀州当官，不免张罗了一批颍川同乡前往，荀谌便是其中之一，并被韩馥倚为心腹。只不过这位心腹，现在已经被袁绍收买，不是来献计献策，而是来给韩馥本来就脆弱的心灵再加上一记重击的。荀谌问韩馥："公孙瓒大军南下，锐不可当；袁绍又率军东移，意图难测，大人打算怎么应对？"

韩馥无言以对，他是真的不知道如何应对这种复杂的局面。于是，荀谌让韩馥明白这个世道已经变得多么险恶。没错，袁绍就是看到公孙瓒大军南下，来趁火打劫的。但这也不能怪袁绍，如果公孙瓒吞并了冀州，袁绍也就完蛋了。从某种意义上讲，袁绍是为了保护自己，不得已才出兵的。"想想看，袁本初是当世豪杰，必定不肯久居大人下。而冀州又是块肥肉，谁都眼馋。如果公孙和袁氏联合起来瓜分冀州，那么大人就岌岌可危了。袁本初好歹和大人是旧交，又是同盟。不如将冀州让给他。袁本初得到冀州，公孙瓒也不敢来侵犯。大人得让贤之名，可保平安无虞，同时也保护了冀州的百姓和土地，何乐而不为？"荀谌这么劝说道。

如果换成别人，恐怕不太好糊弄，但是韩馥很快就被荀谌这番话打动了。他是个胆小的人，没有任何野心。生于太平盛世，他或许能做个"循吏"，发挥自己的作用；遇到礼崩乐坏、弱肉强食的乱世，他的脑子就完全不够用了。韩馥本想多思考几天（此事毕竟非同小可），可是，当他与另外两位颍川籍属下——辛评和郭图商量时，二人也极力赞同荀谌的意见，并且建议他不要犹豫，趁早将冀州甩给袁绍，从此做个高枕无忧的寓公。韩馥就算再迟钝，也明白自己的幕僚已经完全被袁绍收买了。颍川人不为颍川人出谋划策，却不遗余力为那个汝南佬做说客，单是这一点，便使得韩馥心灰意懒。

当然，也有人劝韩馥不要被袁绍的说客蒙骗。韩馥的长史耿武、别驾闵纯、骑都尉沮授等人都认为，冀州带甲百万，粮草充足，对付袁绍这样一个外来户绰绰有余，没有理由拱手相让。韩馥的从事赵浮、程奂原率领一万精兵驻守孟津，知道这个情况，带领军队飞速赶回，请求韩馥与袁绍开战。无奈韩馥去意已决，他主动搬出官邸，派自己的儿子将冀州牧的大印送到袁绍手上。

就这样，袁绍不费一兵一卒，便得到了梦寐以求的冀州。他当然要感谢韩馥，封韩馥做了个有名无实的奋武将军——既没有兵，也没有将，甚至没有大印。顺便说一句，汉末的奋武将军真的很多：公孙瓒是奋武将军，曹操是行奋武将军，不久之后袁绍还封沮授当了奋武将军。

韩馥在冀州当了一段时间的太平寓公。随着时间的流逝，他本来应该被人遗忘。可是有一天，他的住所突然被都官从事朱汉带人包围了。

所谓都官从事，乃是司隶校尉的属官。袁绍以司隶校尉自居，在河北也设立了相应的机构和官员。朱汉是河内人，因为工作上的事情，曾经被韩馥批评过，一直耿耿于怀。现在袁绍把他提拔上来当了都官从事，他便自作主张，带兵包围了韩馥的家。朱汉想抓韩馥，没想到韩馥跑得比兔子还快，只抓到韩馥的大儿子，于是命人将其两腿打折，出了一口恶气。

事情发生后，袁绍立即处死了朱汉，并亲自上门慰问韩馥。可是韩馥已经吓坏了，请求袁绍让他离开。袁绍同意，韩馥立即渡过黄河，前往陈留，投奔了张邈。

韩馥算是学聪明了。以袁绍惯于借刀杀人的秉性，谁知道朱汉是不是他故意派来的呢？这一次侥幸逃脱性命，下一次又会发生什么意外呢？还不如赶紧离开。

张邈古道热肠，对韩馥蛮不错。后来有一天，袁绍派使者来找张邈，因为事情机密，便凑到张邈耳边说了几句话。韩馥当时也在座，看到这种情形，认定袁绍要张邈杀自己。韩馥立马起身去厕所，抽出随身携带的书刀（用于刮简牍），割开了自己的喉咙。

如果那个年代有墓志铭，韩馥的墓碑上应该刻上这样一行字：这里躺着的，是世界上最省事的人。

另一个袁绍

袁绍借刀杀人，轻而易举得到了冀州。人没意见，刀却有意见。没过多久，公孙瓒便打过来了。

公孙瓒是谁？

某种意义上讲，公孙瓒就是另一个袁绍。

辽西公孙氏，世代为太守，虽然不能和汝南袁氏相提并论，但在当地却是数一数二的世家大族。

可是，和袁绍一样，公孙瓒在这个显赫的家族中也是个边缘人物。究其原因，"母贱"也。也正是因为这个原因，公孙瓒成年之后，家族安排给他的生计，只不过是在郡里当个负责文书的小吏。

世家大族中的庶子往往有一种心结——他们渴望配得上父姓的荣耀，却又身陷母姓的卑微。他们在世人面前光鲜亮丽，被尊称为公子；在家族内部却地位低下，形同奴仆。这种身份的反差和扭曲，使得他们对成功和名声有着异乎寻常的渴求。而且，他们在追逐功名利禄的征途上会有意识地表现得与众不同——他们不屑于通过世人常用的手段来达到目的，更不屑于利用家族关系来向上爬升。因为家族的这种关系，一直在给他们带来伤害。他们不走寻常路，就是想摆脱这种关系的控制，希望通过另外一条哪怕是充满艰险的道路来证明自己的价值。

袁绍二十岁的时候，家族安排他当上了身价六百石的濮阳县令，但他很快辞官不做，走上了一条仗义行侠的江湖之路。公孙瓒和袁绍不同，他很珍惜这份薪资微薄的工作。而且正是因为工作卖力，公孙瓒受到辽西太守刘基的赏识，被选送到一代大儒卢植那里读书。学成回来，又提拔为上计吏。这是一个俸禄不高然而极其重要的职务，其职责为代表郡里向中央汇报工作，作为中央对郡里进行年度考核的依据。

不难想象，能够担任上计吏的，必是太守的亲信。摆在公孙瓒前面的是一条光明的仕途，风景或许一般，胜在平坦，而且看得到终点。顺着这条路走下去，公孙瓒迟早会成为郡里的从事、长史、都尉等高官，甚至成为太守也未可知。

然而，公孙瓒没有就这样沦为庸俗的官僚。汉灵帝初年，"刘基以事犯法，槛车征"，这是一个晴天霹雳。刘基是公孙瓒的恩公，也是他未来的保障，却不知道为何犯了法，被关在槛车中送往京师。如果是一般下属，至多在城郊摆桌酒席相送，已经算是仁至义尽。可是对于公孙瓒来说，刘基不仅是上司，而且是君父。他身体里的庶子情结突然复活了，他要为刘基尽忠，他要在这个人人退缩的艰难时刻表现他的操守和担当，让人们意识到庶子绝非竖子。

公孙瓒决定送刘基前往京师，但是按照规定，犯官在押送途中不得接触原来的属吏。公孙瓒便换上破烂的衣裳，谎称自己是奴仆，与刘基一同出发。在长达三四千里的路途中，公孙瓒"身执徒养"，将刘基照顾得无微不至。不料到京师受审之后，更大的考验来临——刘基被判流放日南。

那个年代，岭南被视为乌烟瘴气之地，不适宜生存，流放岭南便是生离死别。日南则在今天的越南中部，比岭南更远而且更危险。中原人流放日南，略等于死刑。公孙瓒二话不说，决定继续跟随刘基前往日南。离京之日，公孙瓒在洛阳城郊祭祀祖先，洒酒祷告，大意是此去日南，离京万里，又多瘴气，估计是再也回不来了，只能就此永别祖先的坟茔。祷告之后，公孙瓒大哭流涕，围观者无不动容。

袁绍仗义行侠，救助忠良，成为士人仰慕的侠之大者。公孙瓒则通过对刘基的"死忠"，完成了人生的升华。他转身离去，背影变得高大。老天结束了对他的考验，向他露出微笑。主仆二人在流放中途收到朝廷的赦免令，又一同回到了辽西。

刘基是否官复原职，不得而知。但是公孙瓒此后的仕途已经不需要任何人关照，他的头顶自有光环，世界不再黑暗。他举孝廉，拜郎官，封辽东国长史，步步高升，春风得意。

我们不能以小人之心度君子之腹，怀疑公孙瓒万里送刘基带有某种功利性质。公孙瓒和袁绍的共同之处在于，他们有着类似的家庭出身和精神气质。但是袁绍精于算计，善于造势，借刀杀人，无往不利；公孙瓒则完全不具备这种复杂的头脑，他只有一股子不要命的蛮劲。

他跟随卢植读书，和刘备是同学。他没有学到什么高深的学问，却获得了不少关于带兵打仗的知识。当上辽东国长史之后，公孙瓒经常带兵出巡塞外，每次作战都一马当先，奋勇杀敌。他喜欢骑白马冲锋，手持双刃，大呼鏖战。他身边的亲兵也都是骑白马的善射之士，号称"白马义从"，勇不可当。久而久之，塞外的鲜卑、乌丸等部族只要一听到"白马将军"来了，就立刻消失得无影无踪。

汉灵帝年间，张纯、张举等人勾结乌桓在幽州叛乱，公孙瓒讨贼有功，被朝廷封为骑都尉，后又升至中郎将，拜奋武将军。

公孙瓒讨伐袁绍，原因有二：

一是袁绍引诱他进攻韩馥，乘机夺取冀州，而他没有捞到任何好处，等于做了火中取栗的猫爪子。但这个原因他说不出口，说出来也是让人笑话。

二是公孙瓒曾经派自己弟弟公孙越带领一千多名骑兵到汝南去帮助袁术。后来袁绍为了阻止孙坚诛杀董卓，表奏周昂去当豫州刺史。袁术当时与孙坚同盟，派公孙越迎战周昂，不幸战死。公孙瓒由此宣称："我弟死，祸起袁绍。"

讨伐袁绍，打的也是为公孙越报仇的旗号。

大军出发之际，公孙瓒还煞有介事地给长安的朝廷上了一封奏折，痛陈袁绍的十大罪——建议何进征召董卓进京，引狼入室，为害天下，自然是第一大罪；鸠占鹊巢，逼走韩馥，又是一条大罪；孙坚奋力讨贼，袁绍却派周昂去抢占豫州地盘，拖孙坚的后腿，致使董卓逃脱，又是一条大罪。凡此种种，不一一列举。诸罪之中，最有意思的是第九条："绍母亲为傅婢，地实微贱。"

这便是拿袁绍的出身说事了。君子吵架，最忌讳这种人身攻击，不但没品，而且毫无逻辑可言——出身卑微，却通过自己的努力而身居高位，难道不正是成功的典范，值得世人学习吗？管夷吾举于士，孙叔敖举于海，百里奚举于市，老天何曾对他们有过一分一毫的轻视，最终不还是降大任于斯人了吗？

退一万步说，就算别人可以嘲笑袁绍的母亲，公孙瓒也不可以，他的母亲只怕比袁绍的母亲更"微贱"。他难道觉得，通过贬低袁绍的出身，就能掩盖自己出身卑贱的事实吗？

在公孙瓒的大举进攻面前，刚刚接管冀州的袁绍是难以抵挡的。屋漏又遭连夜雨，本来在青州、徐州一带活动的黄巾军余党三十余万人也突然进入冀州，使袁绍陷入腹背受敌的困境。

除去公孙瓒和黄巾余党，袁绍还面临另外一个威胁，那就是盘踞在常山一带的起义军。这些起义军派系众多，大支二三万人，小支也有六七千。头领的名号也是千奇百怪，嗓门大的就叫雷公，眼睛大就叫大目，骑白马的就叫白骑，胡须拉碴的就叫羝根。更有一个身轻如燕的，人称"飞燕"，本名则叫张燕，不仅武艺高强，而且善得人心，一度聚众百万，袭扰河南河北，号为黑山军。朝廷拿黑山军没办法，只能采取怀柔政策，封张燕为平难中郎将，"使领河北诸山谷事"。这是一支亦黑亦白的武装，活动范围则覆盖整个冀州，对于袁绍来说，不啻喉中之鲠，肉中之刺。

在这种情况下，袁绍是怎么应对的呢？

很简单，他决定给公孙瓒做一个人情，大大的人情。

一个大大的人情

在说这个人情之前，有必要先说说，当初是谁建议袁绍把公孙瓒引到冀州来吓唬韩馥的。

是逢纪。

逢纪原本是何进手下的谋士。袁绍和董卓闹翻后，从洛阳逃到河北，逢纪和许攸等人也跟着他逃亡。这些人与袁绍或为昔日同僚，或为江湖故友，当然也是他统治冀州的最初班底，不妨称之为"老友帮"。

老友帮都是人精，足智多谋。但是，要统治如此广阔的土地和众多的人口，光靠几个老友是不够的。韩馥主政冀州的时候，邀请了一批颍川同乡过去做官。颍川是当时天下士族聚居的中心、知识分子扎堆的地方。荀谌、辛评、郭图等人都是颍川有名的谋士。只不过这些谋士在韩馥还没倒台之前，就已经被袁绍收买，反倒是为袁绍当说客，逼走了韩馥。良禽择木而栖，乱世之中，颍川士人抛弃韩馥而投奔袁绍，也是无可厚非的。毕竟，袁绍显赫的家世、超然的江湖地位以及争夺天下的雄心壮志，都是韩馥望尘莫及的。这些颍川士人，可以称之为"颍川帮"。

除此之外，冀州本地也不乏英雄豪杰。韩馥统治的时候，对本地人颇有戒心。他任命鹿郡人沮授为骑都尉，却又不肯推心置腹。袁绍派人来劝韩馥下野，沮授极力反对，说冀州带甲百万，粮支十年，袁绍不过是个外来户，根基不牢，凭什么白白地将冀州让给他？无奈韩馥不听。又有魏郡人审配、渤海人田丰，都是足智多谋之士，却因性情刚直，不为韩馥所用。袁绍占有冀州后，立即以"卑辞厚币"将他们招至帐下，委以重任，不妨将他们称为"冀州帮"。

老友帮、颍川帮、冀州帮，构成了袁绍统治冀州的三驾马车。

沮授成为袁绍的部属之后，二人之间曾有一次深入交谈，堪称河北版的"隆中对"。沮授给袁绍分析了河北一带的形势，给他制定的战略规划是："虽黄巾猾乱，黑山跋扈，举军东向，则青州可定；还讨黑山，则张燕可灭；回众北首，则公孙必丧；震胁戎狄，则匈奴必从。横大河之北，合四州之地，收英雄之才，拥百万之众，迎大驾于西京，复宗庙于洛邑，号令天下，以讨未复。"

沮授的战略分两步走：消灭青州的黄巾余党、幽州的公孙瓒和冀州的张燕，从而据有冀州、青州、幽州、并州，成为中国最具实力的诸侯，是第一步；将汉献帝从长安接回洛阳，重振朝纲，号令天下，是第二步。以袁绍对汉献帝的心结，他未必想走第二步，但是第一步是必须要走的。

根据沮授的建议，袁绍当上冀州牧后，立即派人向张燕示好，目的是稳住张燕，阻止黑山军与黄巾军合流。接下来的计划是先消灭黄巾余党，再回过头来消灭张燕，最后收拾公孙瓒。

可是，公孙瓒没给他这个时间，黄巾军也没给他这个时间。公孙瓒的幽燕铁骑和三十万黄巾军像两只铁拳，以雷霆万钧之势，从南北两个方向夹击过来。至于张燕，虽然没有和黄巾军搞到一起，却和公孙瓒暗中保持了密切的联系，对袁绍也是一个潜在的威胁。

在这种情况下，袁绍决定给公孙瓒做一个人情——他派人将渤海太守的官印火速送到公孙瓒军中，表示愿意将渤海太守之位让给公孙瓒的堂弟公孙范。

公孙瓒将信将疑。渤海郡经济发达，人口众多，在冀州首屈一指，又是袁绍的发家之地，他竟然肯拱手相让？可是袁绍的诚意不容置疑。他不但向朝廷拜发了推荐公孙范为渤海太守的奏折，而且以冀州牧的身份派来了数名从事和一支仪仗队，将公孙范送到渤海郡上任，协助他顺利地接管了该郡的军政事务。

面对这突如其来的殷勤，公孙瓒大概陷入了恍惚之中。袁绍不按常理出牌啊！他打的是什么主意？公孙瓒本能地觉得袁绍此举的背后必有阴谋，可是又找不到任何证据。不管怎么样，渤海郡是实实在在地到手了，公孙瓒的几万大军开进去，没有受到任何抵抗，而且得到了充足的粮草供应。有理不打笑面人，继续攻打袁绍显然是说不过去的。但是得陇望蜀，公孙瓒也不可能因为得到一个渤海郡就放弃对整个冀州的追求。正当权衡取舍之际，公孙瓒猛然搞清楚了袁绍的真实意图。

三十万黄巾余党敲锣打鼓，像潮水一般涌进了渤海郡。

渤海郡乃冀州的门户，黄巾军自青州大举入侵，渤海首当其冲。为了保卫这块到手的肥肉，公孙瓒不得不倾尽全力，和黄巾军展开了一场大战。

袁绍则退到一边，坐山观虎斗。

无事献殷勤，非奸即盗。如果公孙瓒听说过这句话，想必会有深刻的体会。

袁绍打的如意算盘当然是等到公孙瓒和黄巾军两败俱伤，他便从中渔利。可是让他失望了。不是他的计谋不行，而是他没想到公孙瓒军的战斗力实在太强悍。三十万黄巾军在幽燕铁骑的进攻下一触即溃，损失三万人；再战又败，死伤数万人，被俘七万人，而且丢下大批车甲财物，成了公孙瓒的战利品。

公孙瓒军威大振，河北大地到处传颂着白马将军的威名。他意气风发，一口气任命了冀、青、兖三个州的刺史，以及郡守、县令等官员，大有将河南、河北、山东全部据为己有之意。冀州的官员见风使舵，不少地方已经竖起白旗，打开城门，准备迎接公孙瓒入城了。

袁绍没有退路，只能动员所有部队，在界桥与公孙瓒决一死战。回想起来，这倒是袁绍自起兵讨伐董卓以来，第一次正儿八经地带兵作战。而这一战的前景，对袁绍显然是不利的。公孙瓒的骑兵无论从数量上还是素质上讲，远远超过袁绍。骑兵代表了冷兵器时代的军事精华，尤其是在地势平坦的河北平原，谁拥有强悍的骑兵部队，谁就是战场上的王者。公孙瓒的骑兵多达一万余人，都是久经战阵的勇士，加上三万余步兵，"旌旗铠甲，光照天地"。单是那份气势，就把袁绍压下去了。

然而，界桥之战的结果却是袁绍险胜。公孙瓒的骑兵遭到袁绍的强弩阻击，损失惨重。他不得不退回幽州，连带袁绍赠送他的渤海郡也原物奉还。

对于袁绍来说，这一场胜利意义非同小可——他打破了腹背受敌的困境，在冀州站稳了脚跟。更重要的是收获了人心。冀州的世家大族也罢，平民百姓也罢，看到了袁绍的实力和水平。自古以来，群众总是乐于拥护强者，乱世中的芸芸众生更是如此。如果说界桥之战前袁绍还只是一个自封州牧的篡位者，界桥之战后他便成为当之无愧的冀州之主。当初他和曹操在谈话间提到的"南据河，北阻燕代"的战略设想，迈出了坚实的一步。

袁绍马不停蹄，立即组织部队进攻黑山军，将张燕的活动范围限制在常山一带。

到了初平四年（193年），汉献帝遣使调解关东诸侯争端，公孙瓒积极响应，而且给袁绍写了一封热情洋溢的信，表示愿意与袁绍和平共处。袁绍得信，一笑了之。他既然得到冀州，下一步就要攫取幽州，谁愿意跟你和平共处？再说，汉献帝的旨意，对他又有多少约束力？

等到常山战事结束，袁绍便派部将崔巨业带领数万人马北上，围攻公孙瓒军重要据点固安。这一围便是几个月。崔巨业耗光了粮草，不得不撤兵南归。公孙瓒亲率步骑三万人追击，在巨马河大败崔巨业。接着又乘胜南下，一路攻城略地，一直打到青州的平原县。公孙瓒原来任命了三位刺史，冀州刺史严纲已经在界桥战死，现在便命青州刺史田楷坐镇指挥。他的老同学刘备则被任命为平原县令。袁绍针锋相对，也任命长子袁谭为青州刺史，带领数万人马与田楷展开争夺。双方你来我往，对攻城池，互掠百姓，将原本富庶的河北大地打得"野无青草"。最终还是袁绍获胜，把田楷赶回了幽州。

公孙瓒不死心，还想继续进攻。可是，由于连年征战而徒劳无功，他的顶头上司——幽州牧刘虞有意见了。

好人不长命，祸害遗五年

理论上讲，刘虞也不是公孙瓒的上司。公孙瓒的职务是奋武将军，直属朝廷，并不归幽州牧管辖，只不过是驻军幽州，要受刘虞节制罢了。

刘虞与公孙瓒，本是互相依赖的关系——刘虞需要公孙瓒来对付鲜卑、乌丸等外族和其他势力的入侵，公孙瓒则需要刘虞提供充足的粮草和军费开支。可是，随着公孙瓒与袁绍的战争进入胶着状态，刘虞和公孙瓒的矛盾就突出了。打仗不仅是要命，而且是要钱要粮的！几万人出征，就得有几十万人保障后勤，每天消耗的粮草都是一笔大数。还有马！即便在太平时期，物价正常，马也是奢侈品，一匹马的价格通常在一百万钱以上。公孙瓒的骑兵数以万计，可以说是用黄金打造的军团。谁来支付这笔昂贵的费用？还不是幽州的百姓？

刘虞是个难得的好人。原来幽州地广人稀，财政紧张，为了防备鲜卑、乌丸等异族入侵，每年都从青、徐等州调配赋税两亿多钱，以充军费。刘虞主政幽州后，通过鼓励农耕、开放市场等政策，刺激生产与消费，很快实现了钱粮自给自足。而青州、徐州的民众为了躲避战乱，前来幽州定居的多达一百余万，都得到了妥善安置。黄巾之乱后，天下汹汹，幽州却成为乱世中的王道乐土。更为难得的是，刘虞身为州牧，却生活节俭，"敝衣绳履，食无兼肉"，堪称乱世中的道德典范。朝廷为了表彰刘虞的功绩，又加封其为太尉。

董卓专权之时，为了拉拢刘虞，加封其为大司马。袁绍举兵造反，刘虞按兵不动，既不支持，也不反对，稳如泰山。董卓杀死太傅袁隗后，想请刘虞回京支撑大局，于是奏请天子封刘虞为太傅。其时诏书已出，无奈山长水远，又有诸侯联军阻隔，最终不能送达。京师与幽州之间，基本也就断绝了联系。

刘虞和公孙瓒的矛盾由来已久，始于初平二年（191年）袁绍劝刘虞称帝之时。

袁绍胡思乱想，颠三倒四，倒是启发了刘虞：何不把天子从长安救出来，接到关东来重建朝廷呢？

他说做便做，派亲信田畴、鲜于银乔装改扮，不远千里，冒险潜入长安，将一封密信送到了汉献帝手上。刘虞的长子刘和正在汉献帝身边担任侍中。于是汉献帝与刘和商量，派刘和为特使，取道武关，前往幽州，宣召刘虞派兵前来武关接驾。但是没有想到，刘和刚出武关，经过南阳的时候，被袁术扣留。袁术看到汉献帝的诏书，心生一计，竟然派人假冒汉献帝的使者，将诏书继续送往幽州，同时附上自己的一封书信，说刘和不幸患病，不能继续前行，目前正留在南阳就医，一切安好，请刘虞不必担心。又说奉迎天子大计，他袁术十分赞同，愿效犬马之劳，请刘虞火速派兵前来会合，共赴武关，一俟接到天子，即刻护驾前往幽州云云。

刘虞接到诏书和书信，不假思索，立刻准备数千名骑兵去武关迎接天子。当他请公孙瓒来商量的时候，却遭到了公孙瓒的强烈反对。公孙瓒本能地意识到，这是一个圈套。袁术如果真心奉迎天子，南阳的兵力足够应付，又何必从数千里之外的幽州调兵呢？

公孙瓒极力劝阻刘虞派兵，刘虞坚持要派。公孙瓒突然害怕起来：万一袁术真的与刘虞联合，在关东建立了朝廷，刘虞向袁术说起他劝阻发兵的事，他岂不是要被袁术恨死？以袁术的为人，加上拥立天子有功获得的权势，不把他公孙瓒整死才怪！左思右想之后，公孙瓒干脆也派自己的堂弟公孙越带了一千多名骑兵，偷偷前往南阳拜见袁术，主动表示愿意为袁术效劳，而且建议袁术：幽州铁骑，内地难得，后将军大可以刘和的性命为要挟，令刘虞派来的骑兵听命于己。

这可不就是袁术的本意！袁术本来还不太有把握，听公孙越详细介绍过幽州军的内情，事情就水到渠成了。数千名幽州骑兵到手后，袁术的军事力量一下子膨胀起来。刘和继续在南阳待了一段时间，后来才被袁术释放。但是在返回幽州的途中，又遭到袁绍扣押。

刘虞吃了这个大亏，自然对袁氏兄弟都产生了怨恨。因此，当公孙瓒开始进攻袁绍的时候，刘虞至少是默许的。可是，当战争一再拖延下去，眼看要把幽州多年的积蓄挥洒一空，刘虞又后悔了。

公孙瓒却管不了这么多，还要组织部队再征冀州，刘虞明确表示不同意。二人之间的矛盾逐渐激化。公孙瓒要粮，刘虞不给，公孙瓒便放纵士兵劫掠百姓。刘虞命令公孙瓒管束部下，公孙瓒根本不当一回事。从隶属关系上讲，幽州牧并无权处罚奋武将军，刘虞只好上书长安的朝廷，控诉公孙瓒残害百姓。公孙瓒便也上书控告刘虞保障不力，致使他不能征讨叛贼。二人的奏章交替上报，倒使得不怎么招人待见的朝廷受宠若惊，但是又没有能力调解，也只能是和稀泥，写几句不痛不痒的话，两边都安慰一下了事。幽州治所蓟城之中，州牧和奋武将军的矛盾日益公开。公孙瓒干脆在城内修筑了一座带有瞭望台的营垒，把它当作自己的住所，以防刘虞对他不利。刘虞多次邀请公孙瓒到州府开会，公孙瓒都推故不来。

初平四年冬，刘虞终于忍无可忍，决定对公孙瓒动手。他暗中召集了各地驻军十余万人，准备工作做得相当充分，部队调动迅速而隐秘，公孙瓒完全没有察觉。直到刘虞祭旗出发前不久，才有个叫公孙纪的内奸跑到公孙瓒的营垒报信。这时候已经晚了，营垒已经被刘虞的部队团团围住。营垒外紧挨着民房，刘虞只要下令放火将这些民房点燃，公孙瓒必死无疑。

然而刘虞不愿意放火，他是个好官，不想烧掉老百姓的房子。公孙瓒本来已经绝望，突然间风向变了，公孙瓒立马抓住机会，派人在上风口点燃了一排民房。火苗借着风势乱窜，势不可当地朝着全城漫延，反倒把刘虞的部队给吞没了。

公孙瓒反败为胜，俘虏了刘虞，并将其斩首示众。

事情发展到这个地步，公孙瓒倒也没什么大错，毕竟是刘虞先动手的。幽州人感念刘虞的恩德，为刘虞的死而痛惜，那也没关系，只要采取适当的措施缓解民意就行了。谁也不会一辈子记得刘虞的好，日子总还是要过的嘛。公孙瓒的问题在于，他只认一个死理。幽州的士人们怀念刘虞，说刘虞是个清贫的好官。那好，他就要把刘虞搞臭。他派人抄了刘虞的家，将刘家女眷的衣服摆出来给大伙儿参观，都是些名贵的罗纨绮饰。百姓们好对付，口风很快就变了，可士人们仍然执迷不悟，说几件衣服能说明什么呢？无损刘公的盛德。公孙瓒恼羞成怒，他恨这些满口仁义道德的士人，恨这些士人背后的家族势力。越是地位高贵的世家大族，越是薄情寡义，这是他自幼形成而且不断强化的观念。童年的阴影一直笼罩着他，于是他做出一个极不理性的决定——向蓟城的士人举起屠刀，"杀害州府，衣冠善士殆尽"。这样一来，他的残暴之名便被坐实了。

公孙瓒一不做，二不休，干脆彻底和士人决裂。整个幽州境内，士人子弟若是无才便也罢了，但凡有点才能的，公孙瓒必会将其安排到穷苦之地。有人问他为什么，回答是："如果让这些人得到富贵，他们会以为这是理所当然，毫无感恩之心。"这是他对社会现实的批判，还是对原生家庭的反叛？也许二者兼而有之吧。

总之，公孙瓒已经完全失控了。他踢开士人，转而在市井之徒身上寻求安慰。他和算命的刘纬台、卖布的李移子、开杂货铺的乐何当三人结拜兄弟，并且互为婚姻，结成儿女亲家。要知道，商人在古代是没有地位的，位居"士、农、工、商"四大阶层之末，连穿丝绸衣服的资格都没有。算命的就更不入流。公孙瓒和这些人打得火热，即便在现在看来也不好理解，何况在等级森严的封建社会？于是，不仅士人视公孙瓒为寇仇，连农民也对他产生了严重的不满。

农民的不满更在于，公孙瓒压根儿不会搞经济。连年战争下来，幽州"岁岁不登，人相食"，谷物卖到十万钱一石，而公孙瓒拿不出任何措施来发展生产。人们越是怀念刘虞统治时的太平年景，越是对公孙瓒胡作非为深恶痛绝，他的结局已经注定。

兴平二年（195年），刘虞的旧部鲜于辅、鲜于银、齐周等人起兵为刘虞报仇，推举燕国人阎柔为乌丸司马，集结乌丸、鲜卑、汉各族士兵数万人，在潞北大败公孙瓒任命的渔阳太守邹丹。同年冬，鲜于辅再度出击。袁绍派遣大将麹义相助，双方合兵十万，在鲍丘大败公孙瓒军，斩首二万余级。代郡、广阳、上谷、右北平各郡的士民纷纷起义，杀死公孙瓒设置的官吏，与鲜于辅合兵一处。公孙瓒四面楚歌，不得不退守多年前就开始经营的军事重镇易京。

袁绍用了整整四年的时间才将易京攻下。公孙瓒杀死自己的妻子儿女后，举火自焚。

这样一来，袁绍便成为冀州和幽州的主宰。不久之后，他又平定了青州和并州的大部分地区，完成了河北版"隆中对"的第一步。这时已是建安四年（199年）春天。如果拉动时间的进度条，向前快进几个月，中国历史上著名的官渡之战即将隆重上演。

正如旧时小说常用的说辞——花开两朵，各表一枝，将袁绍在河北干的事情交代清楚之后，必须回过头来说说这些年曹操干了些什么。

第四章

曹操的自我救赎

假如汉朝的干部履历表有"家庭出身"这一栏，我们可以想象这样一个场景：

一位雄心勃勃的年轻人拿到了郎官的任命书，以及随之而来的一份干部履历表。他将任命书看了又看，脸上露出矜持的笑容。可是，当他打开干部履历表，一个字一个字地认真填写的时候，他突然愣住了。他犹豫不决，沉思良久，经过了强烈的思想斗争，才略带颤抖地提起笔，在"家庭出身"一栏中写下"官宦"二字。不料，这两个字被身边的朋友袁绍看到了。袁绍一把抓过那张纸，大笑道："孟德，你写错啦！应该是宦官才对，哈哈哈哈！"

"休得胡说，哪里写错了？"

年轻人脸涨得通红，拼命抢回那张纸。打闹之中，那张纸被扯成了碎片，如同雪花一般在空中飞舞。年轻人大叫一声，汗涔涔地坐起来，才发现四周漆黑。

原来，那只是一个梦。

曹操的上半辈子，便是一直生活在这个噩梦中。

一封带血的投名状

袁绍，四世三公的世家子弟，天下士人仰慕的侠士，诛杀宦官的英雄，一个被无数光环笼罩的幸运儿，同时也是曹操最好的朋友，他像一块巨大的石头压在曹操脆弱的自尊心上。当人们津津乐道汝南袁家究竟是四世三公还是四世五公的时候，曹操却在为自己的出身而烦恼不已。

曹操，字孟德，小名阿瞒，沛国谯郡人。

说起曹操的先祖，乃是西汉的开国元勋曹参，汉初功臣表上排名第二，封平阳侯，食邑一万零六百三十户，是名副其实的"万户侯"。

东汉安帝年间，曹参有个叫曹腾的后人，因为家道中落，托人找关系净身入宫，当了一名宦官。

汉顺帝年间，曹腾被提拔为小黄门、中常侍，开始参与朝政。后因拥立汉桓帝有功，被封为费亭侯，官拜大长秋，负责掌管后宫事务。

如《后汉书》的记载属实，曹腾入宫三十余年，侍奉四任天子，倒是"未尝有过"。而且，经曹腾之手推荐当官的人，也都是海内贤达，没有小人。曹腾还颇有雅量——曾经有人想贿赂他，在书信中写到这件事，书信却被益州刺史种暠查获，种暠便弹劾曹腾受贿。曹腾并不计较，反而时常称赞种暠讲原则，是个好官。种暠后来官至司徒，常常说："我能当上三公，多亏了曹常侍。"在宦官为非作歹的年代，曹腾无疑是浊世中的一股清流。

宦官无子，朝廷开恩允许宦官养子继承家业和爵位。于是曹腾也认了个养子，就是曹操的父亲曹嵩。

托了宦官养父的福，曹嵩当过司隶校尉、大鸿胪、大司农，位列九卿。

作为曹腾的养子，曹嵩的身世成谜，史料上完全没记载。连《三国志》的作者陈寿也只能写："莫能审其生出本末。"

这是一件奇怪的事。按理说，陈寿编修《三国志》的时候，离后汉三国时期并不远，要查清曹嵩的真实出身是很容易的。为什么"莫能审"？只有一种可能，那就是曹操故意隐瞒了。不但自己隐瞒不说，而且不许别人去翻查旧账，追寻真相。

无论是谁家的孩子，过继给宦官为后，毕竟不是什么光彩的事。即便曹腾是个"好"宦官，但也是被人看不起的。士人尤其看不起宦官。

三国时期，吴国有位无名氏写了一本《曹瞒传》，煞有介事地宣称：曹嵩原本姓夏侯，是汉初名将夏侯婴之后。这种说法流传甚广，特别是经由《三国演义》采用之后，几乎成为定论。

不管怎么样，曹操是曹腾法律意义上的孙子，这是错不了的。"宦官之后"这个身份无论落到谁头上，都很尴尬。

想想看，曹嵩是在朝中当过大官的。曹操从小交往的朋友，八成也是世家子弟、官僚之后。一群公子哥儿凑到一块吹牛，这个说我家三代都是省部级，那个说我爷爷当过三公。轮到曹操，恐怕就是脑门上三条黑线了。

在这种环境下长大的孩子，想必特别敏感，也特别盼望别人的认可。

曹操的少年时代是在和袁绍等人的交往中度过的。袁绍行侠仗义，游走江湖，曹操如影随形。张邈、何颙、许攸等人既是袁绍的"奔走之友"，也是曹操的亲密好友。

党锢之祸中，袁绍逆流而动，营救党人，曹操自然有份，因而也获得了诸多名士的青睐。李膺的儿子李瓒就曾经称许："天下英雄无过曹操。"这样的评价想必不会是光看面相就能得出，而是有实际行动作为支撑的。桥玄对曹操说："今天下将乱，安生民者其在君乎！"更是看出了曹操热血的外表下隐藏的治世之才。至于许劭说曹操是"清平之奸贼，乱世之英雄"，虽然流传最广，倒不见得中肯。总之，二十岁之前的曹操，虽然江湖地位不及袁绍，但也是世人皆知的侠义之士了。

袁绍行走江湖，是为了改变庶子的命运；曹操行走江湖，则是为了摆脱宦官的阴影。他几乎是义无反顾地背叛了自己的出身，紧紧抱住了士人的大腿。

二十岁的时候，曹操担任了洛阳北部尉，负责京师北部的治安。这期间发生了一个著名的故事：

上任之后，曹操命人造五色大棒十余根，悬挂在衙门左右，声明："有犯禁者，不避豪强，皆棒杀之。"没过多久，蹇硕的叔父蹇图违反宵禁制度，夜行街市，被士兵们抓到。当时蹇硕还只是小黄门，但是已经是天子身边的红人。宦官子弟为非作歹尚且无人敢管，蹇图犯禁夜行就更不算个事了。可是曹操毫不留情，硬是下令将蹇图用五色棒打死。于是，"京师敛迹，莫敢犯者"。

　　曹操此举是为了树立自己执法必严的形象吗？当然也是。可是仔细推敲起来，就像梁山好汉入伙前要下山杀一个人表明心志一样，打死宦官的叔叔何尝不是曹操向士人集团递交的一封投名状？

　　大概是多亏了他的出身，他竟然没有遭到蹇硕的报复，只是调往兖州东郡，当了顿丘县令。此后，曹操宦海沉浮，当过议郎、骑都尉、济南国相，也曾在家乡隐居。

　　光和五年（182年），朝廷下令公卿举报省部级干部中祸害百姓之人。太尉许馘、司空张济与宦官勾结，对贪赃枉法的官员不闻不问，反而凭空捏造罪名，陷害边远小郡清廉官吏二十六人。时任议郎的曹操与司徒陈耽上奏天子，举报许馘、张济等人结党营私，陷害忠良。汉灵帝因此责骂许馘、张济，并为那二十六人平反。宦官们大为恼火，诬陷陈耽下狱至死。至于曹操，大概还是拜出身所赐，又一次安然无恙。

　　中平四年（187年）冬，朝廷筹划成立西园军，苦于缺乏经费。曹嵩趁机出巨资向汉灵帝购买了一个太尉来当，只不过才当了五个月便遭罢免，回乡当了寓公。孤立地看，这无疑是一笔蚀本的买卖。但是，如果将史料关联起来看，中平五年西园军成立的时候，曹操便获得了典军校尉一职。

　　不难猜测，这是老父亲赠予儿子的一份厚礼。买官的是曹嵩，获得建军经费的是大将军何进，当上典军校尉的是曹操。如果内情真是这样，曹操的狡诈多谋，其实是有遗传的。

　　董卓进京之后，袁绍离开洛阳，曹操却选择了留下来。那个时候的他，恐怕还是对董卓抱有一丝幻想的。而董卓对曹操也表现出了应有的客气，任命他当了骁骑校尉。

　　可是不久之后，曹操便看出董卓是个混世魔王，败亡只是迟早的事。于是他也离开了洛阳，目的地是自己的老家——沛国谯县。

　　《三国演义》写这件事，非常有戏剧性——

　　曹操从王允那里得到一把宝刀，准备借参见董卓之机行刺。不料董卓自镜中窥见，起了疑心。曹操急中生智，赶紧跪下，将刀高高举起，说自己是来献刀的。这样糊弄过去之后，曹操知道董卓终究还是会起疑心，于是告辞出来，快马加鞭，直接跑出了洛阳的东门。

真实的历史中，曹操究竟有没有行刺董卓？可能性很小。但是，他从洛阳出来，被董卓通缉，却是不争的事实。据《三国志》记载："（曹操）出关，过中牟，为亭长所疑，执诣县，邑中或窃识之，为请得解。"

逃亡当然要避开县城，所以曹操走的一定是乡村小路。可是乡村小路也有治安联防队巡查。曹操那可疑的样子被当地的亭长（派出所长）看到，亭长把他抓起来送到县城。幸运的是，县城里有慧眼识英雄的贵人，以"天下即将大乱，不宜逮捕英雄"为由，暗中请求县令放了曹操。

这位县令姓甚名谁，史料上是找不到的，但是现在大家都知道他叫陈宫，字公台，这是出自《三国演义》的编排。

《三国演义》进一步杜撰，说陈宫为了跟随曹操，弃官不做，挂印而去，"各背剑一口，乘马投故乡来"。两个人走到成皋地方，遇到了曹操的故人吕伯奢。

接下来发生的事情，便有几个版本了。

《三国演义》的版本是流传最广的——曹操到了吕伯奢庄上，吕伯奢热情招待，亲自出门沽酒。曹操与陈宫久坐，听到后院有人磨刀，产生了怀疑，也不问青红皂白，拔剑冲出去，杀了吕家八口人。后来才发现，他们磨刀是为了杀猪待客。两个人急忙上马而行，正好遇到吕伯奢买酒回来。曹操担心吕伯奢发现之后带人来追，于是一不做，二不休，又将吕伯奢给杀了，而且留下一句"宁教我负天下人，休教天下人负我"的名言。陈宫因为这件事，与曹操分道扬镳。

演义并非无中生有。据成书于西晋时期的《魏晋世语》记载："太祖（曹操）过伯奢。伯奢出行，五子皆在，备宾主礼。太祖自以背卓命，疑其图己，手剑夜杀八人而去。"

东晋史学家孙盛也记载："太祖闻其食器声，以为图己，遂夜杀之。既而凄怆曰：'宁我负人，毋人负我！'"

而据《魏书》记载："（曹操）从数骑过故人成皋吕伯奢，伯奢不在，其子与宾客共劫太祖，取马及物，太祖手刃击杀数人。"

只有在《魏书》的记载中，曹操杀人，没有任何误会，完全是为了自卫。

《魏书》的作者王沈是三国时期魏国的官僚，自然为曹操说话，可信度存疑。拨开种种迷雾，我们或许可以依据常识做一个基本判断：曹操在逃亡途中，确实因为多疑而错杀了好人。从心理学上讲，一个人在高度紧张的状态下，难免会对他人的意图产生误判。而杀人之后，又说出"宁我负人，毋人负我"这样的话，是一种自我辩解。而且，经历了这件事之后，他很有可能强化了这种理念，将其上升为自己的人生哲学。

说句题外话，《三国演义》将曹操的这段故事讲得很精彩，唯一的硬伤是：成皋在中牟的西边。

陈宫在中牟放了曹操，应该随他往东逃亡才对，怎么反而朝着洛阳进发了呢？

曹操挖到第一桶金

曹操逃出中牟，便到了陈留地界。

陈留太守张邈是曹操的多年好友，非常热情地欢迎曹操到来。在这里，曹操还得到一位当地土豪卫兹的帮助，招兵买马，拉起一支军队，参加了关东诸侯联军讨伐董卓的行动。曹操带着这支部队冒冒失失进攻，被董卓的部将徐荣打得溃不成军。

诸侯联军解散后，袁绍鸠占鹊巢，成为冀州统治者；曹操仍然寄居陈留，既不是刺史也不是太守，只有一个行奋武将军的头衔，而且是袁绍赠送的。当然，曹操也不是一无所有，他至少有一帮忠心耿耿的兄弟。夏侯惇、夏侯渊、曹仁、曹洪等人，组成了曹操最初的武将班子。此外，他还拥有一支两千人左右的武装。

这支队伍，最早是曹操被徐荣打败后，和夏侯惇一道前往扬州募兵，由扬州刺史陈温、丹阳太守周昕赞助的。

曹操为什么能够得到陈、周的帮助？想必还是当年行走江湖结下的善缘吧。

曹操带着这支队伍进屯河内。这里离洛阳不远，离陈留郡也很近。说白了，曹操还是仰仗昔日好友陈留太守张邈的关照，才找到一块落脚的地方。这支小小的部队一直没被人吃掉，却不只是因为有张邈撑腰——谁都知道，袁绍和曹操也是至交好友。

曹操可能不愿意承认，但是事实上，那时候的他就是依靠袁绍生存的。当然，袁绍也不是雷锋，他之所以一直将曹操当作朋友，不是感念旧情，而是因为曹操有利用价值。

对于当时正在河北与公孙瓒作战的袁绍来说，河南是必须稳住的后方。

按照东汉的行政区域划分，今天的河南省西部属司隶校尉部管辖，河南省东部和山东省西南部，则属于兖州，下辖陈留、济阴、山阳、任城、东平、东郡、泰山、济北八个郡国。兖州刺史刘岱虽然也是反董卓联盟的一员，却与袁绍没有太多私交。为了换取刘岱的支持，袁绍甚至将自己的老婆孩子都送到刘岱家里做客，其实也就是当人质，足可见他对兖州的重视程度。与此同时，公孙瓒也在拉拢刘岱，并且派部将范方带领一支骑兵到兖州帮助刘岱对付黄巾余党。两个人都使出浑身解数讨好刘岱，而刘岱也是两边讨好，谁都不得罪。

界桥之战的时候，公孙瓒遣使要求刘岱与袁绍绝交，并将袁绍的老婆孩子交给范方，态度非常强硬。刘岱犹豫不决，问计于东郡人程昱。程昱分析形势，认为公孙瓒表面上强大，事实上不是袁绍的对手。刘岱这才下定决心不听公孙瓒使唤，转而与袁绍交好。

不难想象，袁绍对刘岱并不放心。他必须在兖州培育自己的势力，扶持自己的代理人。袁绍自然想到了曹操。这个多年来一直对自己低眉顺眼而且小有能耐的兄弟，此刻正好派上用场。

机会很快到来，初平二年（191年）九月，黑山军于毒、白绕等部进攻东郡，东郡太守王肱无力抵御，曹操乘机引兵进入东郡，大败黑山军于濮阳。袁绍立马表奏，让曹操替代王肱当了东郡太守。这样一来，曹操便在河南拥有了一块不大不小的根据地，挖到了人生中的第一桶金。

这桶金是曹操自己流血流汗得到的，却也离不开袁绍的帮助。当时的情形，董卓控制的朝廷肯定不会批准曹操当东郡太守，袁绍所谓的推荐，也仅仅是推荐，拜发了奏折便算数，汉末的风气便是如此。正因为如此，对于被推荐者的合法性来说，推荐者的分量便显得尤其重要了。如果不是袁绍这种重量级的人物，而是张邈之流来推荐的话，曹操能不能当稳这个东郡太守还是未知数。

袁绍或许只想把顺水人情做到这里。东郡位于兖州北部，与冀州隔河相望。袁绍和公孙瓒打仗，曹操可以作为监视和牵制刘岱的一颗棋子；日后袁绍挥兵南下，东郡又是夺取兖州的桥头堡。但是形势的发展大大出乎袁绍的意料。

初平三年（192年）春，曹操屯兵顿丘，于毒乘机进攻东武阳。曹操的非凡军事才能进一步得到体现。他避实就虚，灵活出击，连败黑山军眭固、匈奴军于夫罗等部，将东郡境内的盗贼一扫而光。曹操声名大振，得到了东郡士民的衷心拥护。

正当此时，青州黄巾军百万余人进入兖州。刘岱不顾下属的反对，决定出兵讨伐，结果战死，兖州成为无主之境。长安的朝廷很快派出一个叫金尚的人前来接任刺史。金尚并不可怕，兖州各郡国都不承认长安的朝廷，就算他来了也进不了城。可怕的是，金尚在经过南阳的时候，被袁术留住了。袁术打的什么主意，袁绍用脚指头都想得出——自然是以护送金尚上任为由，趁机介入兖州事务，并通过金尚来统治兖州。这是袁绍最不愿意看到的状况。他和袁术之间，不仅有感情上的龃龉，更重要的是政治上的水火不容。袁绍之所以能够领袖群伦，一半是靠自己的本事，一半是靠袁家四世三公的金字招牌。可是谁都知道，比袁绍更有权力使用这块招牌的是身为袁家嫡子的袁术。假如让袁术得到了兖州，对袁绍来说将是一记重击。袁绍必须抢在袁术做好出兵准备之前动手。所以，他几乎是毫不犹豫地又给天子上了一封奏折，推荐曹操为兖州刺史。

曹操当然不会推辞。可是，当刺史和当太守是两码事。要想统治整个兖州，绝不是袁绍的一封奏折便可奏效的。他必须得到地方势力的认可。他已经有一定的基础——兖州八郡国中，东郡是他自己的地盘，陈留太守张邈是他多年的好友，济北相鲍信也是他的支持者。

关于鲍信这个人，有必要多说几句。他是当年响应袁绍号召起兵讨伐董卓的十一路诸侯之一。更早的时候，鲍信则与袁绍同在何进属下为官。他们之间的关系应该不错。何进对付宦官，袁绍是谋主，鲍信也参与其中。董卓进京的时候，鲍信曾劝袁绍先下手为强，趁董卓初来乍到、立足未稳干掉他。虽然袁绍没有接受，但是二人之间能够谈论这些事，足见交情之深。然而，鲍信真正看重的不是袁绍，而是曹操。

鲍信曾经对曹操说过这样的话："夫略不世出，能总英雄以拨乱反正者，君也！"这就不仅仅是视曹操为英雄，而是视其为未来的领袖了。

鲍信在兖州颇有影响力，对刘岱也很忠心。青州黄巾军入侵兖州，他极力反对刘岱出击，理由是：黄巾军人数众多，而官兵士气不振，现在出击，胜算不大。但黄巾军也有弱点，那就是拖家带口，行动不便，给养困难。不如坚壁清野，固守城池。黄巾军无粮可抢，无城可占，自然会陷入混乱。那时候再带兵出击，破敌便不是难事。可惜刘岱没有听从鲍信的建议。刘岱既然战死，鲍信便良禽择木，光明正大地支持曹操了。

鲍信之外，还有一人在这件事上出力其多。他叫陈宫，也就是《三国演义》中帮助曹操出逃的那位中牟县令。事实上，陈宫是东郡人，在当地颇有声望，很有可能是在曹操当上东郡太守后才与其有密切接触。曹操在东郡的文治武功，陈宫看在眼里，喜在心上，认为找到了结束乱世、安定天下的明主。因此，刘岱一死，陈宫便向曹操主动请缨，去州府所在地昌邑游说大伙儿支持曹操。

陈宫唱主角，鲍信当群众演员，一唱一和，说服了州府一干官吏。他们公推鲍信与"州吏万潜等"到东郡，迎接曹操到昌邑来领兖州牧。

就这样，曹操成为兖州的主人。这其中自然有他本人的努力，但更重要的还是依靠袁绍、张邈、鲍信、陈宫等一帮老友的帮助。

要想干点儿事业，人脉才是第一资源啊！

陶谦惹火上身

曹操领兖州牧不久，主动向号称百万众的青州黄巾军发动了进攻。当时，黄巾军以为刘岱战死，官军新败，不可能再度前来挑战，因而防备松懈。曹操在寿张截击黄巾军，大获全胜，又乘胜追击，最终在济北将黄巾军逼得走投无路，集体投降。曹操从降卒中挑选精锐，自成一军，号称"青州兵"。

大概就是这个时候，曹操组建了自己的军师团队。

颍川荀彧，字文若，与其兄荀谌、其侄荀攸一起被世人称为"无对"之士。韩馥主政冀州的时候，招揽大批颍川同乡到冀州做官，荀谌、荀彧先后应征前往。荀谌后来追随袁绍，成为袁绍的主要谋士，荀彧亦成为袁绍的座上宾。曹操据有东郡的时候，荀彧却离开了袁绍，转而投奔曹操。究其原因，主要是认为袁绍"终不能成大事"。袁绍不能成大事，那就是曹操能成大事咯！而曹操果然有成大事者的气度，对荀彧丝毫没有怀疑，马上拜他为军中司马，引为心腹，并且对外宣称：这便是我的张子房！

郭嘉，字奉孝，是与荀彧同时去冀州的颍川同乡，不久后也在荀彧的邀请下投奔曹操。郭嘉与曹操一见如故。曹操感叹："使孤成大业者，必此人也。"郭嘉则回应："真吾主也。"曹操于是拜郭嘉为军师祭酒。所谓祭酒，本义是祭祀时主持大礼的长者，引申为领班之意。军师祭酒是曹操独创的官职，大概是首席军师或参谋长的意思。值得一提的是，这位新任的军师祭酒才二十七岁，而荀彧投奔曹操的时候也不过二十九岁，都是风华正茂、朝气蓬勃的年轻人。相比之下，另一位军师程昱便不免显得老气横秋了。

程昱，字仲德，本是东郡人，以足智多谋而闻名。刘岱多次征召他做官，都遭到拒绝。曹操早就听过程昱的大名，刚刚当上兖州牧，便派人征召程昱。此翁二话不说，马上收拾行李，准备出发。乡里邻居都笑他：为什么前后态度差别那么大？程昱笑而不答，心里大概在想：老汉已经五十岁了，好不容易遇到曹孟德这样的优质股，还不赶紧买定离手？

袁绍也许不知道荀彧和郭嘉的选择意味着什么，但是凭直觉，他已经对曹操有了戒心。当然，表面上来看，两个人的关系仍处于蜜月期。

初平三年冬，公孙瓒应袁术之邀，发动了一次大规模的攻势，派刘备进驻高唐，单经屯兵平原，又请徐州牧陶谦进军发干。曹操与袁绍联手，在黄河一线将三路来犯之敌全部击破，大获全胜。

袁术趁曹操在北方作战，从汝南出兵进攻兖州。曹操迅速调动部队，在匡亭大败袁术。《三国志》写道："（袁术）引军入陈留，太祖（曹操）与（袁绍）合击，大破术军，术以余众奔九江。"袁绍显然也派兵参与兖州战事，助了曹操一臂之力。

初平四年，曹操将袁术赶到九江，意犹未尽，回过头来又把陶谦修理了一番，连下徐州十余城，打得陶谦闭城自守，不敢出战。

在公孙瓒、袁绍、曹操、袁术上演的"四国军棋"大战中，原本可以置身事外的陶谦为什么会听从公孙瓒的指使，横插一杠，以至于惹火上身？

原因是多方面的。

其一，陶谦原来当过幽州刺史，大概是受到宦官诬陷，被罢官。平反之后拜议郎，又先后在皇甫嵩、张温麾下任职，参与西北战事。黄巾起义后，陶谦才任徐州刺史。不难想象，陶谦在幽州刺史任上，和公孙瓒是有交集的，甚至可能是深交。

其二，徐州紧邻兖州，面积不大，但是土地肥沃，"百姓殷盛，谷实甚丰"，是乱世中的一块肥肉。陶谦不怕贼偷，就怕贼惦记，对于曹操这个强邻早有戒心。因此，借着公孙瓒、袁术出兵之机，陶谦主动上门找曹操的麻烦，未尝不是一种自保的手段。

其三，陶谦颇有军事实力。中平五年，他到任徐州，时值黄巾余党复起，郡县骚动，陶谦果断出击，一战而破黄巾军，从此"境内晏然"。陶谦所倚仗的军事力量是他从老家扬州丹阳郡招来的丹阳兵。《三国志》记载，"丹阳山险，民多果劲"，是东汉公认的"精兵之地"。曹操讨伐董卓失败，重组军队，第一站便是到丹阳招兵。陶谦作为丹阳本地人，更有人脉优势，不但容易招到好兵，而且也易于通过乡党之情控制部队。

其四，也许是最重要的原因，陶谦已经和曹操结下不解之仇，刀兵相见只是迟早的事。关于这一点，即便稍嫌啰唆，也要说个明白。

曹操的父亲曹嵩自打退休之后，便回到沛国谯县乡下养老。沛国属于豫州，关东诸侯反抗董卓，豫州成为战场，曹嵩举家避祸，迁往徐州琅邪国。曹操成为兖州牧之后，派人迎接曹嵩到兖州，不料曹嵩被陶谦的手下在中途劫杀。这是一桩公案，不同的史料有不同的记载。

《三国志》只简单描述曹嵩"为陶谦所害"，所以曹操志在复仇。至于陶谦为什么要害曹嵩，不知原因。

《后汉书》则多写了一句："时（陶）谦别将守阴平，士卒利嵩财宝，遂袭杀之。"也就是曹嵩经过阴平的时候，因为带了太多财宝，被陶谦的部下劫杀。按照这种说法，不管是不是出于陶谦的授意，他都罪责难逃。当然，如果是部下自作主张，陶谦多少有些冤枉。

韦昭所著《吴书》则是另外一种写法：曹嵩从琅邪到兖州，带了一百多车辎重（真是有钱人）。陶谦一片好心，派了一名叫张闿的都尉，带了两百名骑兵护送。不料张闿见财起意，中途杀了曹嵩，席卷了钱财，逃到淮南去了。如此说来，陶谦最冤，好心办了坏事，跳进黄河都洗不清。

《三国演义》采用的便是韦昭的说法，原因无它，太有戏剧性了。值得一提的是，韦昭是三国时期吴国人，而且还是陶谦的老乡，由他来说这件事，可信度很高。

《魏晋世语》的记载则颇有点地下小说的味道：曹嵩经过泰山的时候，曹操派泰山郡太守应劭接应。应劭未至，陶谦派数千名骑兵尾随而至。曹嵩住在驿站中，以为是应劭的手下来了，也没怎么防备，结果被打了个措手不及。曹操的弟弟曹德拼死抵抗，被杀。曹嵩带着小妾翻后墙逃跑，不料小妾太肥，怎么都爬不上去。曹嵩不舍得这个小妾，与她躲在茅厕中，一同被杀。

真相究竟是怎样，现在已难判断。陶谦管束不住自己的下属，却是不争的事实。

《三国志》记载，陶谦"背道任情"。徐州在他的统治下，正直之士得不到重用，谗慝小人大行其道，"刑政失和，良善多被其害，由是渐乱"。州牧管不住下属，发生曹嵩被害的案件也就不足为奇了。

其五，陶谦对于凉州人控制的长安朝廷，本来是不怎么待见的。初平三年春，陶谦还联合前扬州刺史周干、北海国相孔融、泰山太守应劭等二千石级高官十余人，公推名将朱儁为太师，号召诸侯讨伐李傕等人。陶谦并派出精兵三千，前往中牟听从朱儁号令。无奈其他诸侯只是口头拥戴，并无实际支持，一时场面尴尬。李傕采取政治手段，借汉献帝名义征召朱儁入京，朱儁借坡下驴，欣然应征，搞得陶谦进退两难，颇为狼狈。曹嵩被害后，陶谦知道曹操早晚要来进攻，遂接受治中从事王朗和别驾赵昱的建议，干脆也遣使向长安进贡，大表忠心。汉献帝自然高兴，御笔一挥，便封陶谦当了徐州牧，加安东将军。又封王朗为会稽太守，赵昱为广陵太守。

要知道，公孙瓒和袁绍打仗，公孙瓒打的是朝廷的旗号；袁术觊觎兖州，身边也有个朝廷任命的兖州牧金尚。袁绍和曹操却一直拒不承认长安的朝廷。在这种情况下，陶谦无论出于政治立场还是自身安危的考虑，都必须将自己和公孙瓒绑到一起了。

曹嵩之死，对于急需兼并扩张的曹操来说，无疑是一个极好发挥的题材。杀父仇，夺妻恨，不共戴天，还需要更好的发动战争的理由吗？于是兴平元年（194年），曹操再度出兵东征徐州，袁绍也派兵相助，在彭城大败陶谦，迫使其退守郯城。

陶谦被打得胆战心惊，怀疑人生。他是个没主见的人，王朗和赵昱赴任太守后，身边也没有个替他拿主意的人，情急之下，只能向拉他下水的人求救。

于是，一封告急文书被送到河北，交到公孙瓒任命的青州刺史田楷手上。

曹操后院起火

田楷接到陶谦的告急文书，立即整顿军马，南下救援徐州。田楷也许没有带来太多人马，但是带来了一个对今后的历史产生重要影响的人物——时任平原国相的刘备。

当时刘备的手下并没有像样的部队。他跟随田楷到徐州，只带了"兵千馀人及幽州乌丸杂胡骑"，再加上沿途收集的饥民数千人。可就是这样一支衣衫褴褛的部队的主人，却受到了陶谦的青睐，友情赠送给他四千名精锐的丹阳兵。

除此之外，陶谦还给刘备一块地——小沛，甚至还给了他一个女人当小老婆，也就是甘夫人。

陶谦还向朝廷表奏刘备为豫州刺史，这是最有意思的。自董卓之乱后，豫州便在袁术和孙坚同盟的控制之下，袁绍派周昂来当豫州刺史，都被袁术赶跑。孙坚战死后，豫州便成为袁术的地盘，陶谦凭什么，而且为什么会推荐刘备为豫州刺史呢？

原因在于，袁术在不久前给自己上了一个"徐州伯"的封号。

汉末的体制，所谓一州之长，或为州牧，或为刺史。袁术另辟蹊径，自封"徐州伯"，凌驾于陶谦这个徐州牧之上，其觊觎徐州的野心昭然若揭。陶谦表刘备为豫州刺史，正是对袁术的一种反制。说白了，这也是他拼命拉拢刘备的原因：不仅要刘备抵抗曹操，而且要刘备防御袁术，真是殷切期望，任重道远。

刘备岂能不知道陶谦的算盘？他是个在刀口上舐血为生的人，只要买家出得起价钱，再苦再累的活他都愿意干。相比之下，陶谦比公孙瓒大方多了！时人好以官名代称人名，比如曹操当东郡太守的时候，便被称为"曹东郡"；当了兖州牧，则为"曹兖州"。刘备既然被陶谦表为豫州刺史，也就被世人称为"刘豫州"了，比之不三不四的"刘平原"，不知道神气到哪去了。刘备马上向田楷提出辞职：以后咱哥儿几个就留在徐州，不回青州了！

神气归神气，打起仗来却是另外一回事。刘备来到郯城，和曹豹一道对抗曹操。他初来乍到，当然想有所表现，于是主动出击，结果被曹操打得大败。

曹操也是缺德，以为父报仇为名，一路纵兵烧杀劫掠，"所过多所残戮"，整个徐州陷入了巨大恐慌。陶谦受不了这个惊吓，准备"通电下野"，逃回丹阳老家去当寓公。

可就在这个关键时刻，有人在曹操的后院放了一把火。

这个人竟然是陈留太守张邈。

自古以来，兄弟阋墙并不罕见，朋友反目更不出奇。张邈背叛曹操，却还是让人大跌眼镜。

抛开年少时的江湖之情不说，曹操逃离董卓治下的洛阳，投奔的便是张邈。曹操参加反董卓同盟，出人出钱赞助他的也是张邈。曹操由东郡太守升任兖州牧，在政治上支持他的还是张邈。

袁绍曾想借曹操之手杀张邈，被曹操严词拒绝，其中当然有曹操不愿意被袁绍利用的因素，同时也是因为曹操确实将张邈当作了不能伤害的亲友。以曹操"宁可我负天下人，不可天下人负我"的做人原则，张邈几乎不在天下人之列。

更有甚者，曹操第一次东征陶谦，胜负未卜，特别交代家人："如果我没回来，就去投奔孟卓（张邈字孟卓）。"回来之后与张邈见面，高兴得相对而泣。

生死相托的一对好友，究竟为何会反目成仇呢？

说来好笑，竟然是因为一个完全不相干的人——吕布。

吕布和张邈原本是没有交集的。自打被李傕、郭汜赶出长安，吕布便变成了一个流浪汉。他先是前往汝南，投奔袁术；后又前往河内，投奔并州老乡张杨；再后来又前往河北，投奔袁绍。袁绍和黑山军打仗的时候，吕布冲锋陷阵，出力甚多。但袁绍很快和吕布闹掰，原因是吕布居功自傲，索求无度。袁绍也是心狠手辣，派人去刺杀吕布。不料刺客畏惧吕布的威名，不敢靠近他。强龙不压地头蛇，吕布选择了主动离去，再往河内投靠张杨。

经过陈留的时候，吕布受到张邈的接待。

据《三国志》记载，吕布和张邈这次会面，相当愉悦，两个人"把手共誓"。为什么会这样？不排除张邈天生喜爱英雄，而吕布正好符合他心目中英雄的形象。更主要的是，吕布在张邈面前说了许多袁绍的不是。

张邈对袁绍早就已经心寒，只不过表面上还维持着友好关系。初平元年诸侯起兵讨伐董卓，袁绍仅仅因为张邈批评了他两句，便唆使曹操去取张邈性命，张邈岂能不知？吕布在冀州的经历更使张邈认识到，袁绍终究会对自己下手。他和吕布把手共誓，便是发誓要共同对抗袁绍。可是他不得不面对一个现实，袁绍是曹操的盟友。

如果张邈对人性有更深的洞察，他会发现袁绍和曹操其实也是貌合神离，迟早会有一战。但张邈偏偏缺乏这种理性思维，而且是个沉不住气的人。他见曹操和袁绍打得火热，不理解这是一种政治上的称兄道弟，表面上亲热无比，实际上已经离心离德。张邈对曹操也产生了戒心，认为曹操会为了袁绍对自己下手。

这真是冤枉了曹操。曹操如果要做这样的事，早就做了，还用等到现在？世人可以用各种恶意揣测曹操，唯独张邈不能。但是话又说回来，曹操做的某些事情也确实难免让张邈产生疑惑。

第一件事是对王匡下手。

王匡是兖州泰山郡人。当年何进征召四方诸侯进京，下令王匡率领泰山强弩之士，与东郡太守桥瑁进驻城鲚。袁绍举兵反董，时任河内太守的王匡亦是十一路诸侯之一，而且也是唯一与董卓军有过正面交锋的诸侯。被董卓打败后，王匡回到老家，又征集了勇士数千人，准备投奔张邈。王匡与张邈必是相当知心的朋友，这与张邈年轻时候"振穷救急，倾家无爱"的那段经历有关。可以这么说，在袁绍、曹操那一帮"奔走之友"中，张邈是位忠厚的长者，广受江湖英雄的爱戴。

诸侯联军讨伐董卓的时候，董卓曾经派大鸿胪韩融、少府阴循、执金吾胡母班、将作大匠吴循、越骑校尉王瑰为使者，前往关东谈判。袁绍吩咐王匡把胡母班、吴循和王瑰给杀了。胡母班是王匡的泰山同乡，当年也是"轻财赴义"的江湖人士，和曹操、张邈俱为好友。王匡杀胡母班，是一出悲剧，虽然出自袁绍的授意，但总是罪责难逃。泰山的胡母（胡母为姓）家族，因为这件事而对王匡"不胜愤怒"，但又拿他没办法，因为王匡手里有兵，于是找曹操主持公道。曹操果然公道，派兵把王匡给灭了。曹操做这件事情未尝没有道理。可是如果考虑到当时王匡即将带着数千勇士投奔张邈，世人难免怀疑：曹兖州恐怕是不想张陈留的势力过于强大，才这样做的吧！

第二件事，杀边让。

边让是陈留名士。当年何进想要征召边让做官，又怕他不答应，便假托有军国大事相商，将请他到大将军府，以礼相待。边让谈笑自若，对答如流，在座的一百多名幕僚无不倾心仰慕。董卓把持朝政之后，边让辞官不做，回到陈留老家。不消说，张邈对这位郡中贤达，也是仰慕得很。二人之间，想必有诸多来往。可是因为边让"恃才气，不屈曹操，多轻侮之言"，曹操便杀了边让，株连其家。此举不但残暴，而且是不给张邈面子，甚至大有杀鸡儆猴之意。张邈看了，难免害怕。

第三件事，曹操第二次东征陶谦，"所过多所残戮"，在睢陵、夏丘一带，连屠数城，杀害百姓数十万人，鸡犬不留，以至于泗水为之断流。这是曹操一生中无法抹去的污点，也是性情耿直的张邈绝对不能接受的。

张邈与曹操之间的暗流涌动，在肝胆相照的表象下被掩盖了。在外人看来，他们还是一如既往的亲密无间。可是对于当事人来说，却是心知肚明。尤其是曹操，生性多疑的人总是觉得别人也多疑，而且越想越觉得可疑。但是曹操始终坚信，张邈不可能背叛他。

曹操更没想到的是，陈宫也会背叛他。而且正是因为陈宫的鼓动，张邈才下定决心与曹操决裂。

曹操能够据有兖州，最感谢的人是鲍信和陈宫。他对陈宫的信赖不在张邈之下。甚至有这种说法：曹操待陈宫"如赤子"。曹操东征陶谦，让陈宫屯兵东郡以安定后方，正是这种信赖的体现。而陈宫也将曹操当作安定天下的明主，从一开始便希望曹操成就"霸王之业"。

那么，又是什么使得陈宫背叛曹操呢？

是对曹操的失望。

《资治通鉴》写得很明白，曹操杀边让之后，"兖州士大夫皆恐惧"。作为兖州士大夫的代表人物，陈宫必定因此受到舆论的攻击，而且产生了深深的自责。他拥戴曹操做州牧，是认为曹操"必宁生民"，给兖州带来安定。现在看来，这是一个错误的决定，他要为自己的错误负责。

陈宫与张邈商量，很快说服张邈反叛曹操。关键的一点，陈宫还建议张邈引进吕布，"共据兖州，观天下形势，俟时事变通"，很符合张邈的胃口。在张邈看来，真正能够对付曹操以及曹操背后的袁绍的，也就只有吕布了。

于是，兴平元年夏天，正当曹操大军在徐州攻城略地的时候，吕布应张邈、陈宫之邀来到兖州就任州牧。

一时间，各郡县纷纷响应。兖州八郡国共计八十个县，有七十七个县改旗易帜，只有鄄城、范县、东阿三地仍然控制在曹操手里。

在这种情况下，曹操便不得不放弃徐州这块肥肉，转而回头保卫自己的老巢了。

大厨的挽歌

曹操回到兖州，立即布置反攻吕布。两军在濮阳城下对阵。面对吕布铁骑的冲锋，号称精锐的青州兵不堪一击，很快败下阵来。曹操在战火中逃跑，中途坠马，烧伤左掌，亏得司马楼异拼死相救，才捡回性命。

这是曹操一生中最艰难的时刻。后来，当他与袁绍刀兵相见的时候，昔日的同僚陈琳以极尽嘲讽的语气描述了曹操当时的窘境："躬破于徐方，地夺于吕布，彷徨东裔，蹈据无所。"

除去"蹈据无所"的惶恐和战争失利的沮丧，最令曹操难受的，恐怕还是张邈和陈宫的背后一刀吧。

他与吕布在濮阳城下你来我往，对攻一百余日，双方都已经精疲力竭，而且军粮耗尽，只能各自罢兵。时值秋天禾熟，老天仿佛厌恶这片土地上的血腥之气，派了铺天盖地的蝗虫降临兖州，以致颗粒无收。

九月间，袁绍任命部下臧洪为东郡太守，带了一支部队从青州进入东郡，驻扎在东武阳。

袁绍此举，大有调和双方之意。表面上看，他和张邈、曹操都还是朋友，又是曾经的反董卓同盟的盟主，居中调停，理所当然。派臧洪出面，则更有深意。

因为臧洪是兖州广陵人，和张邈的弟弟广陵太守张超（也是参与反董的十一路诸侯之一）是至交好友，有利于和兖州士人私下沟通，甚至有可能打通张邈的心结，让他与袁绍和好如初。

总之，兖州现在的形势是袁绍希望看到的。他将一支部队摆在东武阳，就是告诉交战双方，他随时可以武力介入兖州的纷争。而且，只要袁绍帮谁，谁就能获胜，这也是毋庸置疑的。

但是袁绍绝不会轻易地选边站队。他要利用这种微妙的平衡，付出最小的代价，操作出最符合他利益的结局。所以他向曹操提出了所谓的"连和"建议，表示愿意支持曹操，但是要曹操将老婆孩子送到他所在的邺城去当人质。

曹操当然知道这意味着什么。

他和袁绍的交情，不是一天两天，甚至也不是十年八年，而是从少年时代就已经开始了。

少年时代，他们是"奔走之友"；西园军中，他们是志同道合的同僚；对抗董卓，他们是同一战壕里的战友；军阀混战，他们携手对抗公孙瓒、袁术、陶谦。"袁曹方睦"或"袁曹一家"，是当时世人公认的关系。

这种关系下，还有必要"连和"吗？而且，将老婆孩子送到邺城，曹操从此不就受制于袁绍了吗？本来是联盟的关系，为什么要搞成这样呢？

但是曹操别无选择，因为他确实快走投无路了。整个兖州，只有三座城在自己手里。吕布这个"瘟神"一日不走，他便一日无法安睡。可是怎么做才能赶走吕布？攻城吧，人不够多，粮食也不够吃；野战吧，那正是吕布的强项，曹操想想都怕。假如袁绍通过臧洪与张邈达成谅解，那就更麻烦了。倒不如先顺从袁绍，即使沦为袁绍的附庸，也比马上就死好。

这时候，程昱站出来打消了曹操这个愚蠢的念头。程昱絮絮叨叨对曹操说了一番话，最核心的只有一句：将军扪心自问，真的能够屈居袁绍之下吗？

曹操醍醐灌顶，客客气气地送走了袁绍的使者。既然不能屈居人下，那就只有硬撑下去了。里尔克说得对，哪里有什么胜利可言？挺住意味着一切。好不容易挺到冬天，袁绍那边也没什么动静。曹操明白了，袁绍只是在恐吓他。对于兖州的事务，袁绍并不想真的插手，他只是想趁火打劫，从中渔利，不战而屈双方之兵。回想几个月前的决定，曹操出了一身冷汗，不由得对程昱多了一分感激之情。可就在这时，徐州传来一个大新闻：陶谦病死，刘备在众人的拥戴下就任徐州牧。

这个消息立马搞得曹操又不淡定了。他觉得老天简直就是有意捉弄他。他费尽了心思也得不到徐州，反而让吕布端了老巢，搞得他绕树三匝，无枝可依。可是一转身，刘备便成了徐州的主人。刘备是谁？你们听说过吗？我告诉你们，刘备就是个卖履小儿，破落户！他凭什么当徐州牧？这世道怎么了？打西边来个流浪汉，闭着眼睛便当上了兖州牧；打东边来个破落户，睡个大觉便当上了徐州牧，叫我们这些踏踏实实干工作的人怎么想！

曹操越想越不是滋味，马上就要出兵徐州，将刘备打回原形，回过头来再收拾吕布。

这一次是荀彧制止了他。荀彧分析，陶谦虽死，徐州未必容易攻克。在目前这种形势下贸然东征，只怕捡不到芝麻，又丢了西瓜。

荀彧说的是好话。曹操最大的优点就是听得进好话。越是艰难的时刻，越考验一个人的定力。曹操凝神聚气，决定不再牵挂徐州，继续集中精力对付吕布。

转眼到了兴平二年春天，曹操主动出击，领兵偷袭定陶，将济阴太守吴资包围在南城，引诱吕布前来救援。这是围点打援之计，吕布如约而至，进入曹操早就布置好的伏击圈，被打得铩羽而归。

数月之后，曹操故技重施，围攻吕布部将薛兰、李封屯兵的巨野。吕布再一次上钩，带兵来救，又被曹操打败。

吕布急了眼，与陈宫带了一万多人来战。曹操显然已经找到了吕布的弱点，"设伏，纵奇兵击，大破之"。吕布只能乘夜突围，曹操则乘胜追击，攻克定陶。

战争的主动权逐渐转移到曹操手里。他甚至可以分兵略地，收复诸郡县了。兴平二年秋，多次战败的吕布终于在兖州立不住脚，带着陈宫、张邈等人突围向东，往徐州投奔刘备。

曹操夺回了兖州。张邈的家属，连同他的弟弟张超，被围困在雍丘城内。曹操派兵围攻数月，将雍丘攻克，随后屠城，将张家人全部处死。

值得一提的是，张超被围困的时候，臧洪已经做好准备派兵来救，但是他的兵显然不够，于是向袁绍请求增援。这真是意气用事！袁绍怎么会干这种无利可图的事呢？袁绍不答应，臧洪便闭城自守，不再听袁绍的命令。后来，袁绍费了好大力气才将东武阳攻克，臧洪不屈而死。

至于张邈，其结局是在向袁术求援的途中，被自己的部下杀死。

《后汉书》记载，早在党锢之祸时，张邈便为海内名士："度尚、张邈、王考、刘儒、胡母班、秦周、蕃向、王章为'八厨'。"

所谓厨者，意思是能够以财救人。文人具有侠气，是汉末士人最让人着迷的精神气质。"大厨"张邈救过很多人，最终不能自救。他的死或许微不足道，却未尝不在向世人昭示：侠士的时代已经结束，而且是永远结束了。

一个关于"天子"的问题

兴平二年（195年）秋，曹操收复了兖州。长达一年多的战争将原本繁华的中原腹地变为一片焦土。饥饿与死亡笼罩了大地，史料中"大饥，人相食"之类的记载比比皆是，触目惊心。曹操后来回忆起这段经历，感叹之余，写下了"铠甲生虮虱，万姓以死亡。白骨露于野，千里无鸡鸣。生民百遗一，念之断人肠"的诗句，对自己亲手祸害的芸芸众生表达了沉重的悲悯之情。

虽然说"兴，百姓苦；亡，百姓苦"，盛世之苦与乱世之苦毕竟不可同日而语。关于这一点，长安人和兖州人想必有着同样深切的感受。董卓治下，凉州兵横行肆虐，乱则乱矣，毕竟有所约束。等到李傕等人当政，凉州兵分化为几支，除了祸害百姓，相互之间也开始白刃相见，长安便真的变成了修罗地狱。不仅是百姓饱受其害，连天子也难逃其苦了。

兴平二年春，李傕借宴饮之机，派人刺杀樊稠，将樊稠的部下和地盘抢到手。郭汜害怕自己步了樊稠的后尘，对李傕严加提防。每次李傕请他过去议事或饮酒，他都找借口推却。久而久之，两个人干脆也撕破脸皮，刀兵相见。双方打了几仗，互有胜负。这两位本来都是只会杀人的武夫，在长安待久了，便也摸着了一些政治的门道，想到要把天子抓到自己手上。

李傕先下手为强，派了数千人包围皇宫，将汉献帝和他的两位娘娘——伏皇后和宋贵人劫持到自己的军营中。郭汜带兵来抢，两个人打了几个月仗，直打得长安城"强者四散，赢者相食，无复人迹"。郭汜渐渐占了上风，李傕将气都撒到了天子头上，派人将汉献帝转移到自己的城堡——北坞去居住。

长安城内的凉州兵火并，最终由同属凉州派系的张济居中斡旋而解决。张济说服李傕和郭汜停战，并劝说他们同意天子和公卿大臣离开长安，向东移驻弘农郡。

　　于是，兴平二年七月，汉献帝和公卿大臣从长安出发，开始了东归之旅。这一趟旅程走得颇为曲折，而且经历了诸多艰险。直到第二年六月，汉献帝才回到满目疮痍的洛阳。

　　摆脱了凉州人控制的汉献帝，日子过得照样艰难，关键是没粮，连最基本的吃饭问题都难以解决。跟随他东归的公卿大臣，"尚书郎以下，自出樵采，或饥死墙壁间"。所谓朝廷，几与丐帮无异。

　　乱世之中，天子究竟为何物？

　　这个问题，董卓回答不了，李傕回答不了，袁绍也是相当迷惑。

　　汉献帝东归途中，停留河东的时候，袁绍曾经派郭图前往慰问，略致殷勤之意。郭图回来，便劝说袁绍赶紧抓住机会，将天子迎接到邺城来居住，袁绍不听。这是《三国志》的记载，与《后汉书》的记载颇有出入。

　　《后汉书》中，劝说袁绍奉迎天子的是沮授，袁绍本意听从，但是遭到郭图、淳于琼的反对，因而作罢。沮授主张奉迎天子的理由集中在一句话上：挟天子而令诸侯。郭图、淳于琼反对的理由则是：汉室已经颓危，不可能复兴。现在天下的形势，正所谓"秦失其鹿，先得者王"，谁能统一天下，谁就能开创一个新的朝代。假如把天子这尊大神请进来了，干什么事情都要向他请示。听他的吧，失去了自主权；不听他的吧，又是抗命不遵，反而落人口实。

　　不论是谁支持，谁反对，两种声音肯定都存在。但最终使得袁绍决定不奉迎天子的，恐怕还是他对汉献帝的心结——当年董卓废汉少帝而立汉献帝，袁绍是坚决反对的。这也是他号召诸侯讨伐董卓的最根本原因。这些年来，他即便没有公开反对，但也一直没有承认过汉献帝的合法性。现在，要他将汉献帝迎接到邺城来，不是打自己的嘴吗？

　　袁绍不待见天子，正中曹操的下怀。

　　天子究竟为何物？这个问题的答案只有曹操最清楚。对于曹操来说，这不是一个简单的问答，而是一种命运的交汇。只有恰逢此时、身处此地、抱有此志向、具有此智慧、拥有此实力的曹操，才会对这个问题做出准确无误的回答——所谓政治，不外乎人心，而天子就是人心的归宿。

"秦失其鹿，先得者王"的比喻看似有道理，实际上是谬误。汉末的形势与秦末的形势，完全不可同日而语。秦朝的统治前后不过十余年，作为统一王朝，没有稳固的根基，更没有人心的依附。而汉朝建立了完善的政治文化体系，两汉经学洋洋大观，文治武功史载书传，四百年的历史早已成为天下人共同的回忆。"汉"甚至不仅是一个朝代的称谓，而且是华夏族群共同认可的身份标签。汉献帝虽然只是一个傀儡，但是对于身处乱世的士人百姓来说，却是一个寄托了感情与希望的文化符号。曹操对此有清晰的认识，这便是他注定要超越袁绍的地方。

不容忽略的是，在此过程中，曹操的军师团队也给出了相当重要的意见。当时反对的声音不是没有，"诸将或疑"反映了武夫们的心声，表面上仍然存在的袁曹联盟也是不可忽视的障碍。但是，荀彧、程昱等人侃侃而谈，据理力争，最终使得曹操排除顾虑，下定决心。

因此，早在兴平元年，汉献帝还在长安的时候，曹操便通过使者往来，与朝廷取得了一定的联系。

为曹操在朝廷穿针引线的，是时任黄门侍郎的钟繇。

钟繇是颍川人，与荀彧是同乡。《三国志》注引谢承所著《后汉书》："南阳阴修为颍川太守，以旌贤擢俊为务，举五官掾张仲方正，察功曹钟繇、主簿荀彧、主记掾张礼、贼曹掾杜佑、孝廉荀攸、计吏郭图为吏，以光国朝。"可知钟繇曾在颍川太守阴修手下为功曹，而荀彧为主簿，二人同为阴修的主要幕僚。二人之间，想必交往颇深。而且，荀彧在曹操面前曾经多次称赞钟繇有才能。

等到汉献帝还都洛阳，曹操便开始谋划要将他接到自己的地盘上来了，并为此而发动了一系列军事行动。

建安元年（196年）春，曹操南下豫州陈国。这里是袁术的地盘，袁术所置陈国相袁嗣不战而降。曹操顺势西进，击败依附于袁术的黄巾军何仪、刘辟、黄邵、何曼等部，连下汝南、颍川二郡，成功地将自己的势力范围由兖州扩大到豫州西北部，对洛阳所在的河南尹形成半包围之势，扫平了进京之路。

建安元年九月，曹操亲自到洛阳，将汉献帝接到了颍川郡的许县。从此许县又被称为许都。

为什么选择这个地方？

因为曹操当时正在许县驻军屯田。多年的战乱已经使得中原大地哀鸿遍野，无论哪一股势力，都在为粮食发愁。袁绍占据丰饶的河北，士兵也不免要以桑葚为食；袁术盘踞江淮，仰仗江河湖海提供鱼虾蛤蚌之类，聊充军食。而曹操在赶走吕布后，听从部下枣祗和韩浩的建议，招募百姓在许县周边地区开垦荒地，复耕废田，当年便大获丰收，"得谷百万斛"。

天子也罢，庶民也罢，最重要的是先吃饱啊！

许都的朝廷便是在一片热火朝天的耕作声中开始了它的政治运作。

帝国的中枢机构——尚书台建立起来了，荀彧被推荐为侍中，守尚书令，总理国家事务。荀彧的侄子荀攸，原本是何进属下谋士，何进死后，几经沉浮，现在也应邀来到许都，拜为汝南太守，亦以尚书的身份供职于尚书台。在奉迎天子一事中为曹操出谋划策的钟繇，则被封为御史中丞，迁尚书仆射，成为荀彧的副手。

至于曹操本人，一开始是被汉献帝拜为大将军，封武平侯。一个月之后，曹操感到不妥，便将大将军这个称号让给了袁绍。汉献帝再拜曹操为司空，行车骑将军，兼司隶校尉。当然，还有最重要的——录尚书事。

袁绍对这整件事的反应是不爽，而且是极度不爽。东汉的体制，大将军当然尊贵，可是如果不录尚书事，所有的尊号便都没有实际意义。曹操不但录了尚书事，还兼领司隶校尉！要知道，司隶校尉可是袁绍的心头肉，离开朝廷那么多年，他一直都是以司隶校尉自居的。

更有甚者，三公之中，太尉最尊，曹操偏偏不做太尉，而是当了司空。司空是什么？就是秦朝和汉初的御史大夫，理论上讲，正是司隶校尉的顶头上司。那样的话，即便袁绍坚持要称自己为司隶校尉，曹操也还是骑在他头上，这不是故意给他难堪吗？

袁绍越想越窝火，酸溜溜地对部下说："曹操当死数矣，我辄救存之，今乃背恩，挟天子以令我乎！"

他就不想想，当初沮授劝他"挟天子而令诸侯"，可不是被他拒绝了嘛！

第五章

刘备的厚道

接下来要说说刘备。

在《三国演义》的世界里，刘备属于"自带人脉"的体质。关羽、张飞第一次见到刘备，便死心塌地，认他做了大哥。

刘备想起兵讨贼安民，马上有中山的大商人苏双、张世平给他送上良马五十匹、金银五百两、镔铁一千斤。

刘备一到徐州，陶谦就提出要把徐州让给他，而且一让再让三让，不由他不接手。

刘备到荆州投奔刘表，刘表临终之前，也以后事相托付，而且说："我死之后，贤弟可自领荆州。"

孙权甘露寺招亲，本来想拘留刘备，没想到吴国太一见刘备就喜欢上了，反倒是把孙权臭骂了一通。

张松私藏西川地图，本来打算献给曹操，却对刘备一见倾心，当了刘备的内应。

刘备的魅力从何而来？

不外乎忠厚老实，再加上他那皇叔的身份。

可是，事实真是如此吗？

刘皇叔的打手生涯

先来说说刘备的皇叔身份。

《三国志》记载刘备的家世："汉景帝子中山靖王胜之后也。胜子贞，元狩六年封涿县陆城亭侯。坐酎金失侯，因家焉。先主祖雄，父弘，世仕州郡。雄举孝廉，官至东郡范令。"

由此可以得知，刘备是西汉景帝的儿子中山靖王刘胜之后不假。刘胜生了很多个儿子，其中有个叫刘贞的，被封为涿县陆城亭侯。汉朝的侯爵，有县侯、乡侯、亭侯三等，亭侯是最低一等，可知刘贞在兄弟中的地位并不高。而且，他这个亭侯在汉武帝年间就被撤销了。

刘贞的后人一直在涿县生活。刘备的祖父刘雄、父亲刘弘在幽州和涿郡当过官，刘雄还当过县令。只不过到了刘备这一代，已经沦落到编草鞋、卖席子为生。

因此而称刘备为汉室宗亲，委实有点儿牵强。

想想看，汉朝立国四百年，刘邦的子孙后代以几何级数增长，没有十万也有八万，如果个个都自称汉室宗亲，岂不是连上茅房都会遇到个汉室宗亲？

封建社会自有一套亲疏体系，虽为刘氏子孙，如非嫡传派系，过了一定的世代，也就降为庶人了。像刘虞这种出身，虽然传自东汉初年的东海王刘强，到他那一代已有一百多年的历史，可人家是嫡系，是这一支宗亲的主干啊！所以称刘虞是汉室宗亲，绝不为过。

至于汉献帝称刘备为皇叔，也只是小说的杜撰。就算汉献帝真的这么叫过他，那也只是客气，并非查过族谱、排过辈分。要知道，早在春秋时期，周天子便尊称年长的同姓诸侯为伯父或叔父，这样的记录在《左传》中比比皆是。

与众不同的是，从幼年时代开始，刘备就对权力表现出非同寻常的欲望。

据《三国志》记载，刘备家的院子里有一棵枝叶茂盛的桑树，远远看去就像是车盖。刘备和族中的小朋友做游戏，曾经说过："吾必当乘此羽葆盖车。"

羽葆盖车为天子所乘。刘备的叔叔听到了，赶紧教训他："以后不要再乱说了，这是要灭门的！"

人都有梦想，刘备的梦想就是当皇帝。关于这一点，从他后来给儿子取的名字就可以窥知一二——一个叫刘封，一个叫刘禅，合起来就是"封禅"。自古以来，封禅就是天子的特权，说他不想当皇帝，任谁都不信。

十五岁的时候，刘备师从一代大儒卢植学经，与公孙瓒同窗，两人结下不解之缘。

黄巾起义的时候，刘备也拉起一支队伍，跟随破虏校尉邹靖讨伐黄巾军，由此走上一条卖命为生的道路。他立了一些战功，被封为安喜县尉，却因为暴打郡里派来的督邮（巡视员），不得不辞官。

关于这件事，《三国演义》写得很精彩，基本也是实史。只不过真实的历史中，打人的不是张飞，而是刘备本人。

据《三国志》记载，当时朝廷有诏令，因军功而为官者，有一部分要淘汰。督邮此来，就是为了考察干部，确定人选。有传闻说刘备也在淘汰之列，因此他很着急，于是上门去找督邮，无非想做做人情，疏通关系，看能不能挽回局面，但是吃了一个闭门羹。

督邮拒见刘备，可能有多方面的原因：

一则无亲无故，也帮不了刘备的忙，何必惹麻烦上身？（这是正常的督邮）

二则有工作纪律，不能与即将淘汰的干部私下见面。（这是正直的督邮）

三则刘备"不识做"，送礼没送够，或者根本没有送礼，所以他压根儿不想和刘备打交道。（这是贪婪的督邮）

不管怎么样，督邮拒见刘备，刘备就发毛了，直接闯进去，将督邮绑到马桩上，打了两百杖，然后将官印挂在督邮的脖子上，扬长而去。

此事无所谓褒贬，说穿了，就是一个失业者的愤怒与发泄而已。

此后刘备重起炉灶，跟随何进派来的都尉毋丘毅到丹阳招兵，又立了一些战功，辗转做过下密丞、高唐令，都是些县处级的小官。在高唐令任上，又"为贼所破"，这才投奔了昔日的同窗公孙瓒。

公孙瓒对刘备还不错，先让他当了别部司马，后来又任为平原令、平原国相。这件事情有必要说清楚。平原属于青州，原本是汉朝的一个郡，汉殇帝时期才改为国。如前所述，汉朝实行郡国并行制，诸侯王国在级别上等同于郡，国的行政长官称为相，亦相当于太守。平原国下辖八个县、两个侯国，平原县即为其中之一。因此，刘备先是当过县处级的县令，后来才升为省部级的国相，虽然都以"平原"为前缀，实则为两个完全不同的官职。

公孙瓒与袁绍打仗，刘备大概都参加了。以他当时的身份，也不可能有太突出的战绩。但是，他和关羽、张飞在战斗中得到了锻炼。刘备"胆力过人"，作战的时候"亲当矢石"，给人们留下了"枭雄"的印象，关羽和张飞则得到了"万人之敌"和"熊虎之将"的美誉。

《三国志》借周瑜之口说过这样的话："刘备以枭雄之姿，而有关羽、张飞熊虎之将，必非久屈为人用者。"

周瑜说这个话，已经是建安十三年（208年）的赤壁之战后，所谓"必非久屈为人用者"，说明刘备此前一直是"屈为人用"。

说白了，就是屈尊给人当打手。

对于刘备来说，这是件无奈的事。因为他不像袁绍和曹操那样，或有世家大族的社会地位，或有行走江湖建立的人脉。而且，刘备也不具备袁绍和曹操那么机灵的头脑。要在乱世中生存和实现自己的梦想，他只能靠双手打拼。用吴思先生的话来说，他是靠"血酬"而生存的。他和关羽、张飞"寝则同床，恩若兄弟"的关系，便建立在生死一线间的打手生涯中。

这时候的刘备并没有太大的名声，却表现出了对名声异乎寻常的痴迷。对于欲成大事者来说，这是一种必备的素质。当然，我们也可以视之为生意上的需要——对于打手而言，名声越大，开价越高，生意越好。

曾经有一次，邻近的北海国遭到黄巾军进攻，国相孔融抵挡不住，派部下太史慈向刘备求援。本来是各人自扫门前雪的事，刘备却欣然出兵，而且连问太史慈："孔北海也听说过天下有我这么一个刘备吗？"惊喜之情，溢于言表。

有汗水就有收获，有付出就有回报。当田楷应陶谦之邀救援徐州的时候，命运之神向刘备露出了微笑。

刘备挖到第一桶金

陶谦为什么那么青睐刘备，一见面就给他四千精兵，留着自己用不好吗？

答案很简单：陶谦有兵无将。

徐州这个地方，自古商贾云集，经济发达。重商的传统，使得徐州人精于算计，长于经营，却缺乏拼死向前的精神。在这种环境中，容易培养高效的文官，却很难产生带兵的良将。翻遍各种史料，陶谦手下武将见于记载者，也不过是曹豹和许耽而已。曹豹在传统戏剧舞台上是个丑角，正史中也就是个打酱油的，无所作为。许耽更不值一提。陶谦盘踞徐州，要钱有钱，要粮有粮，要兵有兵，唯独没有能够独当一面的武将，这是他最大的缺陷。而刘备呢？一副人畜无害的样子，又有多年带兵打仗的经验，而且手下还有两名虎将——关羽和张飞，缺的是钱、粮和兵。站在陶谦的角度，将兵交给刘备去带领，供给钱粮，让刘备去抵御曹操，不正是优势互补的双赢之策吗？

只可惜，刘备辜负了陶谦的期望，刚刚登台亮相就被曹操打得满地找牙，陶谦也吓得差点"通电下野"。如果不是吕布、张邈在曹操后院放了一把火，此后的历史也许就没刘备什么事了。

按理说，陶谦应该对刘备比较失望才对。可是陶谦因病去世之际，为什么又把徐州牧的位置让给了刘备呢？

《三国演义》中，有陶谦三让徐州的情节。

第一次是刚见到刘备的时候："陶谦见玄德仪表轩昂，语言豁达，心中大喜，便命糜竺取徐州牌印，让与玄德。"见面就让位，简直跟《水浒》里的宋江一样，反倒让人怀疑他的诚意。

第二次是刘备修书曹操，劝其退兵。正好兖州有失，曹操便做了个顺水人情给刘备。陶谦大喜之下，又提出让位。

第三次则是陶谦临终前，把刘备叫到病榻前，以徐州相托。

事实上，陶谦只让了一次，也就是最后一次。

据《三国志》记载，陶谦临终前，曾经说过："非刘备不能安此州也。"

陶谦的这句话，成为刘备统治徐州的合法性依据。但这句话显然是言过其实，或者言不由衷的。如果刘备真能"安此州"，又怎么会被曹操打得满地找牙，以至于陶谦要"通电下野"呢？因此，很多人怀疑，陶谦其实并没有说过这句话。

而且，徐州牧是朝廷大员，岂能私相授受？按照当时不成文的做法，陶谦如果真想让刘备当徐州牧，至少也应该给朝廷拜发一封奏折才算数，怎么能够用一句简单的遗言就把这么重大的事情给定下来了呢？

可以这样推测，真正把徐州"让"给刘备的不是陶谦，而是另有其人。也就是接受了陶谦的遗言，并公之于众的那个人——徐州别驾糜竺。

所谓别驾，是州牧或刺史的幕僚之长，因跟随长官出巡时要另乘专车而得名，在州里的地位相当高。

糜竺是徐州本地人，世居东海郡，以经商为业，"僮客万人，赀产钜亿"，是徐州数一数二的巨富。

陶谦是扬州人，对徐州没有乡土之情。抵挡不住曹操的进攻的时候，他随时准备拍拍屁股走人，回老家去当寓公。

但是对于糜竺来说，徐州是他的家，他无处可逃。为了保卫徐州不受曹操或其他势力的侵犯，他必须为徐州寻找一个有力的守护者。

刘备虽然谈不上有力，但是贵在坚忍，敢担当，肯负责。

而且，刘备看起来挺厚道的。

麋竺伪托陶谦的遗言，帮助刘备上位，几乎是可以肯定的。据《三国志》记载，建安二十四年，刘备入主益州，麋竺虽然一无所长，也没有立过什么功，甚至没干过什么具体工作，却被封为安汉将军，"班在军师将军之右"，也就是位列军师将军之前。

当时的军师将军是谁？

诸葛亮。

而且，刘备对麋竺"赏赐优宠，无与为比"。

人们很难不联想到：这便是麋竺当年在徐州对刘备的投资回报了。

当然，推举刘备为徐州牧，光是麋竺一个人说了不算，必须有另外一个人与麋竺一唱一和，方能服众。

此人名叫陈登，字元龙，时任典农校尉。

下邳陈家，是徐州数一数二的世家大族。陈登的祖辈中有人当过太尉，父亲陈珪时任沛国相。

陈登和麋竺代表了徐州的两极：前者是官僚世族，后者是商业巨子。有了他们的支持，刘备当徐州牧也就有了相当厚实的群众基础。

麋竺支持刘备，是商人的政治投资。陈登支持刘备，与其说是看好刘备，不如说是讨厌一直觊觎徐州的袁术。

原来，陈登的父亲陈珪与袁术自幼相识，而且有过"少与共游"的经历，关系相当不错。袁术到九江，曾经写信给陈珪，想请他来当自己的军师。这本来是件好事，可是袁术的为人实在是太差，尤其喜爱使用胁迫手段。他担心陈珪不来，便派人将陈珪的次子陈应绑架作为人质。这哪里是招揽人才的搞法？分明是招人憎恨。陈珪给袁术回信，将他臭骂了一通，劝他"迷而知反"，否则将死无葬身之地。

对于这样一位袁术，陈家上下想必是一致反对的。反观刘备，虽然没有什么本事，但是一脸憨厚，为人谦和，手下又有关羽、张飞两名虎将，放眼整个徐州，也确实找不到比他更合适的人了，不支持他又支持谁？

陈登支持刘备，有《三国志》的另一段记载可以作为旁证——

官渡之战后，刘备寄寓荆州，有一次和许汜、刘表共论天下之士。谈到陈登时，许汜颇不以为然，认为陈登过于骄狂，说："过去我因天下动荡而流亡下邳，见过陈元龙。他很久也不搭理我，自顾在高床上坐着，而让客人们都坐在床下。"刘备立马反驳："现今天下大乱，本来指望您能够忧国忘家，心怀匡扶汉室之志。可是您却向陈元龙提出要田要屋，言谈也不出彩，这是陈元龙所讨厌的，跟您这种人有什么好说的？假如当时是我，我会到百尺高楼上去躺着，而让你们都睡在地下，岂止是床上床下的区别！"

刘备这番话，可以说是相当刻薄，与他忠厚老实的"人设"大相径庭。陈登当时已经去世，去世之前是曹操的部下，而刘备如此维护他，让人难免猜测：当年在徐州，陈登是有大恩于刘备的。

兴平元年（194年）春天，刘备成为徐州牧。与此前挂名的豫州牧不一样，这个徐州牧是名副其实拥有整个徐州的。这样一来，刘备就可以和曹操、袁术甚至袁绍分庭抗礼了，真是富贵逼人，挡都挡不住。

当时中原大地仍在"四国大战"，袁绍、曹操联手对抗公孙瓒和袁术。作为公孙瓒的老同学，忠厚老实的刘备立即派陈登前往邺城拜会袁绍，言辞谦卑地说："天降灾沴，祸臻鄙州，州将殂殒，生民无主，恐惧奸雄一旦承隙，以贻盟主日昃之忧，辄共奉故平原相刘备府君以为宗主，永使百姓知有依归。方今寇难纵横，不遑释甲，谨遣下吏奔告于执事。"意思是，大伙儿推举刘备当徐州牧，主要是为了防止"奸雄"趁机夺取徐州，给"盟主"带来烦恼。

"盟主"自是指袁绍，"奸雄"则明指袁术，暗指已经与袁绍貌合神离的曹操。

对于袁绍来说，这当然是一件好事，他马上回答："刘玄德弘雅有信义，今徐州乐戴之，诚副所望也。"算是承认了刘备据有徐州的合法性。

刘备感恩戴德，又以徐州牧的身份，推荐袁绍的长子袁谭为茂才。

茂才即秀才，为避汉光武帝刘秀的名讳而改称茂才。汉朝的人才选拔制度，郡举孝廉，州举茂才。孝廉的推举，权力在于太守，每年都可推举，名额按照郡中人口数量确定，大致是每二十万人可推举一人。茂才的推举，权力在于州牧或刺史，各州每年可推举一人。因此，茂才的名额远远少于孝廉。而且，茂才可以直接当县令，而孝廉多任郎官，茂才的含金量自然大大高于孝廉。

而此时，刘备的老同学公孙瓒正在河北灰头土脸地与袁绍鏖战。

梦过无痕

刘备入主徐州，最不爽的是袁术。

自打和曹操争夺兖州失败，袁术便一直局促在淮扬一带，号称领有扬州，实际上真正能够控制的地盘仅有九江、庐江、丹阳等地。

历来被他视为奴仆的庶兄袁绍几乎已经据有整个黄河以北地区，成为天下实力最强的诸侯。

曹操这个阉党之后也异军突起，不但领有兖州和豫州的大部分地区，而且抢到了天子，控制了朝廷。

现在，刘备这个编草鞋、卖席子出身的，竟然不费吹灰之力便成为名副其实的徐州牧！

这让袁术这个自封的"徐州伯"把脸往哪搁？

袁术恨不得立马将刘备"吃掉"，但是实力不允许。而且有一件事让他颇为忌惮，那就是兴平元年秋天，被曹操赶出兖州的吕布来到徐州，投奔了刘备。

刘备将吕布安置在下邳附近，而且亲自前往吕布营中慰问。吕布对刘备也是"甚敬之"，大有相见恨晚之意，他说："我和你都是边疆地方的人，我见关东诸侯起兵，想要诛杀董卓，于是我就杀了董卓，关东诸侯却没有谁接纳我，都想杀了我。"

两个人想必是喝了不少酒，吕布有了醉意，请刘备坐帐中，要自己的妻妾出来拜见，又与刘备序齿，称刘备为弟。

刘备此时大概已经对吕布的为人有了一些了解。老子说得好，"君子淡以亲，小人甘以绝"。吕布便是典型的小人，亲热起来忘乎所以，没有章法。他也不想想，自己以败军之将的身份前来投靠刘备，怎么能够称人家为弟呢？要知道，刘备现在可是正儿八经的徐州牧，好歹叫他一声"刘使君"才对嘛！

抛开这些不愉快的细节不说，刘备对吕布的到来，是衷心表示欢迎的。曹操第二次进攻徐州的时候，如果不是吕布在曹操后院放了一把火，徐州早就是曹操的了，哪里轮得到他刘备来"坐庄"？从这一点上讲，刘备要感谢吕布。

而且，敌人的敌人就是朋友，吕布和曹操为敌，至少可以借助吕布的力量来防备曹操的进攻，保障徐州西部的安全，刘备大概是这么想的吧。

但是让刘备想不到的是，吕布的心性比传说中的还要恶劣。

建安元年（196年），袁术终于按捺不住，出兵徐州，讨伐刘备。

刘备派张飞与曹豹、许耽留守下邳，自己则率领部队在盱眙、淮阴一线阻击袁术。

下邳为徐州的治所，也就是首府，刘备及其部下的家人全都在此居住。换句话说，刘备把自己的大本营托付给张飞了。

他很快会发现，这是一个错误的决定。

曹豹与许耽均为陶谦的丹阳同乡，到徐州已经有多年，手下掌握着千余名彪悍善战的丹阳兵。曹豹还兼任下邳国相。而张飞的正式职务是刘备的别部司马。

所谓别部司马，是将军属下武将，根据其统率的人数，大致相当于现代的独立旅、独立团或者独立营的长官。东汉的官制，即便是大将军的别部司马，也不过是比千石的俸禄。州牧的别部司马就更不消说，与食禄比二千石的国相相差甚远。

从职务上讲，张飞应受曹豹节制。可张飞是刘备的亲信，很显然是刘备派来监督曹豹和许耽的。

以这样的身份做这样的工作，需要高超的政治技巧和圆滑的交际手段。尤其是陶谦死后，徐州本地人因为拥立刘备有功，势力大为增长。而陶谦从丹阳带过来的老乡感觉到自己的地位下降，心里本来就不太舒服。丹阳兵军心不定，需要特别的关注和安抚。

偏偏张飞对此一窍不通。张飞只是一介武夫，冲锋陷阵是一把好手，提笔写字却很困难（后世有人杜撰，说张飞是个白面书生，工于绘画，毫无根据），更不懂得什么折冲樽俎之道。他和曹豹之间很快就发生了冲突。

接下来的事情有两个版本：一是张飞杀曹豹，许耽带领丹阳兵哗变，迎接吕布入城；二是张飞欲杀曹豹，曹豹"坚营自守"，使人叫来吕布。

至于《三国演义》中说吕布是曹豹的女婿，张飞喝酒后暴打曹豹，因而引发叛变，纯属扯淡。

不管是哪一个版本，总之张飞和曹豹闹翻了。吕布趁着下邳城中内乱，出兵抄了刘备的老巢，俘虏了刘备和手下众将的妻小，并乘势据有徐州，自称徐州刺史。

吕布为什么会在刘备的后院放火？

这就好比问蛇为什么要咬农夫一样。但是有一点要说清楚，那就是袁术从中起了推波助澜的作用。

《三国志》注引《英雄记》，记录了袁术写给吕布的一封信。袁术这封信写得极其肉麻，说他感激吕布，主要有三方面的原因：一是吕布诛杀董卓，替老袁家报了大仇，他袁术才得以"明目于当世，死生不愧"；二是吕布在兖州鏖战曹操，为他报了当年战败的大仇，使他"复明目于迟迩"；三是"术生年以来，不闻天下有刘备"，可就是这个刘备窃据了徐州，并且举兵与他对战，他凭借吕布的"威灵"，得以打败刘备。为此，袁术献上米二十万斛，以表谢意。

这二十万斛米，显然就是事前袁术用来收买吕布在刘备后院放火的。

袁术也许忘了，吕布却不可能忘记：初平三年（192年），吕布被李傕等人逐出长安，第一站便是前往南阳投奔袁术，被拒之门外。那时候袁术不感激吕布诛杀董卓的恩情，现在反倒念念不忘，未免也太假了。可是假归假，二十万斛米的诱惑摆在那里，吕布还是把持不住，想必也没做什么思想斗争，便背叛了刘备。

刘备赶紧回师相救。还没到达下邳，部队不战自溃，他勉强收拾了一些游兵散勇，惶惶然如丧家之犬，向东逃窜至广陵。这个时候，如果不是糜竺挺身而出，解囊相助，刘备很有可能就一蹶不振了。

糜竺真是阔绰，一出手便送给刘备"奴客二千"，外加"金银货币以助军资"，既出人又出钱，几乎是帮助刘备重建了一支军队。

刘备的原配夫人在下邳被吕布俘虏，糜竺便嫁了一个妹妹给刘备，也就是糜夫人。

当然，这也许是糜竺提出的一个条件。就像《权力的游戏》中，罗伯·史塔克想借道弗雷家的领地去进攻君临，弗雷家开出的条件便是要罗伯娶弗雷家的女儿一样。

只有双方建立婚姻关系，进而生下具有女方家族血统的继承人，这笔政治交易才算牢靠。

权力的游戏自有其规则，政治联姻也没有什么好指责的。但是，原配在敌人手中生死未卜，便要另娶，多少有些不道德的意味。

可刘备一点也不觉得膈应。

女人之于刘备，也许正如《三国演义》中说的，"兄弟如手足，妻子如衣服"。一件旧衣服丢了，再换一件新的便是。

他真正伤心的，是春梦了无痕：自己只做了不到一年的徐州牧，便又成了流浪汉。

袁术还是不爽

梦醒之后，刘备不得不承认，自己太不成熟了。接纳吕布已经是错；明知吕布的为人，还不加防范地许其屯兵在下邳附近，则是错上加错；把下邳托付给张飞这样一个莽汉，又是一错。但现在不是后悔的时候，后悔也没有用。刘备必须面对一个更为窘迫的事实——缸里没米了。

经过数年的战争，徐州原有的经济体系已经破坏殆尽，有钱也买不到粮食。几千名士兵跟着他驻扎在广陵，为了每日两餐而愁眉苦脸，有的军营甚至发生了人吃人的惨剧。虽说挺住意味着一切，可是没有粮食，谁也挺不住。如果要活下去，刘备只有两个选择：要不投靠袁术，要不投靠吕布。这两个人都不是什么善类，一个阴险狡诈，一个忘恩负义。两害相权取其轻，刘备向吕布派出了使者。

吕布接到刘备的书信，竟然很高兴，而且是由衷的高兴。他下令刘备赶紧回下邳，和他一同对付袁术。

为了表示诚意，吕布还派出豪华的车队，敲锣打鼓，将刘备的妻妾儿女全部奉还。刘备的原配夫人自然也在其中，史书上没有记载她的名字，但她已经不再是刘夫人。此后她是擦干眼泪继续跟着刘备过日子，还是愤然离去，或是遭遇了更为可怕的事情，不得而知。

吕布如此痛快地接纳刘备，和袁术的失信有关。袁术许诺的二十万斛米，自始至终不见踪影。而且，吕布多少有点儿怀疑，袁术暗中策动了郝萌的叛乱。

郝萌是吕布的部将，京畿河内郡人。

据《三国志》注引《英雄记》记载，吕布进入下邳后，一日夜里，突然火起，乱军拥至吕布居住的州府前，鼓噪而攻。吕布带着老婆翻越厕所后面的矮墙逃出，直奔都督高顺营中。

说句题外话，这是吕布的优点，也许是他身为男人唯一的优点——危难时刻从来没有抛弃过自己的女人。单从这一点上讲，吕布比刘备强很多倍。但是，如果我们翻阅古往今来的史书，会发现一个冷酷的事实：在争夺天下的战争中，胜利的一方往往是随时可以抛妻弃子的人。最典型的是刘备的老祖宗刘邦，他可以轻而易举地将老父亲和妻子丢给死对头项羽，也可以在逃跑路上屡次三番将一对儿女踹下车去以减轻负担；而项羽去哪儿都带着虞姬，所以最终是刘邦消灭了项羽。

高顺是吕布的老部下，统帅七百人的精锐骑兵，攻无不克，战无不胜，号称"陷阵营"。

高顺见吕布光着膀子，牵着女人，一副狼狈不堪的样子，半夜来到营中，不觉大惊。一问之下，才知道有人叛乱。再问叛贼是谁，吕布却闪烁其词，只说不知道。高顺疑心顿起，毫不客气地追问道："将军是不是有所隐瞒？"

吕布含含糊糊地回答："好像是河内人的声音。"

高顺立即判定："那就是郝萌叛乱了。"于是带兵前往州府平叛。混战中，郝萌的部下曹性突然反水，将郝萌砍伤，高顺趁机砍下郝萌的首级。

事平之后，吕布赏赐曹性，问及郝萌为什么反叛，曹性回答："受袁术指使。"又问有没有同谋，曹性说："陈宫同谋。"陈宫当时在座，面红耳赤，吕布竟然没有深究，后来便命曹性统领郝萌的部众。

这件事中存在颇多疑点。

首先，高顺为什么会问吕布"是不是有所隐瞒"这样一个奇怪的问题？他怀疑吕布隐瞒什么？对照前后文来看，必是吕布告诉他不知道何人反叛，而高顺认为吕布是知道的。而吕布果然知道——他连河内人的口音都听出来了，怎么会猜不到是郝萌？那么，吕布为什么故作不知？他又在回避什么？

郝萌究竟是不是受了袁术指使才反叛？陈宫有没有参与其中？吕布为什么不怀疑陈宫？这一连串的问题，只能在曹操后来与吕布的一段对话中找到答案。

那是吕布被曹操俘获后。吕布将自己的失败归咎于手下诸将忘恩负义，临阵反叛，说："吕布从来厚待诸将，没想到诸将一到危急关头都背叛了我。"曹操听了便笑，说："你背叛自己的妻子，和诸将的老婆打得火热，这也叫厚待诸将？"

原来，吕布既爱自己的女人，也爱别人的女人。

吕布和某些部下的妻室有染，想必是公开的秘密。所以高顺一听说有人反叛，马上联想到，反叛者必是那几个绿帽子君中的一位。再听到是河内口音，则可断定是郝萌无疑。

既然高顺猜得出，吕布又何尝不心知肚明？他只是碍于面子，不好自己主动说出来罢了。

再往深处想，曹性说袁术策动郝萌反叛，会不会也是给吕布一个面子？毕竟因为男女关系而导致部下反叛，责任在吕布，传出去也不好听。牵扯上陈宫，估计也是早就安排好的，演戏给大家看罢了。要知道，就算袁术确实与郝萌有过书信来往，但真正导致郝萌铤而走险的，恐怕也还是头顶上那顶绿帽子。关于这一点，吕布本人不可能不清楚。

抛开狗血的剧情不说，吕布和袁术之间，也确实是充满了尔虞我诈和虚与委蛇。

袁术利用吕布打败刘备，结果是吕布占据了徐州，他自己倒做了火中取栗的猫爪子，没有捞到任何好处。

他有心和吕布谈点条件，但是又开不了口，二十万斛米的空头支票没有兑现，他拿什么去谈？撕破脸皮开打吧，吕布可比刘备强多了，他连刘备的防线都撕不破，怎么可能打得过吕布？

袁术越想越窝火，当他听说吕布接纳了刘备，而且让刘备屯兵小沛，又表奏其当了豫州刺史时，便再也忍不住了，派大将纪灵等人带了三万人马，前去攻打小沛。

刘备手下只有几千人，当然不是纪灵的对手，只能向吕布求救。当时吕布的手下都劝他不用搭理，正好假袁术之手除掉刘备。有人说得更直接：刘备反复难养，宜早铲除！但是吕布不这样认为。他觉得，如果让袁术"吃掉"刘备，占据了小沛，则很有可能与"泰山诸将"通气，对徐州形成包围之势，所以刘备非救不可。

泰山即兖州的泰山郡。所谓泰山诸将，是指臧霸、孙观、吴敦、尹礼、昌豨等泰山籍将领。黄巾起义时，臧霸等人招募泰山兵，跟随陶谦讨伐黄巾军，后来便驻军琅邪国。吕布占有徐州，泰山诸将都宣布拥护吕布。

但是，吕布心里很清楚，这些人对他并不是真的拥戴，只要稍有风吹草动，他们便很有可能起兵反叛。而袁术最大的本事便是挑拨离间，吕布是见识过的。为了防止袁术与臧霸等人勾结，他必须制止袁术占领小沛。

于是，三国史上相当有戏剧性的一幕上演了：吕布亲自带了一千名步兵和两百兵骑兵，前去救援刘备，并在军中设宴，请纪灵等人前来相聚。席间，吕布辕门射戟，向纪灵展示了自己非凡的武力。纪灵等人大惊，直呼"将军天威"，第二天便撤兵而去。

无论吕布如何武勇，凭借一千二百人的队伍也很难击退三万大军。纪灵退兵，显然是因为袁术不敢，也不想和吕布全面开战。

对于袁术来说，此时更大的威胁来自曹操，他必须借助吕布的力量对抗曹操。因此，不久之后，袁术反倒是派了一个叫韩胤的人来到徐州，要求和吕布联姻，为他的儿子迎娶吕布的女儿为妻。

虚假的蜜月

建安二年（197年）夏天，一支送亲的队伍缓缓开出下邳城，在艳阳的照耀下踏上了前往寿春的旅途。

吕布立在门楼上，半眯着眼睛目送队伍远去，表情颇为复杂。他答应将女儿嫁到袁术家，是去年的事。即便是今年，这个孩子也不过十二岁，出嫁显然早了一点。可是，作为一个出身并州边塞地方的武夫，能够将女儿嫁给本朝第一大世家的继承人，单是这一点便足以让吕布怦然心动。

确切地说，袁术家已经不是世家大族那么简单了。

这一年春天，袁术丧心病狂，在寿春建号"仲家"，改九江郡为淮南尹，置公卿百官，郊祀天地，把当天子的准备工作基本上做完了，只是没有布告天下，自称天子。而且，严格地说，"仲"不是国号，也没有设置年号，算是保留了最后一点理智吧。

吕布将女儿嫁给袁术的儿子，也可以说是"仲家"的外戚了。对于这种姻亲关系导致的未来，吕布其实也没有太多的考虑，反倒是有一个人得知这个消息后，不顾年事已高，日夜兼程赶到了下邳。

此人便是袁术昔日好友、后来又反目成仇的沛国相陈珪。

陈珪已经看透了袁术，知道此人只要留在世上一天，便是祸害，也只有吕布这种傻瓜才会去和他结亲。他倒不是担心吕布的未来，只是害怕两人结亲之后，徐州与扬州合纵一体，给天下带来更大的祸害。当然，这其中也不乏他对袁术在私人感情上的厌恶。

陈珪问吕布："曹公奉迎天子，辅佐国政，将军应该主动向他靠拢，同心协力，匡扶大汉。为什么会和袁术这种人搞到一起，承受海内不义之名，把自己摆到一个极其危险的位置呢？"

吕布吃了一惊，仿佛这才知道和袁术结亲是有风险的。陈珪苦笑，不得不替他分析：袁术僭号，已成汉贼，天下人人得而诛之。他的儿子是伪太子。吕布将女儿嫁过去，便是伪太子妃。而吕布便成为伪外戚，是袁术的同党，一旦事败，同诛九族。但凡有点头脑的人，都会主动和袁术划清界限。当年被朝廷派到兖州当州牧的金尚，听说袁术要封他做太尉，誓死不从，这便是聪明！孙坚的儿子孙策，原本依附于袁术的羽翼之下，一听说袁术僭号，立马写信痛骂，主动脱离关系，这便是聪明！

吕布听明白了，原来和袁术结亲，会成为天下公敌啊！他赶紧派人将送亲队伍追回来，宣布与袁术的婚事作废，而且将袁术的婚使韩胤逮捕，送到许都去接受朝廷发落。

陈珪又主动向吕布提出，可以趁此机会，派他的儿子陈登为使者，前往许都朝觐天子，拜访曹操，请求朝廷正式册封吕布为徐州牧。吕布颇为心动，但又觉得事情不会那么简单。他和张邈联手抢占兖州，不过是两年前的事，曹操难道不会记仇？而且，陈珪如此殷勤，会不会有什么私人目的，甚至是有某种阴谋？

可是，不久之后，吕布的顾虑便打消了。韩胤在许都被砍了头。朝廷特别派来使者，大大表扬了吕布在大是大非的问题上能够坚持正确的立场。汉献帝感念吕布的忠诚，封他为左将军。曹操也写来一封亲笔信，完全不谈往事，只说他迎天子是为了定天下，请吕布鼎力相助，共同讨伐袁术、公孙瓒、杨奉、韩暹等乱臣贼子。

吕布又惊又喜，立即同意陈登前往许都，同时上书朝廷："臣吕布本当奉迎天子大驾，知道曹操忠孝，已经将天子迎到许都，臣也就放心了。原来臣与曹操交兵，现今曹操辅佐陛下，而臣为外将，如果贸然带兵前来，恐有所嫌疑，所以待罪徐州，随时听候调遣。"又致书曹操："吕布本是获罪之人，曹公不但不责怪，反而写信加以劝慰，实在是感激不尽。您要我讨伐袁术等罪人，敢不奉命？"

曹操接到书信，又派奉车都尉王则为使者，向吕布致送左将军金印紫绶等物，外加一封肉麻兮兮的说明书："国家无好金，老夫特取家藏好金为卿打造此印；国家无紫绶，老夫乃取自己佩戴的紫绶相赠。"

吕布收悉，马上命人赶制一条上好紫绶，派特使加急送往许都，回赠曹操。

这哪里是皮里阳秋的政治应酬，分明是恋人之间的投桃报李！吕布被曹操感动了，他甚至为自己当年的鲁莽行为感到后悔。但是阴影已经过去，他现在要做的是放下包袱，轻装上阵，和曹操联手平定天下。这是老天赋予他的使命，夜里想着都会兴奋得睡不着。

唯一让吕布感到迷惑的是，陈登去了很久，而关于徐州牧的任命，迟迟没有消息。

吕布并不知道，陈登到了许都，不但没有向曹操提及封吕布为徐州牧的事，反而建议曹操："（吕）布勇而无计，轻于去就，宜早图之。"并且表示，他和父亲陈珪愿意作为内应，迎接曹操入主徐州。

不能否认，曹操和徐州人之间有过一段相当不愉快的经历，数十万徐州人的血债还记在曹操账上。但是在目前这种形势下，只有曹操才是安定徐州乃至平定天下的不二人选。

可以这样理解：乱世之中，徐州的商人选择了刘备，发现刘备不能保家卫国后，徐州的士人又选择了曹操。

站在曹操的角度，他当然欢迎陈登的投诚。他对吕布假以辞色，不过是一种虚伪的政治手段。他或许可以不计较吕布当年偷袭兖州的罪过，但是绝对不会改变对吕布的基本看法。毕竟，吕布有过背叛丁原、董卓的经历，又对刘备恩将仇报，说他是"三姓家奴"，绝不为过。

"狼子野心，诚难久养。"曹操与陈登谈话的时候，给了吕布这样一个评价。

曹操向朝廷推荐陈登当了广陵太守，而且请汉献帝特批将陈珪的俸禄提升至中二千石，等同于九卿。

陈登离许之日，曹操又亲自相送，执手叮嘱：东方之事，便托付给你了。

陈登回到下邳，吕布已经等得不耐烦了。

吕布满怀期待，以为陈登会向他展示徐州牧的委任状。陈登却只是平静地告诉他，没有。吕布勃然大怒，拔戟将眼前的一张案几砍为两半，质问：你们父子劝我投靠曹公，和袁公路绝交。现在我什么都没得到，你们倒是一个升官一个加薪，这是把我当傻子吗？你说说，你是怎么在曹公面前说我的？

陈登说：我见到曹公，说将军就是一只猛虎啊，如果不喂饱的话，恐怕会吃人哦！可是您猜曹公怎么说？曹公说，吕奉先不是猛虎，是猎鹰，饥才能为我所用，喂饱了可就飞走啦！

这简直是在哄小孩，吕布听了，竟然又高兴起来。这便是吕布的为人。毋庸说，他是没有觊觎天下的野心的。单从这一点上讲，在汉末诸侯中，吕布倒是难得的天真。他所谓的理想和抱负，从来不过是充当某人的鹰犬罢了。当然，这个人必须能够让他畏服，而不是刘备这种卖草鞋出身的暴发户。因此，陈登编造的那番话正好应和了他的心意，甚至激起了他的雄心壮志。

不久之后，战争便爆发了。

袁术本来就不忿于吕布悔婚，现在看到吕布和曹操眉来眼去，互相勾搭，更是气不打一处来，派遣大将张勋统率七路人马，浩浩荡荡地进攻徐州。

吕布亲率数千人进攻张勋大营，斩杀将校十人。袁术军全线崩溃，四下逃散。吕布意犹未尽，又带兵向袁术的老巢寿春进发，一路攻城略地，势不可当。袁术则龟缩在寿春城中，没有任何表示。直到吕布撤军回徐州，全部渡过淮河，袁术才带着五千人马出城，装作追赶不及的样子，在淮河南岸叫骂。吕布军数百骑在北岸见到，一齐大笑，尽兴而归。

袁术吃了这一"瘪"，只能将苦水往肚子里倒。张勋的惨败，几乎将袁术的精锐部队消耗殆尽，他已经没有任何本钱跟吕布叫板了。事实上，从这个时候开始，袁术的衰败便已经不可逆转。他本来不应该意气用事，主动进攻吕布。袁术的最大敌人，从来不是吕布，而是曹操。袁术如果能够真心实意和吕布联合，或许还能勉强与曹操抗衡，否则只有败亡一途。

可惜的是，唇齿相依的道理，袁术不懂，吕布也不懂。

曹操的特殊癖好

建安初年，袁术和吕布最大的敌人是曹操。但是这两个人显然都没有认识到这一点，不但不联手抗敌，反而自相残杀，甘为鹬蚌。

反过来说，曹操最大的敌人，却从来不是袁术和吕布，而是表面上仍然维持着同盟关系的袁绍。

自打曹操将汉献帝迎至许都建立朝廷，袁绍的后悔与日俱增。两位老朋友之间的矛盾，在书信来往中日渐本相毕露。建安元年，朝廷诏责袁绍："地广兵多，而专自树党，不闻勤王之师，但擅相讨伐。"这自然是曹操的授意。袁绍恼怒之余，以大将军的身份对曹操写信，言辞傲慢，颐指气使，如唤家奴。二人相交甚深，知根知底，袁绍如果要写几行字直戳曹操的痛处，实属轻而易举。恐怕他也这么做了。曹操读信后，竟然沉不住气，举止失常，甚至向荀彧表露出要与袁绍决一死战的意图。

荀彧直言："不先取吕布，河北亦未易图也。"

曹操立马冷静。徐州兖州，俱为一体。徐州不定，则兖州不安，奢谈什么与袁绍争夺河北？然而，在东定徐州之前，他又必须先解决来自西方的威胁——盘踞南阳的张绣。

南阳郡隶属于荆州，郡治宛城，理论上讲是刘表的地盘。董卓被杀之后，刘表主动向李傕等人控制的长安朝廷示好，被封为镇南将军、荆州牧，假节，开府仪同三司，成为名副其实的"荆州王"。但是，荆州实在是太大了，几乎涵盖了今天的湖南、湖北全境，以及河南的南部地区。刘表真正能够统治的区域，主要是湖北的南郡、江夏二郡和湖南的武陵、长沙、桂阳、零陵四郡。至于地处中原要冲的南阳郡，一早便被袁术和孙坚占据，后来又成为凉州军与关东诸侯争夺的战场，不在刘表的控制之下。

建安元年（196年），凉州军将领、被长安朝廷封为骠骑将军的张济，因军中缺粮，跑到南阳打劫，在进攻穰城的时候中箭身亡。张济的侄子张绣继续统率部众，得到贾诩的指点，与刘表和谈，双方达成一致：张绣向刘表称臣，屯兵宛城，为荆州看守门户；刘表则为张绣提供钱粮，不干涉南阳事务。

换句话说，张绣统治南阳，成为荆州北部的一个相对独立的王国。

建安二年正月，曹操出兵南阳，征讨张绣。

春寒料峭，征途险恶，对手又是以骁勇善战而闻名的凉州军，而且得到荆州牧刘表的后勤支援，曹操手下众将无不以为将有一番恶战。不料，大军刚刚抵达淯水，张绣的降表就送到了。

替张绣拿这个主意的，乃是贾诩。

识时务者为俊杰，以贾诩的眼光，不难看出曹操正是结束乱世的不二人选。而且，曹操挟天子以令诸侯，以朝廷的名义征伐四方，名正言顺。而南阳四战之地，易攻难守。张绣所能倚靠的，唯有荆州的刘表。贾诩早对刘表做了一个基本判断：若在太平年代，刘表倒是个三公之才；但在这个纷繁复杂的乱世之中，刘表既无战略眼光，亦无临机决断之力，不可能有太大的作为。与其仰仗刘表，不如干脆投降曹操，无论对张绣本人还是对南阳百姓来说，都是一件好事。

张绣如此干脆利落的投降，恐怕是曹操没有预料到的。幸福来得太突然，往往不加珍惜。曹操大摇大摆地住进了宛城，以主人的身份大宴宾客，开怀痛饮了几天。不知谁给他透露了一个消息：已故骠骑将军张济的遗孀，也就是张绣的婶婶，是位国色天香的美人。曹操不假思索，命人将这个女人宣至军中，纳为小妾。

曹操对于女人的爱好，和一般人是不太相同的。除正室丁夫人外，府上的一众侍妾，来历各异。其中最为受宠的卞夫人，原本是娼妓。光和元年，曹操隐居家乡谯县，大概是光顾了卞氏所在的夜场，一见之下，大为倾心，便出钱将她赎了出来，纳为小妾。曹丕、曹彰、曹植、曹熊四兄弟，俱为卞夫人所生。后来，曹操获封魏王，以卞夫人为王后。曹丕篡汉称帝，封卞夫人为皇太后，称永寿宫。又有一位尹夫人，原本是大将军何进的儿媳妇，生子何晏，其夫早逝。曹操当上司空之后，许是感念旧主之情，对何晏及其母也一并照顾。尹氏为曹操生了一个儿子，名叫曹矩。诸如此类的女人还有很多，在此不一一列举。

曹操为什么会有这种特殊爱好，想来还是跟他的出身有关。作为宦官的孙子，他从小是被那些根正苗红的正人君子看不起的。出于自我保护的心理，他对正人君子坚守的很多道德规范，暗地里是嗤之以鼻的。曹操纳张济的遗孀为妾，对于张绣来说是莫大的侮辱。张绣是个直性子的人，心里头不满，脸上便会显现出来，无论如何都遮掩不住。曹操察觉到了，和手下秘密商量，决定先下手为强，找机会设局杀掉张绣。可是，曹操忘了张绣身边还有一个贾诩。

贾诩看好曹操，却没有想到曹操会在女人身上犯错误，而且是犯这种严重的错误。他或许有点怀疑，自己是不是看错人了？不管怎么样，贾诩是把张绣当作自己的儿子来对待的。他要张绣投降曹操，全然是为张绣着想。现在，曹操将对张绣不利，他怎么会没有防备？曹操想先下手为强，贾诩下手更早。于是，一个漆黑的夜里，张绣引军向曹操发动了突袭。曹操猝不及防，仓皇应战，幸亏贴身护卫典韦临危不乱，带领手下拼死杀敌，将敌军阻挡在中军大营的牙门前。曹操抓住机会，骑上长子曹昂让出的战马，在数十名骑兵的护卫突围而逃，捡回了一条性命。

曹操退军至舞阴扎营，听到典韦战死的消息。曹操失声痛哭，招募死士潜回宛城，将典韦的尸身盗出，予以厚葬。葬礼之上，又是一番痛哭。虽然曹操不曾表露，但这一战最让他痛苦的是长子曹昂在乱军中战死。

曹昂为曹操的原配刘夫人所生。刘夫人早逝，丁夫人由妾转正之后，曹昂由丁夫人抚养成人。丁夫人无子，视曹昂若己出。按照嫡长子继承制的原则，曹昂便是曹操的法定继承人了。现在，因为曹操荒唐的爱欲，致使曹昂不明不白地送了性命，曹操不可能不内疚。只不过这种内疚，他不能表现出来。自古以来，英雄也罢，奸雄也罢，或多或少具备这种素质：可以为战死的部下哭得死去活来，却对自家儿子的牺牲表现得云淡风轻。这是一种收买人心的策略，可以让更多的人为其蹈死无悔。换句话说，这便是政治。

建安二年十月，曹操大军再度逼近宛城。刘表派部将邓济救援张绣，据守湖阳，被曹操派兵攻破，邓济被擒。

建安三年春节过后，曹操第三次出兵入侵南阳，在穰城一带将张绣包围。兵力的优势无疑在曹操这边，可是张绣得到刘表的支援，仓中有粮，心里不慌，再加上贾诩之助，将穰城防守得滴水不漏。时间一长，形势便变得对曹操不利了。从河北传来情报，袁绍有袭击许都的苗头。

原来，自打曹操将朝廷安置在许都，袁绍便开始后悔当初没有听从沮授的建议，将天子抓在自己手上。天子虽然只是一个傀儡，但是发出的诏书却是白纸黑字，时不时给袁绍下道命令，或是责备两句，搞得袁绍很是难受。他曾经天真地写信给曹操，以许都地势低洼、洛阳残破不堪为由，提出要将朝廷迁往鄄城。曹操不答应。于是田丰向袁绍建议，趁曹操和张绣在穰城纠缠，偷袭许都，将天子抢走。

事实上，这仅仅是田丰的一个建议，袁绍并没有答应，但是对曹操来说，已经是吓出了一身冷汗，立即从穰城前线撤兵，回师保卫许都。张绣带兵追击，却被曹操击败。

曹操与张绣的战争就这样陷入了僵局。到了建安三年（198年）五月，一件对曹操更为不利的事情发生，吕布反叛了。

白门楼上，缚虎宜紧

吕布的反叛，多少与曹操对刘备的态度有关。

话说建安元年，袁术派纪灵进攻刘备，吕布出面斡旋，辕门射戟，吓退纪灵。那个时候，吕布是有恩于刘备的。可是不久之后，吕布见刘备在小沛休养生息，手下的兵越来越多，影响力越来越大，不由得心生恶意，又出兵讨伐刘备。刘备打不过吕布，只得向西逃窜，投奔了曹操。

在接纳刘备这件事上，曹操一开始举棋不定。有人奉劝："刘备有英雄之志，如果不趁机杀了他，必为后患。"所谓有英雄之志，就是有争夺天下的野心，对于曹操来说，刘备是一个潜在的竞争对手。将对手扼杀在摇篮里，当然是一了百了的万全之策。可是，当曹操问起郭嘉的意见时，郭嘉首先肯定刘备是个危险人物，但是又说：明公兴起义兵，为百姓除暴，开诚布公地招揽英雄豪杰，唯恐人家不来。刘备有英雄之名，因为困窘前来投奔，如果杀掉他，您就得个杀害贤良的名声了，帐下的有识之士就会重新考虑选择主人了。除一人之害而在天下人面前失去威望，一定要想清楚了再做决定。

曹操听从了郭嘉的建议，于是给刘备补充人马，输送粮食，派刘备屯兵沛县，收集游兵散勇，监视吕布——这是吕布还没有和曹操勾搭上的时候发生的事。不久之后，吕布听从陈珪的建议，背弃袁术而亲近曹操，被朝廷封为左将军，和曹操的关系进入蜜月期。刘备在沛县的使命却没有改变，仍旧是监视吕布。关于这一点，恐怕吕布心里也是有数的。

吕布对刘备恨之入骨，但是又无可奈何。毕竟，刘备已经被曹操置于保护之下，打狗还得看主人，即便明知道这条狗是监视自己的。

而刘备也小心翼翼，不给吕布任何进攻自己的借口。他慎之又慎，结果还是出了问题。建安三年春，吕布派人到河内买马，经过沛国的时候被刘备的部下劫掠。这自然不是刘备的本意，可谁手下没有几个不守军纪的士兵呢？吕布大怒，立即派高顺和张辽带兵进攻刘备。当时，曹操正在讨伐张绣，只能派夏侯惇前去救援刘备，却被高顺击败。吕布一不做，二不休，干脆又写信和袁术"复合"，彻底和曹操闹翻。九月，高顺攻破沛县。刘备只身逃跑，留下老婆孩子被高顺俘虏。

曹操原来的计划是先灭张绣，再灭吕布，因而对吕布采取"羁縻"政策。现在张绣未灭，吕布又反，淮南袁术死而不僵，河北袁绍咄咄逼人，曹操只能痛下决心，亲率大军去消灭吕布这股反复无常的势力了。

吕布的优势在于野战，攻防城池均非所长。陈宫劝他主动出击，打曹操一个措手不及，或者截断曹操的粮道，逼迫曹操退兵。这个建议是对的。但是，吕布的妻子却劝他不要出战，说："当年曹操对陈宫有如赤子，他尚且背叛曹操。而今您厚待陈宫比不过曹操，却想抛弃我们，孤军远出，假若城中有变，妾身还是您的妻子吗？"

吕布最可爱的一点就是任何时候都不会抛弃自己的女人。但是在某些特殊的情况下，这个优点就变成了致命的缺点。他听从了妻子的建议，困守下邳城中。

一日，吕布和陈宫登城督战，只见曹操军蜂拥而至，在弓箭手的掩护下，迅速架起数十架云梯。敢死队冒着城头的箭矢，不顾檑木滚石，前仆后继地冲上来。吕布看到这种情形，不知道哪根神经短路，突然冲到城墙边，对着城下大喊："各位不要打啦，我很快就要向明公自首！"

陈宫气不打一处来，骂道："分明是逆贼曹操，哪里有什么明公？今天如果投降，就是以卵投石，死路一条！"

吕布为什么会有如此可笑的举动？说起来并不可笑，他其实就是这么想的。自打他被朝廷封为左将军，他便以曹操的鹰犬自居。攻击刘备，站在吕布的角度来看，只是曹操的鹰犬之间在闹矛盾，甚至带有某种争宠的意味。现在主人生气了，拿着皮鞭过来了，岂能不赶紧摇尾乞怜？吕布如此理解自己的身份，则也会如此理解曹操的心思：或许，只要认个错，曹公就会原谅我吧!

吕布六神无主,又派使者向袁术求救。袁术报以冷笑:当年吕布说要将女儿嫁到我家,结果却出尔反尔,半路将女儿召了回去,而且将我派去的使者韩胤送往许都,被曹操砍了头。现在曹操要攻打吕布,那也是吕布求仁得仁,关我什么事呢?

使者许汜也算是当时的名士,颇有胆识,毫不客气地对袁术说:明公如果不救吕布,那吕布肯定就完蛋了。吕布完蛋,明公也就完蛋了。

简单的道理,一点即明。双方约定,重修旧好,再续婚约,联手对抗曹操。袁术派出人马,摆出一副救援吕布的架势,远远地摇旗呐喊。曹操丝毫不在意这种声援,继续猛攻下邳。吕布等了好多天,袁术的大军却一动不动。于是一天夜里,吕布将不会骑马的女儿绑在马身上,亲自率领十余名骑兵护卫着她偷偷出了下邳城。吕布心想,如果能够将女儿送到袁术营中,袁术便会真正采取行动了吧!但是,吕布已经不是当年的吕布了,他的锐气被酒色消磨得所剩无几。曹操军一阵乱箭,就将他逼回了城中。

吕布最大的问题还是不通人情,不懂世故。当初,他手下的骑兵队长侯成派人去城外牧马,那个人却带着马去投奔刘备。侯成带兵去追,将马都追回来了。同僚们来祝贺,侯成便酿了五六斛酒,又杀了几口猪,想宴请大伙儿,先拿了半边猪肉和五斗酒进献给吕布。吕布却勃然大怒,说我下令禁酒,你却私自酿酒,还叫诸将来喝,是想一起串通来谋杀我么?侯成吓得赶紧回去把酒倒掉,退回同僚们的礼金。

吕布手下众将由此得出一个结论:吕布只爱老婆,不在乎下属。等到曹操围攻下邳,吕布孤立无援,侯成等人便发动兵变,绑了吕布和陈宫,开城投降曹操。

接下来的故事,便是大家都熟知的了。

下邳有座白门楼。士兵们将吕布五花大绑到白门楼来见曹操,吕布见到曹操便抱怨:"绑得太紧了,请放松点。"

细细品味，这句话中多少含有一点撒娇的意味。

曹操则调侃道："缚虎不得不紧啊！"

两个人的对话气氛颇为轻松。吕布于是向曹操请求："明公所患不过于布，今已服矣，天下不足忧。明公将步，令布将骑，则天下不足定也。"

对于曹操来说，这是一个颇有吸引力的建议。吕布的武勇，当世第一。如果将他纳入麾下，让他统率一支骑兵去冲锋陷阵，必定所向无前，无往不利。

可是这个念头一出，曹操又觉得有点儿不对劲。究竟是哪里不对劲，却又说不上来。这时候刘备说了一句话："明公不知道吕布是怎么事奉丁建阳（丁原）和董太师的吗？"

曹操猛然醒悟，连连点头。

吕布气得大骂："是儿最叵信者！"意思是，这小子最不可信。

然后他就被杀了。

刘备为什么要对吕布落井下石？历来众说纷纭。以人之常情来推断，首先可以肯定的是，刘备不会真心为曹操考虑。他对吕布落井下石的真实原因可能是：

其一，他恨吕布。刘备是个没根基的人，徐州是他挖到的第一桶金，也是他的第一个根据地。吕布一来，就把徐州抢走，将他打回原形。此仇不报，枉为君子。

其二，他知道吕布没有野心，很有可能甘于为曹操驱使。那样的话，曹操如虎添翼，这是刘备不愿意看到的。

其三，他知道曹操疑心很重，如果不计前嫌，劝曹操放吕布一条生路，曹操很有可能就怀疑刘备是不是有什么不可告人的目的了。他现在最重要的事情就是掩盖自己的野心，让曹操放心。

而对于曹操来说，杀吕布容易，处理陈宫却需要动一番脑筋。

陈宫肯定是要杀的，因为陈宫引狼入室，在背后插了曹操一刀，导致他在兴平元年"绕树三匝，无枝可依"，几乎走投无路。但是陈宫又对曹操有恩，而且是大恩。没有陈宫的策划与支持，曹操一开始就不可能取得兖州。现在如果杀掉陈宫，世人会怎么看待曹操？这是曹操感到为难的地方。

有志于天下者，必须考虑这些细微的人情世故。

于是曹操问了陈宫一句话："你想让老母亲和女儿活下去吗？"仔细品味，这句话里其实已经包含了要杀陈宫的意思，同时也在暗示陈宫：你的家人能不能活下去，就看你的表现了。

以陈宫的聪明，怎么会听不出曹操的弦外之音？他回答道："我听说以孝道治理天下者，不会灭绝别人的亲属；以仁义施于四海者，不会断绝别人的祭祀。我的老母亲能不能活，不在于我而在于您。"

不待曹操回答，陈宫便主动走出去引颈就戮，不听任何人的劝阻，曹操只能"泣而送之"。

然后，曹操将老实人刘备带回了许都。

第六章

官渡的台前幕后

建安五年（200年），中国历史上著名的官渡之战发生了。

交战的双方，袁绍和曹操，曾经是携手江湖、共同进退的"奔走之友"。

董卓之乱后，袁绍空手套白狼，从韩馥手里抢走了冀州；又通过长期的战争，从公孙瓒手里得到了幽州；进而控制整个黄河以北，成为当时实力最强的诸侯。

曹操以兖州为根据地，东征陶谦，西讨吕布，迎战袁术，进击张绣，占有了黄河以南、长江以北的大部分地区，而且挟天子以令诸侯，取得了政治上的话语权。

公孙瓒与袁术联手南北夹击袁绍与曹操的格局，渐渐演变成为袁绍与曹操的竞争。

这恐怕是他们当年一起去抢人家的新娘子的时候没有预料到的。

笼中的鸟儿又飞了

且说曹操打败吕布后，将刘备带到了许都，"出则同舆，坐则同席"，奉为座上宾。

不仅如此，曹操还提请汉献帝敕封刘备为左将军。

东汉的体制，四方将军位列三公之后、九卿之前，而左将军又排在四方将军的第一位。

虽然只是一个虚职，没有任何实权，但刘备还是十分重视。此后的日子里，他一直以朝廷的左将军自居，直至后来取得益州，才将这个职务让给了马超。

曹操为什么如此厚待刘备？

一方面，当然是敬重刘备是个英雄。这个"英雄"不是以成败而论，而是以胆识而论。刘备自打出道，便带着关羽、张飞两个小弟，亲冒箭矢，冲锋陷阵，将脑袋别在裤腰带上讨生活，从来不知道"怕"字怎么写。相对于袁绍、袁术这些公子哥儿，白手起家、努力奋斗的刘备更让曹操钦佩。

另一方面，曹操也许需要刘备来缓和他与天子之间的紧张关系。

作为朝廷的守护者，曹操无疑是合格的，远远超过了此前先后控制天子的董卓、王允、李傕、郭汜、杨奉等人。关于如何治国理政，如何平定天下，曹操有自己的一套思路，而且有足够的实力付诸实施。然而，朝廷与曹操之间并非一体的关系。抛开汉献帝本人不说，公卿大臣们对这位异军突起的宦官之后，多少持有狐疑的态度。不是怀疑他的能力，而是怀疑他的动机——他真的对天子忠心耿耿吗？他会摆正自己作为臣下的位置吗？他会成为另一个董卓吗？这一切，对于刚刚吃饱了饭还没来得及消化的朝廷来说，是不得不马上面对的问题。而且，他们很快会发现，曹操委实是一个比董卓等人难对付得多的角色。

曹操的可怕之处在于，他完全不用借助公卿大臣们的帮助，便能使行政系统完美地运行起来。荀彧、荀攸、钟繇控制的尚书台，夜以继日地处理着各种各样的公文，其效率之高，足以令公卿大臣们瞠目结舌。屯田获得的粮食源源不断地运进许都的仓库。成功的经验正在得到推广，曹操治下的每一个郡国都相应地设置了田官，更多的田地得到开垦，更多的粮食被生产出来。这也就意味着，曹操不仅可以将天子当成傀儡，也能将整个朝廷架空，让公卿大臣们统统靠边站，彻底成为尸位素餐的酒囊饭袋。而董卓在世的时候，他至少是对公卿大臣们表现出应有的尊重。

反过来说，天子也罢，公卿大臣也罢，如果能够安于这种现状，摆正自己的位置，未尝不是一件好事。曹操需要他们给他站台，营造君臣和谐的良好氛围。而且，正是因为曹操能够牢牢掌握国家机构，他对于公卿大臣们表面上的活动，其实是不怎么在意的。他甚至容许汉献帝将孔融这个"大嘴巴"召到朝廷，担任了九卿之一的少府。在是否应该为死去的大臣追加葬礼之类的问题上，孔融发表了精辟的意见，并得到采纳。但是，只要牵扯到军政大计，曹操便表现得很霸道了。有一次，议郎赵彦在汉献帝面前"陈言时策"，曹操得知，立马派人将赵彦杀死。汉献帝出离愤怒，对前来朝见请安的曹操说："你如果要辅佐朕，就好好对朕；如果不愿意，那就废掉朕吧！"曹操当时唯唯而退，事后则变本加厉，对汉献帝身边的大臣进一步加强了监控。而且，自此之后，曹操再也没有私下朝见过汉献帝。

还有一件事加剧了曹操与朝廷之间的紧张关系。建安二年，袁术在淮南僭号，曹操以杨彪与袁术有姻亲关系为由，诬陷杨彪勾结袁术图谋废掉汉献帝，将其下狱，欲治死罪。

杨彪出自弘农杨家，宦海浮沉，先后当过侍中、太守、九卿、三公，署理过尚书台。汉献帝在长安被李傕等人劫持，杨彪拼死保护，忠心耿耿，天日可鉴。据《三国志》记载，曹操对杨彪产生意见，当是建安元年汉献帝刚刚来到许都的时候。当时朝廷大宴群臣，曹操"见（杨）彪色不悦，恐于此图之，未得宴设，托疾如厕，因出还营"。这件事情颇为蹊跷，朝廷刚到曹操的地盘上，就能对曹操怎么样？而且，杨彪一个不悦的神情又能说明什么呢？曹操的疑心再重，也不至于当场离席吧！以人之常情而论，曹操对杨彪下手，无非是杀鸡给猴看，这个"猴"既包括朝廷的公卿大臣，也包括河北的袁绍：弘农杨家又如何，累世三公又如何，到了我曹操手上，还不是想抓就抓，想杀就杀？

后因孔融据理力争，甚至以辞职相威胁，曹操才不得不放了杨彪，后来又拜其为太常，位居九卿。

刘备怎么说也是一位"皇叔"，将他提拔到比较高的位置上，可以视为曹操尊重朝廷的一个证据，有助于改善二者之间的关系——曹操大概是这么想的吧！

而且，如前所述，刘备和汉献帝事实上又只是"四百年前是一家"的关系，并不见得有多少同宗之情，曹操也不担心刘备真的会和汉献帝搞到一起，反过来对自己不利。

老谋深算的曹操这一次却算错了。

刘备不会傻到和汉献帝搞到一起，但是也不会甘居曹操之下。

因为刘备和吕布不一样，他从来不想给任何人当鹰犬，只想做天下的主人，这是他小时候说"吾必当乘此羽葆盖车"时就已经立下的志向，一直没有改变过。

但是刘备也知道，曹操可不是陶谦。一旦让曹操发现自己的野心，下场可就不只是像杨彪那么惨了。所以他虽然当了左将军，做人做事却十分低调，成天将自己关在家里，以种菜为乐。

有一天，曹操请刘备到府上，两个人青梅煮酒，坐论天下英雄，曹操很明确地说："今天下英雄，唯使君与操耳。本初之徒，不足数也。"刘备一听，吓得连筷子都拿不稳，掉到了地上。他的这种反应，可以有两种理解：一是被曹操戳中了心事，因紧张而失态；二是有意向曹操表明自己很胆小，绝无远大志向。

事实上，刘备心里是真有事的。

那时候，汉献帝想必是不能再忍受曹操的飞扬跋扈，下了一道密旨给自己的老丈人——车骑将军董承（汉献帝的妃子董贵人是董承的女儿），要他联络朝中有志之士诛杀曹操。为了不被人发现，这道密旨被缝在衣带上带出宫，所以又称为"衣带诏"。

董承奉旨，找左将军刘备、偏将军王服、越骑校尉种辑几个人密谋，准备发动兵变，对曹操实施斩首行动。

刘备为什么会入董承的法眼，现在很难说得清，也许是因为他长得一副大汉忠臣的模样，又有忠厚老实的名声吧。更重要的是，刘备是这几个人当中唯一一个身经百战，有丰富的上阵杀敌经验的。他既然能为公孙瓒卖命，为陶谦卖命，为什么不能为天子卖命呢？

刘备为什么会入董承的"局"，也是很难理解的事。且不说曹操不是那么好对付的，就算政变成功，杀了曹操又如何？曹操又不是一介匹夫，他手下可是有一班精明能干的文武大臣和一支能征善战的军队。想当年，王允和吕布不也成功地刺杀了董卓吗？可那又怎么样，李傕、郭汜带着一盘散沙似的凉州军，不还是给董卓报了仇？夏侯惇、夏侯渊、曹仁、曹洪、郭嘉、荀彧、程昱这帮人，又比李傕、郭汜之流何止强了一百倍？

这件事情怎么想都不靠谱，刘备心里大概也觉得没底。可巧，就在这个时候，冒牌天子袁术因为军事上失败，经济上破产，不得不离开汝南，打算前往河北投奔他历来看不起的哥哥袁绍。刘备灵机一动，主动向曹操请缨去对付袁术。曹操聪明一世，糊涂一时，竟然答应了，委派刘备督军，指挥朱灵、路招等人到徐州截击袁术。

据《三国志》记载，程昱、郭嘉听说这件事后，都跑去对曹操说："可不能放刘备离开。"曹操猛然醒悟，派人去追刘备回来，结果没追上。

那个年代没有电话也没有电报，谁先出发，谁的马快，谁就能掌握先机。刘备到了下邳，出其不意地杀了曹操任命的徐州刺史车胄，将城池据为己有。这次他学聪明了，没有派张飞而是派关羽镇守下邳，自己则带兵进驻小沛，以备曹操的进攻。

借用《三国演义》里的一句话来描述刘备逃出许都的心情："吾乃笼中鸟，网中鱼，此一行如鱼入大海，鸟上青霄，不受笼网之羁绊也！"

不聪明的聪明人

袁绍与曹操的正面冲突，于建安四年（199年）正式爆发。

是年二月，河内太守张杨的部将杨丑杀死张杨，睦固又杀了杨丑，带兵投降袁绍。袁绍命睦固驻扎在射犬。四月，曹操派史涣、曹仁渡河进击睦固。睦固命薛洪、缪尚留守，自己带兵北上迎接袁绍，与史涣、曹仁在犬城相遇。双方交战，眭固被杀。曹操于是也亲率大军渡过黄河去围攻射犬，迫使薛洪、缪尚投降。曹操遂命魏种为河内太守，而且"属以河北事"，也就是将河北的事情托付给他。

眭固既然已经投降袁绍，就是袁绍的人。曹操攻打眭固，可以视同攻打袁绍。而且，河内虽属京畿，从地理位置上讲却在黄河以北。曹操据有河内，在袁绍看来无疑是"捞过界"了。

于是，建安四年秋，袁绍"以审配、逢纪统军事，田丰、荀谌、许攸为谋主，颜良、文丑为将率"，精选士卒十万，骑兵一万，浩浩荡荡开到黄河边，准备大举进攻曹操。

曹操也动员部队，在官渡与袁绍对峙。

当时的形势对曹操是不利的。抛开兵力对比不说，袁绍已经统一了河北，坐拥冀、幽、并、青四州之众，无后顾之忧，大可放手一搏；而曹操北有袁绍，西有张绣，东有刘备，三面受敌，再加上许都内部的暗流涌动，可谓危机重重，步步惊心。

南阳的张绣是曹操的劲敌。曹操霸占了张绣的婶婶，张绣杀了曹操的儿子曹昂和爱将典韦。二人之间，几乎没有调和的空间。

袁绍当然知道这一点，派人前来招揽张绣，而且给贾诩写了一封亲笔信，表达了与贾诩结交之意。

袁绍没有做错，张绣的主心骨就是贾诩，只有"搞掂"了贾诩，才能笼络张绣。但是贾诩这个人，委实不是一般人能够"搞掂"的。

初平三年（192年），李傕、郭汜等人绝地求生，联合进攻长安，斩王允，逐吕布，入主朝廷，全仗贾诩一言之功。事后，李傕封贾诩为左冯翊，又欲封贾诩为尚书仆射，掌握朝廷中枢，贾诩却拒不接受，说："我不过是献了一条救命之计，何功之有？"

从这件事情可以看出，贾诩为人出谋划策，纯属爱好使然，并非贪图回报。他就像武侠小说中剑术超群而孤高清冷的剑客，行事乖僻无常，令人难以捉摸。打个不恰当的比方，贾诩就是汉末三国时期的西门吹雪，只不过西门吹雪用的是剑，而贾诩用的是计。

你拿着大量金银财宝，言辞谦卑地来求他，他不一定待见你。如果你在某个地方能够打动他，就算不给他任何回报，他都有可能出手相助。

能够让贾诩为之效力的，一定不是太聪明的人，但又不能不聪明。

张绣恰好就是那种"不聪明的聪明人"。说他不聪明，是因为整个凉州集团就没有几个聪明人；说他聪明，是因为他知道自己不聪明，所以将所有大事放心交给贾诩去打理，而且诚心诚意地对贾诩"执子孙礼"。

张绣明白，如果贾诩要争权夺利，恐怕是谁都挡不住的，什么李傕、郭汜之流，统统不在话下。可是，贾诩连李傕送给他的尚书仆射都不肯做，又怎么会动其他念头呢？凤凰难道会和猫头鹰争夺死老鼠吗？

搞明白了这一点，不聪明的人也变得聪明了。张绣既然心无芥蒂地将贾诩当作父亲来对待，贾诩也就毫不客气地将张绣当作子孙来爱护。换句话说，贾诩考虑每一件事，都是从张绣的利益出发，与他本人的喜好和恩怨无关。

袁绍主动讨好贾诩，可以说是搞错了门路。

当初贾诩劝张绣投降曹操，就是觉得张绣不是南面称孤的料，不如早点找个靠谱的主子，安安心心打份高级工。只是没想到曹操太荒唐，干了一件让人不可容忍的事，逼得张绣又起来造反。

现在面对袁绍的拉拢，张绣想要答应。贾诩坐在张绣身边，直接对袁绍的使者说："回去多谢袁本初，他连兄弟都不能相容，难道能够容得下天下英雄吗？"非常强势地将使者打发回去了。

张绣私下问他为什么，贾诩便说："您应该投靠曹操。"

张绣不能理解："敌人的敌人就是朋友，我难道不该听从袁绍的招揽，与他联手对付曹操吗？而且，袁绍兵力强于曹操，这是众所周知的。良禽择木而栖，就应该投靠袁绍啊！"

贾诩给他说了三条理由：

第一，曹操挟天子以令诸侯，反曹操就是反朝廷。

第二，正因为袁绍兵力强盛，我们投降了，必定不受重视；而曹操兵力薄弱，得到我们的帮助，必定欢喜。

第三，曹操有霸王之志，一定会放下私人恩怨，不计前嫌，让世人知道他的仁德。

贾诩人狠话不多，每一句都说到了点子上，尤其是第三点，足可打消张绣的顾虑。

曹操不计前嫌，有两个人的事例可以佐证。

曹操刚当上兖州牧的时候，命东平人毕谌为别驾。张邈引吕布入兖，背叛曹操，绑架了毕谌的母亲、兄弟、妻子和小孩。曹操主动要毕谌去依附张邈，说："您的老母亲在他那里，应该去。"毕谌叩首，表示自己没有二心。曹操好言安抚，并为之流泪。毕谌就真的去投降张邈了。等到攻破吕布，毕谌成为曹军的俘虏，众人都为他担心，曹操说："这个人如此孝顺母亲，怎么会不忠于主君？"于是任命毕谌当了鲁国国相。

毕谌这件事，曹操抓住了中国人心理上的一个"泪点"——孝顺父母的人，值得所有人尊敬。由此而产生的效果，不只是让人觉得他很宽宏大度，而且让人觉得他很通人情。

同样是在张邈叛变的时候，兖州各地纷纷响应张邈，曹操很有信心地对属下说："别人都有可能背叛，唯独魏种是不会抛弃我的。"因为魏种是曹操推举的孝廉，可以说是曹操一手提拔起来的。没想到，不久之后魏种就逃跑了。曹操又气又恼，说："魏种只要不南逃至百越，北走到胡人的地方，我就放过他！"等到攻下射犬，逮到了魏种，曹操却长叹了一声，说："谁叫他有才呢！"反而让魏种当了河内太守。

毕谌、魏种都能够重归曹操旗下，张绣为什么不能呢？贾诩说服张绣，于建安四年十一月投降了曹操。

曹操喜出望外,拉着张绣的手,跟他喝了个一醉方休,并当场订下婚姻,让自己的儿子曹均娶了张绣的女儿。

他还拉着贾诩的手说:"是您让我取信于天下啊!"

张绣的投降,零成本地解除了曹操的西顾之忧,这恐怕是袁绍和刘备都没有预料到的。

紧接着,建安五年正月,董承等人的阴谋败露,被诛三族。董贵人虽然已经怀了汉献帝的龙种,亦被曹操诛杀。

内患解决后,曹操立马亲自率军东征刘备。当时曹操手下诸将都劝他:"与您争夺天下的是袁绍。而今袁绍大兵压境,您却东征刘备,假如袁绍乘虚而入,怎么办?"

曹操回答:"刘备是人中豪杰,现在不攻打他,必为后患。袁绍虽有大志,遇事却犹豫不决,肯定不会行动的。"于是出兵,将刘备打得一败涂地,俘虏了镇守下邳的关羽,又解决了东部的威胁。

曹操这一招棋,其实走得有点险。当袁绍获得曹操东征刘备的情报,田丰就劝他对许都发动进攻。袁绍却以儿子患病为由,迟迟不采取行动。田丰大为恼火,举着手杖敲击地面,说:"夫遭难遇之机,而以婴儿之病失其会,惜哉!"

对于袁绍来说,更"惜哉"的事情还在后面。

袁绍之所以败

建安五年(200年),袁绍和曹操在官渡对峙,战线自白马、延津向西南展开,延绵二百里。

战争的优势,本来在袁绍这边。

双方兵力的对比,按《三国志》的记载,是十比一——一边是"袁绍既并公孙瓒,兼四州之地,众十余万,将进军攻许",一边是"公(曹操)兵不满万，伤者十二三"。

袁绍搭起望楼，筑起土山，派弓箭手在高处向曹营射击。曹操则以投石车还击，击破袁军的望楼。袁绍又开挖地道，想袭击曹营，曹操则在营内挖长沟，破坏袁军的隧道。双方你来我往，相持百余日。

从双方对峙的情况来看，曹操的兵或许没那么少。否则的话，袁绍以压倒性的兵力优势，绝不可能坐等百余日而不发动总攻。但是，袁绍处于攻势而曹操处于守势，是不争的事实。《三国志》记载："太祖（曹操）与（袁）绍相持日久，百姓疲乏，多叛应绍，军食乏。"这就说明，民心不稳，军中缺粮，是曹操面临的最大问题。

而且，从战争的正义性来看，袁绍似乎也占了上风。刘备在小沛被曹操打败后，一路逃到河北，受到袁绍的热情欢迎。刘备从平原到邺城，袁绍甚至出城二百里迎接。刘备何德何能，值得心高气傲的袁绍如此屈尊相待？史料上虽然没有任何解释，后人却难免往这方面猜测——刘备身上或许真的带着汉献帝的"衣带诏"呢？迎接刘备，就是迎接"钦差大臣"，袁绍装也得装出一副郑重其事的样子啊！

然而，就是这样一场明显有利于袁绍的战争，却以曹操的胜利而告终，为什么？

从袁绍方面讲，一是因为许攸的背叛，二是因为张郃的反水。

先说许攸。

许攸是袁绍行走江湖的时候就认识的"奔走之友"，和袁绍交情笃深，与曹操关系也不错。袁绍与董卓决裂，出走河北，许攸一直跟随左右，为其出谋划策。袁绍南下讨伐曹操，许攸与田丰、荀谌同为"谋主"，也就是担任了军师。这样一个关键的人物却在关键的时刻背叛了袁绍，向曹操提供了一个关键的信息：袁绍的军粮都堆积在乌巢，守将淳于琼麻痹大意，防备松懈，如果派一支奇兵偷袭乌巢，袁绍军将不战自溃。

曹操得到这个信息，喜出望外。据《三国志》注引《曹瞒传》，当曹操听说许攸脱离袁绍来投奔自己，高兴得连鞋都来不及穿便跑出来迎接，拍手大笑，说："子远（许攸字子远）来了，我的大事就成功了！"

官渡之战后，许攸自恃有功，不管人前人后，直呼曹操的小名，说："阿瞒，如果没有我，你就得不到冀州啦！"曹操也只能赔笑："你说得对。"

由此可见，许攸的背叛是曹操在官渡之战胜利的关键。可是，许攸为什么会背叛袁绍，天上掉馅饼的好事为什么会轮到曹操呢？

还得从袁绍统治河北的"三驾马车"说起。

袁绍在河北，主要靠三股势力来支撑他的统治：以许攸、逢纪为代表的"老友帮"，以荀谌、辛评、郭图为代表的"颍川帮"，以沮授、审配、田丰为代表的"冀州帮"。

三股势力互相牵扯，维持着微妙的平衡，时不时也会产生矛盾，甚至摩擦走火。如何将三股势力拧成一股绳，让每一个人都发挥优势，尽心尽力为主君服务，相当考验袁绍的情商。

袁绍有他的优点，"雅有局度，忧喜不形于色"。作为领导者，他具备了最基本的素质，有格局，有气度。

但袁绍也有他的缺点，"矜愎自高，短于从善"，也就是过于自信，总是怀疑别人，听不进好话。

曹操东征刘备的时候，田丰劝他乘虚而入，偷袭许都，被他拒绝，而且拒绝的理由是"子疾"，相当可笑。袁绍的三个儿子，袁谭、袁熙、袁尚都已经成年，又不是三岁小孩，生病了又如何？退一万步说，就算是小妾给他生的孩子年龄尚幼，生病了也不用他袁绍来照顾啊！说到底，是他不信任田丰。

等到曹操攻破刘备，田丰认为战机已失，建议袁绍先不要大举进攻，而是派几路骑兵，分头袭扰河南，"救右则击其左，救左则击其右，使敌疲于奔命，民不得安业"，不出两年，可使曹操不战自溃。袁绍还是拒绝。田丰性情刚直，不懂得拐弯抹角，袁绍不听，他就一谏再谏。袁绍终于被惹恼，干脆将田丰下狱治罪。

两军在官渡对峙的时候，许攸为袁绍分析形势，建议他派一支部队轻装前进，奔袭许都。占领许都后，拥戴汉献帝以讨伐曹操，曹操军必然崩溃；就算曹操未立刻溃散，也能使其首尾不能兼顾，疲于奔命。袁绍又不同意，说："我一定要先捉住曹操。"这是什么意思？下棋要找棋眼，打蛇要打七寸，这么简单的道理，袁绍难道不懂吗？非也，是他也不信任许攸。

可巧在这个时候，许攸家里有人犯法，被留守邺城的审配抓住，许攸的老婆孩子都遭逮捕。

审配秉公执法，不能说有错。但是，许攸在前方打仗，审配如果从大局考虑，在处理这些问题的时候，应该有所顾忌才是。至少可以先放一放，以免刺激许攸。

而且，据《三国志》注引《魏书》，审配的家族在河北，历来是"藏匿罪人，为逋逃主"的"豪强擅恣"之家。审配自己能有多守法，能有多公道？恐怕是看不惯许攸这种外来户在冀州胡作非为，产生了一种"你也配姓赵"的怨恨，才会下此重手吧。

冀州帮和老友帮之间的这种矛盾，袁绍本来应该重视，他却视而不见，甚至是完全不知情。在许攸看来，袁绍这就太不够意思了。许攸是有门路的人，他和曹操的关系也很好，帮助袁绍或是帮助曹操，对他来说没有选择上的困难，所以他就用脚投票，站到了曹操这边。

曹操听了许攸的话，亲自领兵去进攻乌巢，果然轻而易举地获得了成功，斩杀了乌巢的守将，也是当年西园军中的同僚——淳于琼。

乌巢的粮草被焚，袁绍自然军心震动。即便如此，袁绍还不至于惨败。以常识推论，十万大军的粮草不可能只囤积一处，而且袁绍也没有深入河南，没有远离自己的根据地，就算乌巢被烧，很快可以得到河北各地的后勤援助，还不至于立即溃败。换句话说，乌巢被端之后，袁绍还是有胜算的。可他为什么很快就崩溃了呢？

这就要说到张郃了。

张郃是冀州河间郡人，原本是韩馥的部下。韩馥下台后，张郃带兵归顺袁绍，成为袁绍手下的大将，并为袁绍打败公孙瓒立下了汗马功劳。

曹操偷袭乌巢的时候，张郃建议袁绍："曹操带精兵前去，必定攻破淳于琼等人。淳于琼等人被攻破，那就大事已去了，必须赶快派兵去救。"

张郃的建议没错，其实袁绍的大营离乌巢不过四十里，赶紧派一支骑兵过去的话，说不定能够挽回局面，甚至反败为胜。

郭图却站出来反对，认为不如直接进攻曹操的大营，则乌巢"不救而自解"。

张郃说："曹操的大营稳固，很难攻下。如果淳于琼等人被擒，我们这些人就都成为俘虏了。"

袁绍又一次犯了糊涂，不听张郃的建议，只派少数部队去救援乌巢，而命张郃、高览带重兵进攻曹操大营。结果曹营攻不破，乌巢的屯粮被烧了个干净。

到了这个时候，郭图为了掩盖自己的过失，又在袁绍面前说张郃的坏话："（张）郃快军败，出言不逊。"

张郃一怒之下，与高览在营中放火，带领自己的部属投降了曹操。

正是张郃这把火，决定了袁绍彻底失败的命运。他不得不丢下部队，只带了八百名骑兵仓皇出逃，北渡黄河，回到了河北。

张郃之怒，当然不是一时冲动，而是因为与郭图积怨已久。

郭图来自颍川，张郃则是冀州本地人。颍川帮和冀州帮历来水火不容。只要是冀州人主张的，颍川人必定反对。

官渡之战前，沮授是反对袁绍南征曹操的。沮授以为，经过与公孙瓒多年的战争，老百姓都已经疲惫了。这个时候应该和朝廷搞好关系，致力于农耕，使部队得到休整。然后进兵驻守黎阳，逐步经略河南，建造船只，整修器械，分派骑兵骚扰曹操的地界，使其不得安宁，形成敌劳我逸的形势，不战而屈人之兵。

沮授的意见和田丰差不多是一样的。郭图等人立即反对，以为袁绍兵多将广粮足，对曹操形成了压倒性的优势，应该抓住时机，早图大局。不仅如此，郭图还借题发挥，说沮授监管内外，威权震动三军，如果任其发展，势必不可控制。袁绍于是下令将沮授监管的部队分为三部分，由沮授、郭图、淳于琼各管一军。

这件事在冀州人看来，就是颍川人在打压他们，削弱了他们的势力。郭图因而成为冀州人记恨的对象。

张郃因为受不了郭图的攻讦而投降曹操，也就不难理解了。

曹操之所以胜

官渡之战是我国历史上著名的以少胜多的战役，宣告了袁绍政权的衰亡，奠定了曹操统一北方的基础。

曹操之所以能够取得胜利，是因为他的军师比袁绍的军师强，还是因为他的武将比袁绍的武将猛？显然都不是。袁绍之败，败在他有军师，却不肯听军师的建议；他有强将，却逼得强将焚营投敌。《孙子兵法》说得好：“胜兵先胜而后求战，败兵先战而后求胜。”官渡之战实质上就是，战争还没有打起来，袁绍已经先败了，而曹操已经先胜了。

曹操先胜在哪？

首先是胜在信任他的军师团队。荀攸、荀彧、郭嘉、程昱、贾诩的智商并不见得比荀谌、田丰、沮授、审配、许攸高，但是曹操信任他们，发挥了他们应有的作用。

袁绍刚刚率军南下，兵强马壮，趾高气扬。袁绍手下的大将颜良、文丑勇冠三军，闻名遐迩，给曹操军造成了强大的心理压力。荀攸建议曹操：“今兵少不敌，分其势乃可。公到延津，若将渡兵向其后者，绍必西应之，然后轻兵袭白马，掩其不备，颜良可禽也。"曹操听从建议，率轻骑直取白马。颜良"大惊，来逆战"，结果被刚刚投降曹操的关羽斩于马下。袁绍派兵来追，众将都害怕，劝曹操回营坚守。荀攸却说："这正是擒敌的机会啊，为什么要跑呢？"曹操听了，"目攸而笑"，也就是和荀攸对视一笑。于是曹操下令抛弃辎重来引诱敌人，趁袁绍军因抢夺辎重发生混乱，指挥步兵和骑兵发动冲锋，又斩杀了文丑，大挫袁绍的锐气。如此会心的笑，在袁绍和他的军师之间是看不到的。

战争转入相持阶段，曹操军粮用尽，一度想要退守许都。镇守许都的荀彧立马给他写信，说：现在的形势就好比当年刘邦和项羽在荥阳、成皋之间相持，谁都不肯先退，谁先退就输了。您以袁绍十分之一的兵力扼守要道，他便不能前进半步，这已经长达半年之久，他还能有什么招数？现在正是战局出现转机的时候，您可千万不要松劲。曹操于是就硬挺下来，终于挺到许攸叛变。

许攸来投降曹操，很多人以为这是袁绍的计谋。荀攸、贾诩却劝曹操不用多疑，大胆采用许攸的建议。曹操又听从了。所以说，有军师，而且信任军师，是曹操"先胜"的一个重要原因。

其次，曹操能摆平内部关系。

曹操手下的文臣武将来自五湖四海，有的是他的昔日同僚（如荀攸），有的是他的本家兄弟（如曹仁、曹洪，传闻可靠的话，夏侯惇、夏侯渊也是曹操的兄弟），有的是从其他势力跳槽过来的（如荀彧、郭嘉、贾诩、张辽、徐晃），有的甚至是昔日的敌人（如张绣），这些人在一起共事，闹过什么大的矛盾吗？搞过什么派系斗争吗？没有！不是说曹操手下这些人就比袁绍手下那些人素质高、懂规矩、顾大局，而是他们跟着曹操这样的领导，没有心思去搞那些小动作。

孔子说得好，"君子之德风，小人之德草"，风往哪里吹，草就往哪里倒。换句话说，有什么样的领导就有什么样的下属。领导爱听小报告，下属自然争相打小报告；领导喜欢参与是非，下属自然搬弄是非；领导明显偏心，厚此薄彼，下属自然拉帮结派，党同伐异。袁绍便是这样的领导。而曹操用人，基本不问出处，甚至也不问品德，只问你有没有本事，唯才是举，用人不疑。在这样的领导下面工作，心情是愉悦的，只要琢磨怎么做事就行了，不用花太多心思琢磨怎么去"做人"。

曹操与袁绍在领导风格上的不同，不但使得荀彧、郭嘉这样谋士弃暗投明，也使得一些原本在袁绍手下工作的武将改换门庭。据《三国志》记载，曹操讨伐陶谦的时候，袁绍命部将朱灵带兵协助曹操。战后，袁绍的部队返回河北，朱灵却主动留了下来，以为曹操"真明主也，今已遇，复何之"，内部关系摆得平，团队工作氛围好，不但留得住人，还能吸引他方的人才，这是曹操"先胜"的第二个原因。

其三，曹操的气量大。

官渡之战前，陈琳为袁绍写了一篇讨伐曹操的檄文。陈琳是"建安七子"之一，文笔相当了得，加上又是曹操的老同事（同在何进手下共过事），对曹操的底细一清二楚，因此将这篇檄文写得文采飞扬，极尽嘲讽，堪称古今一大雄文。其中有一段是这么写的："司空曹操，祖父腾，故中常侍，与左悺、徐璜并作妖孽，饕餮放横，伤化虐民。父嵩，乞匄携养，因赃假位，舆金辇璧，输货权门，窃盗鼎司，倾覆重器。操赘阉遗丑，本无懿德，僄狡锋协，好乱乐祸。"将曹氏祖孙三代骂了个遍。

据说曹操原本头疼，听人念完陈琳这篇檄文，出了一身大汗，头竟然就不疼了。到了建安九年（204年），陈琳为曹操所俘。曹操生气地指责陈琳，说："你为袁绍写檄文，骂我也就算了，讨厌我就讨厌我嘛，为什么要牵连我的祖父和父亲呢！"陈琳辩解说："那是箭在弦上，不得不发啊！"意思是站在哪个山头就唱哪个山头的歌，他有什么办法呢？曹操竟然就原谅了陈琳，而且还给了他一官半职，让他继续发挥特长，干文书工作。而陈琳也不负所托，后来曹操讨伐孙权的时候，又为曹操写了一篇长长的檄文，这是后话。

曹操不只能够原谅袁绍那边的陈琳，也能原谅自己这边某些立场不坚定的人。官渡之战后，曹操军占领袁绍的营寨，搜到了袁绍遗留下来的文书，其中有不少是许都的朝臣和曹操的下属写给袁绍的书信。曹操下令将它们堆积在大营中，当众一把火烧掉，以示既往不咎。他还说了这样一句话："当时袁绍那么强大，我自己都觉得朝不保夕，何况是别人！"

这叫什么？这叫"己所不欲，勿施于人"。人情世故很简单，就是用人之常情去对待世界上的事情。遇到让自己不开心的人或事，换位思考一下，如果是你，你会怎么办？袁绍大军压境的时候，谁不会为自己的脑袋和家人考虑呢？由袁绍来当领导还是曹操来当领导又有什么太大的区别？有些人立场坚定，不跟袁绍来往，并不代表他就没有这样的想法；有些人立场不坚定，和袁绍书信来往，也是可以理解的。胜利者有权宽容，和个稀泥，体现一下自己的气量，岂不是皆大欢喜，更受尊重？

相比之下，袁绍的气量就小多了。

官渡之战后，有的人对田丰说："这下主公必定会看重您了。"意思是，田丰曾经劝袁绍不要轻举妄动，袁绍不听，而事实证明田丰是对的，袁绍想必后悔自责，不但会放了田丰，还会委以重任。

田丰却说："如果打了胜仗，我还有一条活路；现在失败了，我必死无疑。"

果然，袁绍回到邺城，对左右说："我不听田丰的劝告，现在被他笑话了。"于是杀了田丰。

当然，田丰遇难，未尝不是派系斗争的结果。据《三国志》注引《先贤行状》，官渡之战后，袁绍曾经对逢纪说："田丰苦劝我不要出征，现在失败而回，我羞于见他。"言语之间，倒是颇有悔意。逢纪回答："田丰听说您战败，拍手大笑，为他说中了这个结果而高兴呢。"轻飘飘的一句话，直接判了田丰死刑。

复杂的审配，复杂的人

建安七年（202年），官渡之战后第三年夏天，袁绍病死了。

袁绍有三个儿子：长子袁谭，颇有智慧；次子袁熙，资质平平；幼子袁尚，长相俊美。按理说，国赖长君，袁谭应该继承袁绍的家业。但是袁绍的老婆偏爱小儿子，袁绍本人也以貌取人，想弃长立幼，立袁尚为继承人，只不过担心袁谭不高兴，又怕舆论指责，所以一直悬而未决。

对于封建社会而言，立储是一个政权得以正常延续的头等大事。多少雄才大略的君主，只是因为立储问题上的一念之差，就导致人心涣散、政局动荡，乃至国家败亡，江山不保。秦始皇就是个典型的案例，假如他不是想东想西，犹豫不决，而是果断地确立长子扶苏为嗣君，怎么又会被赵高、李斯之流钻了空子，将政权交到胡亥这样一个傻瓜手上。

现在，袁绍又犯了同样的错误，至死都没有明确谁是继承人。这就给他手下原本就不团结的文臣武将们留下了充分的想象空间，加剧了他们的分裂与斗争。

审配、逢纪是拥护袁尚的。

审配是冀州帮，逢纪是老友帮，这两个人本来尿不到一壶，一个偶然的机会改变了他们之间的关系。

据《三国志》注引《英雄记》，官渡之战的时候，有人在袁绍面前说审配的坏话，袁绍询问逢纪的意见，逢纪认为审配天性刚直，有古人之风，不必怀疑。袁绍当时很奇怪，说："你不是讨厌审配吗，怎么会为他说好话呢？"逢纪回答："原来争的是私情，现在说的是国事。"袁绍大为感动，因此也就没有怀疑审配，而且认为逢纪是个顾大局的人，对他更加信任。

从那件事开始，审配和逢纪的关系变得亲密起来。

世界上没有无缘无故的爱，也没有无缘无故的恨。原来无亲无故的两个人，究竟是怎么走到一起的呢？

《三国志》和《后汉书》都没有明确的解释，但是我们可以从曹丕所著的《典论》找到一些线索："别驾审配、护军逢纪，宿以骄侈不为（袁）谭所善。"

审配和逢纪都因为骄横奢侈而为袁谭所疏远。

袁谭是袁绍的长子，从理论上讲，拥有默认的继承权。也就是说，除非袁绍指明其他儿子为继承人，否则就是袁谭来继承主君之位，统帅河北群伦。

被袁谭疏远，就是被下一任主君疏远，未来的日子是不好过的。

同一个单位中，两个素不相干的人突然亲密起来，吃饭坐一起，散步走一起，下班还约着一起喝喝小酒，往往是遭到了同一个领导的欺负。

同病相怜，同仇敌忾，是快速建立友谊的不二法门。

审配和逢纪都是靠阴谋诡计吃饭的人，他们因为被袁谭疏远而搞到一起，可不是喝喝闷酒、发发牢骚那么简单。

袁绍一死，他们便先下手为强，伪造了袁绍的遗命，并取得袁绍遗孀的支持，立袁尚为主君。

既然冀州帮的审配和老友帮的逢纪联合起来拥护袁尚，颖川帮的郭图、辛评等人自然是拥护袁谭了。

袁尚上位后，袁谭不得不忍气吞声，屈居其下。郭图等人也不闲着，经常在袁谭面前"盛陈嫡长之义，激以绌降之辱"，孜孜不倦地"劝其为乱"。

袁尚继承了袁绍的衣钵，自称"大将军、冀州牧，兼督冀、青、幽、并四州军事"；袁谭也不甘示弱，自称"车骑将军"。

兄弟俩没有马上决裂，倒是在一起搞阴谋的审配和逢纪先决裂了。

建安七年九月，曹操亲自带兵出征河北，进逼袁谭镇守的军事重镇黎阳。

袁尚派逢纪去协助袁谭守城。这一安排显然是没安好心的，谁都知道袁谭历来讨厌逢纪，袁尚上位后，袁谭更是对逢纪恨之入骨。现在将逢纪派到袁谭身边，岂不是将他往火坑里推？

袁尚和逢纪并无过节，此举想必不是袁尚的主意。能够替袁尚抓主意的，那就只有审配了。

当袁谭抵挡不住曹操的进攻，派人回邺城请求增援时，审配又建议袁尚不要派兵。不仅如此，审配还写了一封信给袁谭，除了大谈袁尚继承家业的正统性，又特别说道："凶臣逢纪，妄画蛇足，曲辞谄媚，交乱懿亲。"将袁氏兄弟之间的龃龉摩擦，归咎于逢纪的挑拨离间。

袁谭一怒之下，便杀了逢纪。

审配为什么要害逢纪？用《左传》上的一句话来说："同恶相求，如市贾焉。"因为有共同厌恶的对象而同声同气，有如商人做生意。生意做完了，自然是一拍两散。而且，当年逢纪祸害了田丰，现在审配再祸害逢纪，何尝不是冀州帮在为田丰报仇呢？

曹操攻打黎阳，从建安七年打到建安八年。眼看袁谭实在扛不住了，袁尚才带着援兵姗姗来迟。但是来了也没有什么用，还是被曹操打败，兄弟俩一起逃回了邺城。

曹操手下众将都认为应该乘胜追击，军师郭嘉却认为："袁绍喜爱袁谭和袁尚，生前并没有确立谁为继承人。有郭图等人给他们当谋士，他们一定会互相争斗。把他们逼急了，他们就会互相支持；让他们缓口气，他们就会互相撕咬。"曹操听从郭嘉的建议，带兵离开河北，摆出一副去攻打荆州的架势。

果然，曹操一撤走，袁氏兄弟便互相打起来。

袁谭打不过袁尚，又逃回了青州的平原。袁尚紧追不舍，袁谭于是派辛评的弟弟辛毗向曹操求援。

曹操当然不会放过这个机会。

建安九年正月，曹操再度北上，一方面与袁谭约为儿女亲家，稳住袁谭；一方面摆出围魏救赵之势，率领大军直接进攻邺城。

替袁尚镇守邺城的，正是审配。

曹操围攻邺城好几个月，审配从容调度，将攻势一一破解。曹操采取水攻之计，引来漳水倒灌，将邺城变成一片泽国，城中饿死者过半数，审配仍然不放弃抵抗。曹操巡视围城的部队，审配派弓弩手伏击，差点射中曹操。后来，审配的侄子审荣偷偷打开城门投降，曹操这才将邺城攻破。

据《三国志》注引《先贤行状》，城破之际，审配先杀了辛评一家。等到审配被俘，送至曹操大营，辛毗用马鞭敲击审配的头，说："奴，汝今日真死矣！"审配则大骂："狗辈，正由汝曹破我冀州，恨不得杀汝也！"

辛毗呼审配为"奴"，是颍川人对冀州人的轻视；而审配称冀州为"我冀州"，体现了他对冀州的乡土之情。在审配看来，冀州是冀州人的冀州，袁绍带来的颍川帮也罢，老友帮也罢，统统是外人。而且，正是这些外人搞乱了冀州，搞垮了袁绍的江山，怎能令他不痛恨！

曹操见到审配，不无揶揄地问："前些日子我巡视外城，你的弩箭怎么那么多？"

审配回答："只恨箭太少。"

曹操说："你对袁氏父子忠心耿耿，也是不得不这么做。"

曹操爱才如命，不计前嫌，倒是有意原谅审配，将其收于麾下。但是审配压根儿不理睬曹操的好意，一意求死。最终，曹操不得不杀了审配。

审配死的时候，还坚持向北而跪，说："我的主公在那里。"

值得一提的是，沮授在官渡之战后也被曹操俘虏。曹操也想收他为己用，沮授毫不犹豫拒绝，终为曹操所杀。曹操甚至发出这样的哀叹："孤早相得，天下不足虑也。"对沮授的评价之高，并不亚于郭嘉、荀彧。

回想当年，袁绍之所以能够得到河北，冀州帮功不可没。在袁绍与曹操的战争中，冀州帮的三位代表人物，田丰因忠谏而死，沮授和审配则宁死不屈，可谓壮烈。相比之下，颍川帮和老友帮可就没那么够意思了。

最可笑的是许攸。这位老先生背叛袁绍投降曹操，不以为耻反以为荣，时时不忘矜夸自己在官渡的功劳。

曹操千辛万苦攻破邺城。大军进城之际，许攸还回过头来，得意扬扬地对身边人说："这一家人如果不是因为我，就不能够出入这个门。"

曹操听到这话，再也忍无可忍，找个借口将许攸抓起来，杀掉了。

复杂的曹操，复杂的情

邺城被攻破后，袁家基本上也就灭亡了。此后袁谭反叛曹操，于建安十年在乱军中被杀。袁尚先是逃到中山，后来又逃到幽州，投靠了二哥袁熙。因袁熙的部将焦触、张南叛变，兄弟二人失守幽州，逃往辽西，依附于乌桓部落。建安十二年，曹操北征乌桓，大获全胜。袁氏兄弟又逃往辽东，投奔公孙康，结果被公孙康斩首，首级被送给了曹操。

袁熙在袁氏三兄弟中最没有存在感，偏偏袁熙的老婆甄氏是一位绝色佳人。建安九年，曹操攻陷邺城，遂将此地作为自己的大本营。袁氏的旧宅成了曹家的新屋。曹操的儿子曹丕是年十八岁，在此见到了二十三岁的甄氏，竟然一见倾心，遂娶甄氏为妻。

这件事情在当时便颇惹非议。据《三国志》注引《魏氏春秋》，大嘴巴孔融在许都得知此事，写信给曹操，提到"武王伐纣，以妲己赐周公"。曹操认为孔融博学多闻，信以为真，后来见面，便问是哪本古书上记载的。孔融说："那是以现在的事情来推测，想当然的。"令曹操极其难堪。孔融后来被曹操杀害，有诸多原因，这句玩笑恐怕是让曹操最不能释怀的。

曹丕娶甄氏为妻，又牵出几桩公案。

第一桩事关魏明帝曹叡的身世。曹叡是曹操之孙、曹丕之子。据《三国志》记载，（魏国）景初三年春，"（魏明）帝崩于嘉福殿，时年三十六"。景初三年即公元239年，倒推曹叡出生的年份当为公元204年，也就是建安九年。问题是，建安九年八月，曹操才攻破邺城。曹丕娶甄氏为妻，当在八月之后。如此算来，曹丕很有可能做了个"接盘侠"，而且把曹家的江山过户给了袁氏的后人。当然，关于这件事，后人有诸多争议，裴松之干脆认定曹叡出生在建安十年。即便如此，也不能完全排除曹叡是袁熙的骨血（除非可以确认曹叡出生在建安十年下半年）。

第二桩事关曹丕的弟弟曹植。曹操、曹丕、曹植都是文学家，史上合称"三曹"，与建安七子齐名。曹植写了一篇《洛神赋》，后人多以为，赋中描述的宓妃其实就是甄氏。曹植暗恋甄氏，无奈兄长已经捷足先登，只好寄情于文字，凭空表达自己的思慕。事情的真相究竟是怎样，后人也有诸多辨析，在此不拾人牙慧，一一列举。

第三桩就事关曹操了。据《世说新语》记载，甄氏早就艳名远扬。曹操攻下邺城的时候，第一件事便是宣召甄氏来侍候自己，左右告诉他："五官中郎将（曹丕）已将去。"曹操忍不住大骂："今年破贼，正为奴！"这句话可以双解：一是今年攻破邺城，就是为了这个女人！二是今年攻破邺城，倒是让曹丕这小混蛋占了便宜！总之意绪难平。

《世说新语》不足为据，但是以曹操好色的心性，有没有可能垂涎甄氏？应该说是完全有可能的。

又据《三国志》注引《文士传》，一日曹丕宴请宾客，酒喝多了，命甄氏出来拜见客人。大伙儿都吓得伏在地上，不敢抬头，唯有刘桢平视甄氏（刘桢是建安七子之一，诗写得很好）。曹操听说这件事后，大光其火，罚刘桢去石场做苦力。如果记载属实，曹操对于甄氏的看重，未免超出了公公与儿媳的界线——要发火，也应该是曹丕发火才对，哪里轮得到曹操越俎代庖呢！

曹操好色，到处猎艳，但是对自己的女人，终归还是有情有义的，这一点比刘备强多了。他的原配刘夫人给他生了长子曹昂。刘夫人去世后，丁夫人继室，曹昂由丁夫人抚养成人。建安二年（197年），曹操在宛城纳张绣的婶婶为妾，导致张绣反水，曹昂死于乱军之中。丁夫人因此而悲痛欲绝，见到曹操便骂："你杀了我儿子，竟然一点也不伤心！"曹操无言以对。丁夫人愈加悲愤，成天在府里"哭泣无节"。曹操没办法，只得将她送回娘家去冷静。过了一段时间，曹操去看望丁夫人，想跟她和好。丁夫人正在房间里织布，仆人禀报："司空大人来了。"丁夫人连头都不抬。曹操进来，在她身边站了很久，拍着她的后背，轻轻说："跟我一起回去吧？"丁夫人还是不出声，也不看曹操一眼。曹操走出房间，又在窗户下问："真的不给我一次机会吗？"丁夫人还是不回答。曹操长叹了一声，说："那就只能永别了。"遂作休书一封，交与丁夫人的父亲，以示"一别两宽，各生欢喜"之意。

丁夫人没有再嫁——就算她想嫁，恐怕也没有人敢娶。她以无比决绝的态度，斩断了她与曹家的关系。丁夫人之后，出身娼妓的卞夫人成为曹家女主人，随着曹操的官爵不断提升，卞夫人的地位也越来越显赫。建安二十四年（219年），卞夫人获封王后。她常趁曹操出门的时候，将丁夫人请到王府，让丁夫人坐在主位，自己只在一旁陪坐。迎来送往，一如当年般谦卑有礼。丁夫人反倒不好意思，对卞夫人说："不过是被废黜之人罢了，夫人何必如此？"丁夫人死后，卞夫人征得曹操同意，将其妥善安葬。曹操后宫这种新旧和谐、云淡风轻的氛围，也从一个侧面说明曹操是很重感情的。男主人温情相待，一众妻妾自然和睦相处，纵有宫斗之心，也没有发挥的机会。

曹操在邺城修建了一座著名的建筑——铜雀台。落成之日，曹植即兴挥毫，写下了著名的《铜雀台赋》。《三国演义》中，诸葛亮到江东舌战群儒，便给周瑜背诵了这篇《铜雀台赋》：

"从明后以嬉游兮，登层台以娱情。见太府之广开兮，观圣德之所营。建高门之嵯峨兮，浮双阙乎太清。立中天之华观兮，连飞阁乎西城。临漳水之长流兮，望园果之滋荣。立双台于左右兮，有玉龙与金凤。揽二乔于东南兮，乐朝夕之与共。俯皇都之宏丽兮，瞰云霞之浮动。欣群才之来萃兮，协飞熊之吉梦。仰春风之和穆兮，听百鸟之悲鸣。天云垣其既立兮，家愿得乎双逞。扬仁化于宇宙兮，尽肃恭于上京。惟桓文之为盛兮，岂足方乎圣明？休矣！美矣！惠泽远扬。翼佐我皇家兮，宁彼四方。同天地之规量兮，齐日月之辉光。永贵尊而无极兮，等年寿于东皇。御龙旗以遨游兮，回鸾驾而周章。恩化及乎四海兮，嘉物阜而民康。愿斯台之永固兮，乐终古而未央！"

关键的一句，在于"揽二乔于东南兮，乐朝夕之与共"。二乔即江东二乔，分别为孙策和周瑜的夫人。曹操要将二乔揽到自己怀里，周瑜怎么咽得下这口气？

而据《三国志》注引阴澹《魏纪》，曹植的文章中并没有这色眯眯的一句："立双台于左右兮，有玉龙与金凤。揽二乔于东南兮，乐朝夕之与共。俯皇都之宏丽兮，瞰云霞之浮动。欣群才之来萃兮，协飞熊之吉梦。"整个这一段都是罗贯中借诸葛亮之口自编的。平心而论，编得很有水平——以曹操好色的心性，攻城略地，岂能不把别人的娇妻美妾据为己有？

后世有人脑洞大开，以为江东二乔是桥玄的女儿。

前面说过，桥玄是个很有名气的大官。曹操年轻的时候，桥玄对他有过这样的评价："今天下将乱，安生民者其在君乎！"

而且，据《魏书》记载，桥玄还对曹操说过："吾老矣，愿以妻子为托。"如果二乔真是桥玄的女儿，桥玄倒是将她们托付给曹操照顾了。只不过后来风云变幻，天下大乱，曹操自己有很长一段时间都颠沛流离，恐怕也顾不上故人所托了。

但曹操始终记得桥玄的情谊。建安七年（202年），曹操亲自撰文，派人以重礼祭祀桥玄。曹操在文中深情回忆与桥玄当年与自己开玩笑："老夫去世之后，你小子如果路过老夫的坟墓，不用一斗酒一只鸡来祭奠，车子过去三步，必定肚子痛，勿怪老夫言之不预也！"后人怀念逝去的友人，以"车过腹痛"为辞，由此而来。

以曹操和桥玄的这种感情，后来他想征服江东，"揽二乔于东南"，便不纯粹是贪恋她们的美色，而是有完成故人的嘱托的意思了。问题在于，桥玄于光和七年（184年）以七十五岁高龄去世，而孙策和周瑜迎娶二乔是建安四年（199年）。从年龄上看，桥玄还真不太可能是二乔的父亲。

　　不管怎么说，到了建安十二年（207年），曹操已经完整地占有了河北和河南，包括冀州、幽州、并州、青州、兖州、豫州、徐州在内的广大地区。下一步，他就要南下荆州讨伐刘表，与孙权"会猎于吴"了。

第七章

孙策的自信

　　《三国演义》第二十一回写道，刘备在许都的时候，曹操与刘备青梅煮酒，曹操问了刘备一个问题："天下谁是英雄？"

　　刘备先是提到淮南袁术、河北袁绍、荆州刘表，都被曹操断然否决。在曹操看来，袁术是冢中枯骨，袁绍色厉胆薄，刘表虚名无实，都不值一提。

　　刘备于是又说："有一人血气方刚，江东领袖——孙伯符乃英雄也？"

　　曹操回答："孙策藉父之名，非英雄也。"

　　正史上并没有这样的对话。《三国志》中，曹操只是说："今天下英雄，唯使君与操耳。本初之徒，不足数也。"

　　当时是建安四年，官渡之战尚未爆发。天下诸侯，实力最强的当然是袁绍。

　　曹操眼中，如果袁绍都不算英雄，孙策自然也不是。所以，《三国演义》虽是小说家的杜撰，却也没有违背曹操的本意。

　　然而，正是这位"藉父之名"的孙策开创了江东基业，他一手创建的孙吴政权一直与曹操创建的曹魏政权对抗到最后，甚至比后者存续更久。

　　曹操和袁绍在官渡对峙的时候，孙策秣马厉兵，积极准备偷袭许都。这次大胆的行动虽然因为孙策本人被暗杀而搁浅，但也让曹操大大地捏了一把汗。

　　曹操着实看低了孙策。

不讲人情的有情人

讲到孙策，必须先讲孙坚。

初平元年（190年），袁绍起兵讨伐董卓。十一路诸侯，三十万大军，浩浩荡荡而来，却没打过一场像样的仗，也没占领一座像样的城池，甚至连洛阳的城墙都没看到。

和袁绍领导的诸侯联军截然不同的是，有一位诸侯是真心实意要打倒董卓。他独树一帜，过关斩将，从湖南打到河南，一直打进了洛阳城。

他就是孙坚。

董卓天不怕，地不怕，从来没有将关东诸侯放在眼里，听到孙坚已经到了河南，却立马推案而起，为之色变，警告手下众将在遇到孙坚的时候一定要小心，千万不可轻敌。

董卓和孙坚可以说是老熟人了。董卓想必不会忘记，中平三年（186年），司空张温奉诏讨伐边章、韩遂，召集众将开会，董卓姗姗来迟。孙坚当时是张温的参谋，立即建议张温杀了董卓。要知道董卓当时的身份已经是前将军，位列九卿之上。仅仅因为一次迟到，孙坚便建议张温杀了他，也真是够狠。更让董卓意绪难平的是，这个建议还成了孙坚升官的本钱！战后论功行赏，朝廷派来的几位评议官听说此事，无不拍腿叹息，直言张温当时应该听从孙坚的建议，趁机杀了董卓，为国家消灭一个祸害。孙坚因此被拜为议郎，不久又升任长沙太守。怎么着，他董卓这颗脑袋就是孙坚用来升官的筹码？没砍下来尚可当个议郎，真要是砍下来了，还不得当个公卿？

从这件事可以看出，孙坚这个人是敢作敢为的。一般人不敢想的事，孙坚敢想；一般人不敢做的事，孙坚敢做。他当了长沙太守，还是按照这个作风做官。当时天下已经大乱，湖南境内土匪横行。孙坚一上任，就迅速扑灭了悍匪区星的叛乱，而且多次出兵附近的零陵郡、桂阳郡，将那里的流寇一扫而光，直到"三郡肃然"才罢手。他甚至不远千里，跑到扬州的豫章郡去救援被盗贼围困的官军。中国人做官的原则是在其位谋其政，不在其位不谋其政。不管出于什么目的，"捞过界"都是官场大忌。郡吏们拿出朝廷律令提醒孙坚："二千石行不得出界，兵不得擅发。"意思是太守行使职权不能越过郡界，更不能擅自调动部队。孙坚毫不在意，说："所谓太守，就是要保一方平安，越界讨伐盗贼，保全邻郡百姓，都是分内之事，就算是因此被定罪，又何愧于天下？"

袁绍在河北起兵讨伐董卓，孙坚没有加入袁绍的联盟，而是独自领兵从湖南北上。长沙郡隶属于荆州。荆州刺史王睿响应袁绍的号召，正准备起兵。王睿是个文人，历来不太看得起孙坚这个武夫，言辞之间，多有轻视。孙坚带兵经过刺史驻地江陵，随便找个借口，将王睿杀了。

到了南阳郡的郡治宛城，孙坚给南阳太守张咨发了一份公函，要求提供军粮。张咨认为孙坚不过是邻郡的同级别官员，无权给他下命令，置之不理。孙坚将张咨骗至营中，以延误军机为名，又将张咨杀了。从此，南阳"郡中震栗"，孙坚想要什么就给什么，没人敢说个"不"字。

即便是乱世，擅自斩杀刺史、太守一级的朝廷命官，也算是胆大妄为了。话又说回来，在孙坚眼中，即便是前将军也可以随意处死，刺史、太守又算得了什么呢？什么显规则、潜规则、人情世故、官场之道，在孙坚这里统统行不通。孙坚认准的事情，眼前就没有障碍，逢佛杀佛，逢祖杀祖。

当时袁术亦屯兵南阳郡，将大本营设在鲁阳，看到这种形势，他决定和孙坚合作。双方达成交易：孙坚将南阳的地盘交给袁术，表奏袁术为南阳太守；袁术则表奏孙坚为破虏将军，领豫州刺史，并为孙坚继续北上提供后勤保障。傻子都看得出，袁术占了大便宜。可这就是孙坚。他的目标是打败董卓，别无他念，绝不计较一城一地的得失。

董卓得知孙坚北上的消息，命胡轸为大督，吕布为骑督，统率大军去迎战，被打得大败而逃。董卓的悍将华雄也在这一战中丧命。《三国演义》中温酒斩华雄、三英战吕布的故事，全部脱胎于孙坚的战绩。事实上，刘备、关羽、张飞三兄弟，根本没有参加讨伐董卓的战争——此时的他们正在公孙瓒手下效力，倒是与以袁绍为盟主的关东诸侯联军处于敌对状态呢！

《三国演义》又写，孙坚数败董卓军后，袁术听信谗言，害怕孙坚功劳过大，断了孙坚的军粮，这倒是史实。孙坚远离根据地湖南，跑到河南来打仗，后勤全靠袁术供应。他没想到袁术会来这么一手，连夜赶到袁术大营，当面斥责袁术："董卓杀了你们袁家多少人，却不曾杀我孙家一口。我讨伐董卓，于公是为国家，于私是为你们袁家报仇。你既不出兵又不出粮，是想亲痛仇快么？"袁术的人品出了名的卑劣，面对孙坚的指责，竟然脸红起来，当场承认错误，下令输送军粮。

孙坚得到足够的后勤供应，打起仗来就更疯了。董卓招架不住，派部将李傕来到孙坚大营，请求和谈。他提出和孙坚结为儿女亲家，而且请孙坚开一张子弟清单，好推荐他们担任刺史、郡守。这恐怕是董卓有生以来第一次求人，开的价码还不低。如果是一般人，难免怦然心动，但是对于孙坚来说，再大的人情也是白搭。他以极其强硬的态度将李傕赶走，又和董卓打了几仗，将部队开进了洛阳（朝廷已经被董卓迁往长安）。

这个时候的洛阳已经被董卓放火烧过。孙坚进城，看到的是断壁残垣，惨不忍睹。这位向来不讲人情的硬汉竟然动了感情，"惆怅流涕"，命人打扫宗庙，举办祭祀，又将董卓盗过的墓葬全部填封，加以修缮。在此期间，发生了一件莫须有的事。

《三国志》注引韦昭《吴书》记载："坚军城南甄官井上，旦有五色气，举军惊怪，莫有敢汲。坚令人入井，探得汉传国玺，文曰'受命于天，既寿永昌'，方圜四寸，上纽交五龙，上一角缺。"

《三国演义》也写道，孙坚在洛阳的一口枯井中，找到了失落的传国玉玺。

传国玉玺原本为秦始皇所有，以和氏之璧打磨而成，代表皇帝统治天下的无上权力。汉朝取代秦朝，传国玉玺便又成为汉朝皇帝的信物，代代相传。中平六年（189年），张让劫持汉少帝和陈留王出逃，仓皇之间，将传国玉玺投入井中，从此不见天日。

就像武侠小说中摄人心魂的屠龙宝刀一样，谁能得到传国玉玺，谁就获得了号令天下的权力，但与此同时，也将成为众人追杀和暗算的对象。是福是祸，取决于持有者的实力与威望——有德有力者持有，如虎添翼，天下无敌；无德无力者持有，则是怀璧有罪，惹祸上身。

一块石头有这么大的魔力，完全是人心作祟。至于孙坚是否真的找到传国玉玺，并且将其私藏带回，倒是裴松之说得在理：汉末诸侯兴兵举义，孙坚最为忠烈，怎么可能怀有这种小人心思，私藏玉玺？

退一万步说，藏了玉玺又有什么用呢？屠龙宝刀好歹还能砍人，传国玉玺除了给自己带来麻烦，还能有什么其他用途？

然而，孙坚攻下洛阳后，没有继续进击长安，反倒是收兵南下，又回到了南阳，此举难免令人怀疑——他如果不是拿到了宝贝，为什么会一改初衷，不再追着董卓不放呢？

个中缘由，前面已经说过：袁绍担心孙坚杀到长安，救出汉献帝，派了一个叫周昂的人来当豫州刺史，骚扰孙坚的后方，断绝孙坚的粮道。孙坚倒不见得有多在乎豫州刺史这个职务。可是他要打董卓，必须要有豫州的兵源和后勤支持。袁绍此举，相当于在孙坚背上插了一刀。孙坚愤然回师，和周昂打了几仗。周昂岂是他的对手？屡战失利，只得逃走。豫州是保住了，但是孙坚已经心灰意懒。

此后，孙坚驻军鲁阳，董卓则派原北军中候刘表前往荆州，接替被孙坚杀死的王睿，当了荆州刺史。

东汉的荆州，包含南阳、南郡、江夏、长沙、武陵、桂阳、零陵七郡。就地理位置而言，南阳地处河南，南郡、江夏地处湖北，长沙、武陵、桂阳、零陵则在湖南。

只要派人控制了荆州，孙坚的后路便被截断了。而孙坚名为豫州刺史，但在豫州的统治并不牢固，袁术也不会蠢到真让孙坚控制豫州。那样的话，孙坚和他的部队便变成了没有根据地的孤军，就算他再有本事，也掀不起风浪了。

董卓一生下了无数臭棋，用人一无是处，唯独用刘表为荆州刺史，堪称神来之笔。刘表不带任何人，单枪匹马穿越南阳，来到南郡的宜城，与荆州豪强蒯越、蔡瑁等人合谋，将各地宗族势力的头领十五人诱至宜城，全部杀掉，吞并了他们的队伍，再带着这支队伍去讨伐盗贼，很快控制了荆州的大部分地方，也包括湖南的四个郡。

孙坚老房失火，不得不带着部队离开豫州，南下荆州去讨伐刘表。他迅速击败刘表的部将黄祖，包围了襄阳。

襄阳是荆州的门户。襄阳若失，则荆州无险可守。以孙坚的威名，只要拿下襄阳，征服整个荆州几乎毫无悬念。可就在这个时候，孙坚犯了一个低级错误。

他单枪匹马跑到岘山去侦察敌情，遭到黄祖部众伏击，中箭身亡。

孙坚的遗产

孙坚有四个儿子：孙策、孙权、孙翊、孙匡。

孙坚阵亡的时候，孙策只有十七岁，眼前的家产除了父亲的"余烈"，几乎一无所有。

孙坚为什么会这么"穷"？

首先，他不是贪官，这一点不用多说。

其次，他不是世家子弟。《三国志》记载："孙坚字文台，吴郡富春人，盖孙武之后也。"十七岁那年，孙坚与父亲孙钟坐船到钱塘，正好遇到海贼胡玉等人抢劫了一大批财物，在岸上分赃。孙坚只身一人上岸，举着刀东指西指，摆出一副指挥士兵的样子。海贼们以为官兵杀到，赶紧扔下财物跑了。孙坚竟然还不过瘾，又追上去杀了一名海贼，将孙钟吓得不轻。这件事成为孙坚发迹的起点。地方官员看中了孙坚的胆识和谋略，征召他出来当官，负责维护治安。由此可知，孙坚是没有什么深厚的家庭背景的。没有钱还是小意思，更重要的是，他没有在这个乱世中求生存、谋发展的最宝贵资源——人脉。

第三，白手起家本来就不容易，偏偏孙坚又不通人情，不懂世故。以孙坚那种直来直往的性格，他又如何去结交官僚，笼络豪强，培植自己的势力？不把这些人都得罪完就不错了。

这便是孙策当时面临的困境。父亲死后，他两手空空，抓不住任何资源。这位十七岁的年轻人处于一生中最困难的时刻，他要照顾好母亲和几个未成年的弟弟，还要思考自己以后的路该怎么走——作为孙坚的儿子，他不甘于在这个乱世中默默无闻地过一辈子，他要找回父亲昔日的荣光，甚至要比父亲做得更好，更有成就，虽然在当时看来这并不现实，近乎妄想。

幸运的是，他并非彷徨无助。作为孙坚的儿子，他继承了父亲坚韧不拔的精神、不拘小节的性格和一往无前的作风。由此而形成的人格魅力，使得他虽然年纪轻轻，但也结识了不少朋友。其中最要好也是最重要的一位，便是周瑜。

庐江郡舒县的周氏是当地有名的世家大族。周瑜的叔祖父周景、周景的儿子周忠，都曾经当过朝廷的太尉。周瑜的父亲周异当过洛阳县令。周瑜的叔叔周尚是袁氏故吏，在袁术手下为官，颇受器重。

孙策和母亲、弟弟原本住在寿春，孙坚北上讨伐董卓的时候，周瑜便热情邀请他们搬到舒县去居住。

周瑜将自家最好的宅院让给了孙策一家，而且"升堂拜母"，以子侄之礼拜见孙策的母亲。这在当时是一种非常隆重的仪式，意味着周瑜从此将孙策的母亲视为自己的母亲，要对其尽孝道。二人之间的关系便不只是普通的好友，而是亲如兄弟了。

可以想象，在孙策最困难的时候，周瑜这位兄弟给了他多少安慰和帮助。

年轻人可以两手空空，但是不能没有自己的兄弟。

确切地说，孙策也不是一无所有，孙坚还是给他留了一笔遗产的。只不过这笔遗产目前不在孙策手上。

孙坚在襄阳战死的时候，留下了一支身经百战的部队。这支部队的构成可谓五湖四海。就其主要将领而言，程普来自幽州的右北平郡，黄盖来自荆州的零陵郡，韩当来自幽州的辽西郡，朱治来自扬州的丹阳郡，孙静则是孙坚的弟弟，来自扬州的吴郡。群龙无首之际，孙坚的侄子孙贲接过部队的指挥权，将他们带回河南，投靠了袁术。

袁术表奏孙贲为豫州刺史，接替了孙坚的官职。而孙坚的旧部则成了袁术的部众。

并非孙贲与袁术之间有什么见不得人的交易，而是在当时那种情况下，这支部队如果不投靠袁术，几乎没有生存的空间，只能沦为流寇。而袁术不但为他们提供了驻地和粮草，还允许他们保持了相对的独立性。

如果能将这支部队从袁术手里要回来，孙策在这个乱世之中，便有了干一番事业的本钱了。但是很显然，这是与虎谋皮。以袁术的心性，你跟他要一只鸡，他都不一定舍得给，何况是一支部队！可是，孙策别无选择。正如海子在诗歌里写的，"为了生存，你要流下屈辱的泪水"，为了光荣和梦想，孙策要去向袁术这个卑鄙小人低头，求袁术将原本属于他的东西还给他。

初平三年，孙坚的灵柩归葬吴郡的曲阿。

孙策办完父亲的丧事，带着母亲和三个弟弟暂住江都，见到了在此隐居的张纮。

张纮是广陵人，博学多才，朝廷多次征召他做官，都被他拒绝。但是对于年轻的孙策，张纮却是一见如故。孙策向他请求指点，表露了自己"东据吴会，报仇雪耻，为朝廷外藩"的理想；张纮则鼓励他"据长江，奋威德，诛除群秽，匡辅汉室"。两个人之间的谈话堪称江东版的"隆中对"，最终确定的方略是：

一、前往丹阳依附舅父吴景；

二、从袁术手里要回孙坚旧部，讨伐地方势力，占据江东；

三、讨伐刘表，报仇雪耻；

四、割据荆州、扬州，进而匡扶汉室，成就当年齐桓公、晋文公的霸业。换句话说，就是要一统天下，结束乱世。

吴景是吴夫人的亲弟弟，同时也是袁氏故吏，被袁术任命为丹阳太守。

孙策依附吴景，除了因为吴景是他的亲舅舅，还有一个重要原因：孙策虽然是孙坚的儿子，但是年纪轻轻，尚未有任何成就，贸然去找袁术的话，没准吃个闭门羹。通过吴景的关系，而且是以吴景的部下的身份去找袁术，袁术是不好将他拒之门外的。

另外，丹阳这个地方，从战略地位上，也值得孙策去了解，去经营。前面说过，丹阳是东汉的"精兵之地"，拥有优质的兵源。曹操讨伐董卓失败，重起炉灶，第一站便是到丹阳招兵。陶谦统治徐州，靠的也是丹阳兵。而且，丹阳"山出铜铁，自铸甲兵"，又是天然的武库。谁据有丹阳，谁就拥有了宝贵的战略资源。袁术派吴景到丹阳，正说明他对吴景的重视。

孙策行动如风，说干就干。他将母亲和弟弟交给张纮照顾，马上前往丹阳去投靠舅父吴景。

他在吴景手下工作了一年多，组建了一支数百人的武装。他带着这支部队去攻打丹阳当地的山越部落首领祖郎，互有胜负。确切地说，是负多胜少。败得最惨的一次，他差点儿被祖郎杀掉。

兴平元年（194年），孙策前往寿春，拜见了袁术。他以攻打山越、平定丹阳为名，向袁术提出要带走孙坚旧部。

可想而知，袁术拒绝了。

孙策在寿春住了一段时间。适逢朝廷派太傅马日磾安抚关东，行至寿春。马日磾见到孙策，大为惊叹，放下儒家名宿和朝廷大员的架子，对孙策以礼相待，并表奏朝廷，封孙策为怀义校尉。袁术的大将乔蕤、张勋也对孙策一见倾心，十分尊重。至于袁术本人，看到孙策那副生龙活虎、朝气蓬勃的样子，也忍不住感叹："假如我有一个孙策这样的儿子，就算死了又有什么可怨恨的！"

话虽如此，孙策毕竟不是袁术的儿子。袁术欣赏孙策，又忌惮他。这个年轻人现在不名一文，就受到如此的欢迎，假如将孙坚的旧部交给他，岂不是如虎添翼？袁术有识才之智，却无爱才之心，更无容人的雅量。他死死扣住孙坚旧部，不让孙策带走。为了安抚孙策，袁术许诺让孙策当九江太守，但转身又派丹阳人陈纪占了这个位置。他要孙策去讨伐庐江太守陆康，答应让孙策取而代之。等到孙策打败陆康，他却又让袁氏故吏刘勋去当了庐江太守。他出尔反尔，翻云覆雨，一直拖到了兴平元年（194年）冬天。

这一年，长安的朝廷委派了一个叫刘繇的人来当扬州刺史。

东汉的扬州包括九江、丹阳、庐江、会稽、吴郡、豫章六郡。扬州境内，长江自西南向东北流过，从地理上看，九江和庐江处于长江西北，其余四郡则处于长江东南。州治寿春，属于九江郡。

因为寿春已经被袁术占领，刘繇未敢与之争锋，便渡过长江，进驻吴郡的曲阿。此人竟然颇有作为，在江东不断扩张势力，一步步将吴景从丹阳排挤走，并派部将樊能、于麋、张英等人占领长江要津，摆出一副拒袁术于千里之外的架势。

对于袁术来说，如果丹阳落入刘繇之手，后果不堪设想。他赶紧任命袁氏故吏惠衢为扬州刺史，又给吴景一个督军中郎将的名号，并派孙贲担任丹阳都尉，联合进攻刘繇。但是，战争一直处于胶着状态，胜负难分。

不赶走刘繇，袁术就食不甘味，睡不安寝。

孙策抓住这个机会，向袁术提出要带领孙坚旧部去帮助吴景，打过长江，赶走刘繇。

这个要求，袁术很难拒绝。他思量再三，总算同意，但还是有所保留。最终交到孙策手上的部队不过一千余人，据后人推测，大概就是孙坚旧部的三分之一吧。

袁术想，孙策凭借这么一点人马，是很难战胜刘繇的，但是不妨让他去试一试，万一成功了呢？饶是如此，袁术又留了一手，委任周尚为丹阳太守，接替吴景。

袁术做此安排，自有其深意——既然给了孙策兵马，就不能再让吴景主政丹阳，否则，甥舅联手，一个在前冲锋陷阵，一个在后输送资源，谁还能控制他们？

老奸巨猾的袁术没想到，他千算万算，最终还是失算。

袁术的算盘打错了

袁术的失算之一：孙策的魅力之大，超出他的想象。《三国志》记载："（孙）策为人，美姿颜，好笑语，性阔达听受，善于用人，是以士民见者，莫不尽心，乐为致死。"人又年轻，长得又帅，喜欢说笑，性格阔达，听得进意见，最重要的是知人善用。但凡见到他的人，无不被他折服，为他赴汤蹈火也在所不辞。孙策带着一千多人马从寿春出发，一路上前来投军的人络绎不绝，到达吴景和孙贲驻军的历阳的时候，这支部队已经扩充至五六千人之多。

袁术的失算之二：周瑜和孙策的关系之"铁"，超出他的想象。孙策从寿春出发，给周瑜写了一封信。周瑜那时候已经在丹阳为周尚办事，接到孙策的信，周瑜立即带兵从丹阳出发，到历阳来与孙策会合。孙策大喜，说："吾得卿，谐也。"这句话包含了两种意思，一是得周瑜之助，何事不济？二是有周瑜坐镇丹阳，接下来的事情就好办了。

孙策和周瑜联手，所向无敌，先是攻占横江、当利；又渡江进攻秣陵，打败刘繇安插在那里的笮融、薛礼；接着又进军曲阿，打得刘繇连夜遁逃。

孙策到了江东，百姓都不叫他"孙将军"或者"孙校尉"（出征之前，袁术表奏孙策为折冲校尉，行殄寇将军），而是亲切地叫他"孙郎"。他也对得起百姓的喜爱，所到之处，军纪严明，秋毫无犯。

赶走刘繇后，孙策进驻曲阿，立即发布命令：但凡刘繇、笮融等人的旧部前来投降，一律不问究竟，想留下来就欢迎，不想留下来就欢送，绝不强求。仅仅十余日，便收得降兵两万余人，战马一千多匹。加上原来的部队，孙策的人马已经多至三四万人，"威震江东，形势转盛"。

在此期间，周瑜给孙策做的最大贡献，便是提供后勤保障。据《三国志》注引《江表传》，孙策平定江东后，论功行赏，给周瑜的赏赐最多，说："周公瑾英俊异才，与孤有总角之好，骨肉之分。前在丹杨（阳），发众及船粮以济大事，论德酬功，此未足以报也。"袁术命周尚为丹阳太守，本意是制约孙策，没想到孙策通过周瑜的关系，反而将丹阳变成了为他提供兵源、船只、粮草的基地。

后来，袁术终于发现自己干了件傻事，又派族弟袁胤来当丹阳太守，并将周尚、周瑜调回寿春。可那时候，孙策已经不是寄人篱下的毛头小伙了，他立即采取行动，命令表弟徐琨带兵将袁胤赶了回去，任命吴景当了丹阳太守。

袁术的失算之三：孙策的能量和野心，远远超出他想象。他同意孙策去江东，本来是给吴景当助手，目的是赶走刘繇，保住丹阳。但是孙策的目的显然不只是赶走刘繇。

"江东"这个词有广义的概念，也有狭义的概念。广义是指长江以南，荆州以西的地区，基本上也就是扬州的江南地界，不妨称为"大江东"。狭义则是指长江过了豫章郡之后，折向东北，直至出海，处于这段长江以东的吴郡、丹阳、会稽三郡，也就是今天的江苏南部和浙江一带，不妨称为"小江东"。

以丹阳为根据地，"东据吴（郡）会（稽）"，先平定"小江东"；再引兵向西，占领庐江、豫章，兼并"大江东"，正是江东版"隆中对"确定的战略目标。袁术未尝不想这么做，然而有心无力，只能望洋兴叹。他原本以为孙策对付刘繇都很勉强，没有想到孙策打刘繇有如奥特曼打小怪兽，只不过是牛刀小试；更没想到孙策打跑刘繇后，声势大盛，又连下会稽、吴郡，轻而易举地将"小江东"据为己有。

孙策比孙坚强的地方，在于他摸着了一些政治的门道。所谓政治，其实就是摆平关系。孙策之所以能够迅速征服"小江东"，除了军事上过硬，更重要是基本摆平了当地的世家大族的关系。

东汉的士族虽然在中央长期遭受外戚和宦官的打压，但在地方却具有绝对的影响力。他们诗书传家，学而优则仕，又凭借宗族、官场、师生、婚姻、同窗等错综复杂的关系，建立了一张无边无际的人情网。各州各郡，二千石以上的封疆大吏自然由朝廷任命；刺史、太守们的幕僚掾属，上至别驾功曹，下至文书小吏，则多为本地的世家子弟充任。封疆大吏来来去去，可谓"铁打的州郡，流水的长官"。本地的世家大族经过长达数十年乃至上百年的苦心经营，则是稳坐钓鱼台，风雨不惊。因此，奉旨而来的文官也罢，自立门户的军阀也罢，要想顺利地统治一个地方，必须先"搞掂"当地的世家大族。至于如何"搞掂"，无非是胡萝卜加大棒，也就是拉拢利用和征服打压两种手段。

吴郡和会稽自古民风强悍，加上山高皇帝远，世家大族的势力尤其强大。自汉朝直至南北朝，吴郡的顾、陆、朱、张四大家族和会稽的虞、魏、孔、谢四大家族，并为江南的顶级世家。在这些世家大族眼里，从孙坚这一辈才发迹的孙氏一族显然是不入流的。孙坚的父亲孙钟，年少的时候"种瓜为业"。孙坚本人虽然靠着自己的本事杀出一条血路，但毕竟不是士族子弟，也不曾饱读诗书，长期遭到士人轻视。但是，孙坚有一股子蛮劲，正如拿破仑所言："我承认我个子很矮，但如果你以此嘲笑我，我就砍掉你的脑袋，来缩短我们的差距。"孙坚是真敢杀人的。荆州刺史王睿看不起他，他眼睛都不眨就把王睿杀了。知道他这种作风的士人，既看不起他，又害怕他。不难想象，当孙策一路高歌猛进，受到普通百姓热烈欢迎的时候，这些盘踞江东多年的世家大族，骨子里也还是看不起他的。具体而言，吴郡和会稽的情况又有所不同。

孙坚和吴夫人都是吴郡人。孙坚死后，孙策又依靠舅父吴景在丹阳立足。乡里乡亲的，孙策和吴郡的世家大族总能扯上千丝万缕的联系，后者对这位性情豁达的孙郎，也及时表现出了应有的好感与善意。

会稽则没有这种交情。会稽的世家大族，对孙氏父子缺乏基本的了解，还是本着与生俱来的傲慢对待孙策这位后起之秀。关于这一点，可以从孙吴建国后两郡世家大族的政治地位对比看出来——吴郡四姓，"多出仕郡，郡吏常以千数"，顾雍、陆逊、朱桓、张温等人都是吴国历史上举足轻重的大臣；会稽四姓，只有虞翻曾一度受到孙策、孙权重视，后来也被流放，失意而死。

因为政治地位的落差，吴郡人长期看不起会稽人。《世说新语》记载，吴景帝孙休时，会稽人贺邵出任吴郡太守，吴郡"诸强族"竟然派人在他的家门上写上"会稽鸡，不能啼"几个字，以示蔑视。贺邵则针锋相对，又在旁边写上"不可啼，杀吴儿"几个字，并派人收集吴郡世家大族违法的证据，上报朝廷，逮捕了一大批人。这是后话，不展开来讲。

回到孙策"东据吴会"的年代，他要着重摆平的是会稽的世家大族的关系。因此，当吴景等人建议他先出兵吴郡的时候，他坚定不移地选择了南下会稽。

会稽太守王朗原本是陶谦的治中从事，朝廷封陶谦为徐州牧的时候，加封王朗为会稽太守。这位仁兄博学多才，当官也颇有一套，而且对老百姓较为仁慈，会稽在他的治理之下，以"富实"而闻名。因此，孙策"先会后吴"的战略，未尝没有经济上的考虑。

孙策带兵渡过浙江，王朗则在固陵迎战。孙策采用孙静的计谋，分兵袭击敌军后方，打得王朗溃不成军。王朗乘船逃往东冶，孙策乘胜追击。王朗走投无路，只得主动前来拜见孙策，也就是放下武器投降了。

如果落在孙坚手上，王朗估计是活不成。但是孙策没有杀王朗。据《三国志》记载，孙策见王朗谈吐儒雅，只是责备了几句，便释放了他。

王朗在曲阿住了一段时间，曹操派人来请他北上做官，他便去了许都，当过曹魏政权的九卿、三公一级的高官。《三国演义》中写他在祁山与诸葛亮对骂，被诸葛亮气死，纯属杜撰。

孙策释放王朗，并放任王朗去投靠曹操，自然是出于政治上的考虑。打败一任太守，攻占一郡土地，凭借武力就可以了。但是，如果要将这片土地变成自己的根据地，则必须收买人心。孙坚不懂这个道理，杀王睿，杀张咨，杀的时候痛快，也起到了震慑人心的作用，只不过等他一转身，刘表就轻而易举地占有了荆州，断了他的后路，这是惨痛的教训。孙策吸取了这个教训。杀掉王朗有什么用呢？王朗是名士，在会稽颇得民心，和世家大族的关系也不错，杀掉王朗只会招人厌恶。不如放他一条生路，让世人看到自己的气度与格局。

善待王朗的同时，孙策为了安抚会稽的世家大族，也颇费了一番心思。他亲自兼任会稽太守，以此体现他对会稽的重视。虞翻本是王朗的功曹，孙策还是让他当功曹，而且以交友之礼相待，亲自到虞翻府上拜访。据《三国志》注引《江表传》，孙策甚至对虞翻说过这样的话："今日之事，当与卿共之，勿谓孙策作郡吏相待也。"意思是，会稽的事就是你我的事，我可不是把你当作郡吏来对待的。这句话说得很有水平，有一种"共治共享"的意味，很容易让人产生共情。虞翻作为会稽世家大族的代表人物，听了想必很舒服。事实上，虞翻此后无论是对孙策也好，对孙权也好，都是尽心尽力、忠诚不二，这与孙策对他的态度有关。

虞翻之后，魏腾又接任功曹。虞、魏两家并列会稽四姓之首，孙策任用他们为主要属吏，用意可想而知。魏腾为人刚直，有一次没有顺着孙策的意思办事，孙策大光其火，想杀了他。当时无人敢劝，孙策的母亲吴夫人知道这件事，站在井边对孙策说："你刚刚立足江南，大事未成，应该礼贤下士，少批评他们的过错，多表彰他们的功劳。魏功曹办事尽职尽责，你今天杀了他，明天大家就会背叛你。我不忍心看你大祸临头，还是先投井自杀好了。"

魏腾忤逆孙策，从潜意识里来说，未尝没有小觑孙策之心。孙策想杀魏腾，大概也有杀鸡儆猴的意思。到底是吴夫人睿智，知道会稽人对孙策尚未服气，如果还是按照孙坚那一套来对付，前面的工作就等于白做了，是谓"小不忍则乱大谋"也。孙策听了老娘的意见，立马醒悟过来，释放了魏腾，并官复原职。

非为沽名学霸王

孙策比孙坚强，比孙坚会处理人际关系，是因为他有张昭、张纮、秦松等人为他出谋划策，而他也听得进这些人的意见。当他犯糊涂的时候，还有母亲吴夫人极力相劝，促使他冷静下来，理性思考问题。

但是，从另外一个方面讲，孙策毕竟是孙坚的儿子，他身上流着孙坚的血液。孙坚有的优点，他都有；孙坚有的毛病，他一样不落。

孙坚的毛病主要有两点：一是杀性太重，二是轻于冒险。

王睿轻慢无礼，张咨不配合工作，这些都不构成必杀之罪，孙坚却将他们都杀掉了。就算他们确有可杀之道，好歹也是朝廷的封疆大吏，随随便便就杀了他们，置朝廷于何地？孙坚起兵反董卓是因为董卓专权擅杀，他自己这种作风又与董卓何异？

再看孙策——

征服会稽之后，孙策进军吴郡。吴郡的世家大族是欢迎孙策的，但也有少数人不服。邹他、钱铜、王晟、严白虎等人，各自聚集数千上万人，割据城池，与孙策对抗。被孙策赶下台的吴郡太守许贡就寄身于严白虎军中，为其出谋划策。孙策分派手下将领，剿灭了邹他、钱铜、王晟三股势力，并将他们灭族，只有王晟一人捡回一条性命。而王晟之所以如此"幸运"，也还是因为吴夫人为他说情。原来王晟当过合浦太守，与孙坚是老熟人，而且熟到"升堂见妻"，两个人都把老婆叫出来相见，以示心无芥蒂。王晟被俘之后，吴夫人便对孙策说，这个人的儿子兄弟都被你杀了，只剩下他一个老头，还有什么可担心的？孙策这才放了王晟。

孙策亲自征讨严白虎。严白虎坚壁高垒，拒不出战，派弟弟严舆到孙策大营请求和谈。严舆是个勇士，杀过不少人。派这样一个人前来谈判，多少有点儿挑衅的意味。当严舆要求与孙策单独会面的时候，孙策答应了。

会谈间，孙策突然拔刀，斩向坐席。严舆本能地动了一下。孙策笑道："听说你身手敏捷，异于常人，所以跟你开个玩笑。"严舆说："我看到兵刃，就会有这样的反应。"孙策便知道严舆也就那点能耐了——真正有本事的人，泰山崩于前而色不变，于是他拿起身边的手戟掷过去，一下子杀死了严舆。

严白虎听到这个消息，大为惊恐。在战场上杀人，很多人能做到。但是，两个人面对面坐着，孙策轻而易举地杀了严舆这样一位勇士，这份气势让他不寒而栗。等到孙策发起进攻，严白虎斗志全无，很快溃败。

严白虎逃亡了一段时间，后来又主动出来投降。然而投降并没有什么意义，孙策还是将他杀掉了。

至于曾经寄身于严白虎军中的前任吴郡太守许贡，孙策倒是没有追究他的责任，任其在吴郡过着隐居的生活。不幸的是，他是个不甘寂寞的人。

许贡仍以吴郡太守的身份向朝廷上了一封奏折，宣称："孙策骁雄，与项籍相似，宜加贵宠，召还京邑。若被诏不得还，若放于外必作世患。"

意思是，孙策骁勇善战，桀骜不驯，和项羽相似。朝廷最好召他回许都，给他封个大官。如果任他在外发展，必为天下大患。

这封奏折被孙策的人截获。孙策将许贡召过来问话，许贡虽然百般争辩，但还是被绞死。

许贡如果真的写过这样一封奏折，可以说是咸吃萝卜淡操心。自打董卓之乱后，天下诸侯各据一方，早就不听朝廷号令。就算是曹操挟天子以令诸侯，也只是表面上获得一种合法性罢了，朝廷何曾有过将诸侯召到许都来做官的权力？谁又会傻到乖乖地听命于朝廷，放弃自己的地盘去当什么朝廷大员？

即便如此，许贡是不是非杀不可呢？显然也不是。他是朝廷任命的太守，自然有权向朝廷提建议，这是忠于职守的表现。孙策如果大方一点，放许贡一条生路，并不影响他在江东的统治，甚至还有助于提高他的声望。同样道理，严舆也没有必死之罪，他是来谈判的，两国交兵不斩来使，何必为了逞一时之勇、图一时之快就杀了他？

当然，政治斗争是残酷的。如果说孙策杀许贡，乃是政敌之间的残杀，虽然不是非杀不可，但也不是不可理喻的话——孙策杀高岱，明显就是由着自己的性子来了。

据《三国志》注引《吴录》，高岱是位名士，隐居会稽余姚。孙策命人去请高岱出山，又听说他善于《左传》，于是自己先预习，想跟他好好谈论一番。

有个人不知出于什么目的，对孙策说："高岱认为将军不过是英武而已，没有文学之才。如果跟您谈论的时候，他推说不知道，那就是我说对了。"又对高岱说："孙将军讨厌胜过自己的人，如果问你问题，你说不知道，那就合他意了。如果都答得上来，你就危险了。"高岱信以为真，和孙策会面的时候，孙策论及《左传》，他就说自己不知道。

孙策很恼火，以为高岱看不起自己，将他抓了起来。

从这件事来看，孙策和他父亲孙坚一样，是真的没文化。如果有文化，腹有诗书气自华，就不会觉得别人看不起自己。孙策或许吸取了孙坚的一些教训，对士人阶层采取了颇为宽松的政策。但是，由于与生俱来的底气不足，他在有文化的人面前，既自卑，又敏感。他想跟高岱谈论《左传》，获得高岱的承认，没想到高岱不搭理他，内心的自卑立马变成狂怒。更让孙策恼火的是，高岱在当地很有人气。听说高岱被捕，来为他求情的人，排满了数里长的巷道。

这些人不求情就罢了，一求情反倒是害了高岱，孙策立即杀掉了高岱。

孙策在江东杀人的事传到了北方。据《三国志》记载，建安五年，曹操和袁绍在官渡对峙，当时有传闻说孙策将要率军袭击许都，曹操的手下都很担心，唯有郭嘉不以为然。郭嘉说："（孙）策新并江东，所诛皆英豪雄杰，能得人死力者也。然策轻而无备，虽有百万之众，无异于独行中原也。若刺客伏起，一人之敌耳。以吾观之，必死于匹夫之手。"

郭嘉这句话有两层意思：第一，孙策兼并江东，杀的都是英雄豪杰，这些人都是"得人死力者"，也就是有人拼了命要为他们效力的。因此，孙策杀的人越多，积聚的仇恨就越多，潜在危险就越多，他的人身安全已经受到严重的威胁。第二，孙策"轻而无备"，即便手下有百万之众，说到底也不过是一介匹夫。如果有人想要杀孙策，是很容易的，一个刺客就可以办到。这里说到的，也就是孙坚遗传给孙策的第二个毛病——轻于冒险。

打起仗来，孙策总是一马当先，身先士卒。将士们在他的感召下，士气倍增，所向无敌。许贡说孙策与当年的西楚霸王项羽相似，是没错的。孙策因此而获得了一个"小霸王"的美誉，令敌人闻风丧胆。

然而，主帅毕竟是主帅，牵一发而动全身，如果为了一些无谓的小事而冒险，万一有个三长两短，损失就不可估量了。孙坚在襄阳遭黄祖狙击身亡，就是一个惨痛的教训。侦察敌情，又不是寻芳赏月，有必要一个人去么？孙坚死得太不值当！只不过这个教训，孙策并没有吸取。

此前进攻刘繇的时候，孙策曾经亲临前线侦察敌情，来到一个叫神亭的地方，遇到了同样是来侦察敌情的太史慈。好歹比他父亲谨慎一点，孙策当时还带了韩当、黄盖等十三名随从，而太史慈身边只有一名骑兵。

太史慈是青州东莱人，与刘繇是老乡。刘繇当了扬州刺史，太史慈便前来投靠，刘繇认为太史慈只是一介武夫，不肯委以重任，只让他干些敌情侦察的小事。太史慈看到孙策，也不顾自己势单力薄，立即冲上前去挑战。孙策喜欢的就是这种气势，也单枪匹马地来应战。两个人大呼酣战，势均力敌。孙策抢走了太史慈的手戟，太史慈扯下了孙策的头盔。直到两边的大部队到来，才各自罢手回去。

刘繇被孙策击败后，太史慈保护刘繇撤退。刘繇投靠了豫章太守华歆，太史慈却自称丹阳太守，在泾县坚持抗战。后来，孙策亲自进攻泾县，将太史慈俘虏。

孙策见到太史慈，立即为他解绑，说："还记得神亭一战吗？当时如果你俘虏了我，会怎么对待我？"

太史慈如实回答："那就不知道了。"

孙策大笑，说："那么从今天开始，我们就生死与共吧！"将太史慈带回吴郡，先是拜为门下督，后又授以兵权，拜为折冲中郎将。

刘繇最终死于豫章。刘繇死后，孙策命太史慈前去探望刘繇的儿子，同时安抚刘繇的余部。孙策的亲信都认为，太史慈这一去就不会回来了。孙策却很有信心地说："子义（太史慈字子义）如果舍弃了我，还能够投奔谁呢？"

果然，太史慈安顿好刘繇的儿子，将刘繇的余部一万多人带了回来。

孙策和太史慈的故事是典型的英雄惜英雄，读起来令人荡气回肠，无限神往。孙策的人格魅力由此可见一斑。然而，客观理性地分析，孙策之所以能够收服太史慈，运气好是一个重要的因素：假如在神亭一战中，孙策稍有闪失，后果不堪设想。打仗不可能不冒险。即便是做个普通人，也不可能总是四平八稳，完全不冒险的人生未免太无趣。可是，冒险须有冒险的价值，身为统帅的冒险更应慎之又慎，因为那不是一个人的事，而是关系到整个政权的安危。如果只是为了图个痛快就去冒险，他的好运气很快就会用尽。

风流总被雨打风吹去

孙策有他的毛病，但孙策有更多的优点。对于士人阶层来说，孙策时晴时雨，不可捉摸；对于敌人来说，孙策是"小霸王"，势不可当；对于普通百姓来说，孙策却是"孙郎"，亲切可爱。翻遍史料，孙坚和孙策父子虽然诛杀了不少官僚、名士和豪强，却从来没有屠杀百姓的记录，这一点比曹操要好多了。

孙策和袁术于建安二年（197年）春天，也就是袁术僭号的时候，彻底闹掰。孙策命张纮主笔，给袁术写了一封措辞严厉的信，劝其迷途知返，悬崖勒马。曹操控制下的许都朝廷对孙策的立场大加褒扬，立即给了孙策一个讨逆将军的名号，并封其为吴侯。

孙策与袁术决裂，一方面讲，是做政治上的明白人。袁术僭号这件事，无论从哪方面讲，都是站不住脚的。谁做这样的傻事，谁就是全民公敌，人人得而诛之。这是大是大非的问题，稍微有点脑子的人都会和袁术划清界限。

另一方面讲，则是借题发挥，趁机摆脱袁术的阴影。

孙策之所以能够白手起家，原本是和袁术有千丝万缕的联系的。他的父亲孙坚，算是袁术的同盟；他的舅父吴景，是袁术的部下；他的事业伙伴周瑜，以及周瑜的叔父周尚也是袁术的部下。世人也多认为，孙策实际上就是袁术的部下。

做人要讲情面。周瑜和孙策关系那么铁，袁术要调周瑜回寿春，他还得回去。他是看中袁术给他的官位吗？当然不是。袁术要封周瑜做将军，周瑜当场拒绝，只要求当个小小的居巢县令。他如果不听从袁术的调遣，当时就脱离袁术跟着孙策走，人们会认为他不厚道，周郎的形象会大打折扣，也会给周氏家族带来不好的影响。同样道理，孙策如果因为羽翼丰满就公开与袁术决裂，也会遭世人诟病，落得一个忘恩负义的骂名，孙郎的形象会大打折扣。袁术僭号，则正好给了孙策一个名正言顺与袁术决裂的机会。你想睡觉，马上有人送枕头，世上还有比这更惬意的事吗？

周瑜在居巢待了一段时间，于建安三年弃官不做，来到江东与孙策会合。孙策亲自出来迎接周瑜，授予建威中郎将的称号，配给部曲兵二千，马五十匹，以及相应的鼓吹仪仗。

建安四年，袁术病死。袁术手下的大将张勋与长史杨弘等人不愿意投降曹操，南下投靠孙策，被庐江太守刘勋半路"截胡"，人被杀了，钱粮被抢了。

孙策对刘勋早就恨之入骨。当年袁术以庐江太守为条件，骗孙策攻打陆康，事成之后，却封刘勋当了庐江太守，让孙策当了一回火中取栗的猫爪子。现在，刘勋又拦截了张勋，孙策便下定决心要消灭刘勋了。而且，庐江当时的郡治皖城正处于通往荆州的咽喉要道。孙策要想取得荆州，必先占领皖城。

孙策使了个计谋，诱骗刘勋去进攻上缭。刘勋前脚刚走，孙策和周瑜后脚就到，轻而易举地攻占了皖城。刘勋老房失火，进退两难，只好投奔了曹操。

正是在皖城，孙策和周瑜分别娶了大乔、小乔为妻。这一年，他们都是二十五岁，一个孙郎，一个周郎，风华正茂，雄姿英发，江山在手，美人在怀，一时传为佳话。

可谓春风得意马蹄疾。占领皖城后不久，孙策便向刘表占据的荆州发动了进攻，为此而封周瑜为中护军，领江夏太守。

所谓领江夏太守，是遥领，也就是还没有得到江夏，但是已经把江夏视为自己的领地了。除此之外，孙策还命程普领零陵太守，吕范领桂阳太守，也都是遥领。

孙策军溯江而上，打到黄祖屯兵的沙羡。仇人相见，分外眼红，孙策身先士卒，率领周瑜、程普、黄盖、韩当、吕范、孙权等人全力进攻黄祖，大获全胜。据《三国志》注引《吴录》，沙羡一战后，孙策给汉献帝上了一封奏折，以颇为夸张的语气描述了当时的战况："（臣等）身跨马枪陈，手击急鼓，以齐战势。吏士奋激，踊跃百倍，心精意果，各竞用命。越渡重堑，迅疾若飞。火放上风，兵激烟下，弓弩并发，流矢雨集，日加辰时，祖乃溃烂。锋刃所截，焱火所焚，前无生寇，惟祖迸走。"

战斗的结果，除黄祖遁逃外，刘表军被斩首两万余级，淹死一万余人，黄祖妻妾子女被俘者七人。还有大小战船六千余艘，以及堆积如山的粮草物资，成为孙策的战利品。

这时候，长江以南，荆州以东，也就是"大江东"的土地，吴郡、会稽、丹阳、庐江已归孙策所有，唯有豫章还在华歆手上。

孙策进军豫章，并不想使用武力。他派虞翻先进城去拜会华歆。虞翻一连问了华歆几个问题：您认为自己的名声比王朗大吗？您认为豫章的钱粮比会稽多吗？武器装备比会稽精良吗？军民的战斗力比会稽强吗？华歆都回答说不如。虞翻便劝他投降孙策。

其实根本不需要虞翻劝说，华歆压根儿就不想当什么烈士，他很爽快地说："我早就不想干这个太守了，孙会稽什么时候来，我就什么时候走。"第二天一早，华歆也不穿官服，只戴了一顶便帽，亲自出城迎接孙策。

孙策对待华歆，极尽礼节，甚至可以说过于谦卑了。据《三国志》注引胡冲《吴历》，孙策在豫章城外见了华歆，立即下拜，说："府君年德名望，远近所归；策年幼稚，宜修子弟之礼。"

这倒不是给华歆戴高帽子，华歆在当时确实声望颇高，与郑泰、荀攸等人齐名，当过孝廉，做过郎中，被大将军何进召去当过尚书，因为不肯依附董卓而辞官不做，后经太傅马日磾推荐当了豫章太守。孙策对华歆执弟子之礼，将他奉为上宾，收到的效果是显著的——"义士闻之，皆长叹息而心自服也"。

更有甚者，每次孙策大会群臣，满座人士，没有人敢先发言。直到华歆起身上厕所，众人才敢交头接耳。江南一带，给华歆取了一个外号，叫作"华独坐"。

孙策对华歆如此礼遇，自然是因为华歆爽快地将豫章交给了他。他是那种"人敬我一尺，我敬人一丈"的性格，把他的脾气摸顺了，很好打交道。

关于华歆的后来，有必要交代一下。孙策死后，孙权继续对华歆礼遇有加。后来，曹操以汉献帝的名义召华歆去做官，孙权不想放他走。华歆对孙权说："您留我在这里也没什么用，让我去许都，我就可以在曹公身边为您效力。"孙权便让他去了。华歆在曹操控制的朝廷中，先后当过议郎、尚书、侍中、尚书令。曹操征讨孙权时，任命华歆为军师。曹丕篡汉称帝，华歆主持仪式。华歆后来又当过魏国的御史大夫和相国。只能说，这是个聪明角色。

得到豫章后，孙策基本平定了江东。他自己兼任会稽太守，舅父吴景为丹阳太守，堂兄孙贲为豫章太守，孙坚的旧部朱治为吴郡太守，李术为庐江太守。豫章郡太大，又从中分出一个庐陵郡，让堂弟孙辅当了庐陵太守。这便是所谓的江东六郡，也就是后来孙吴建国的基本盘了。

面对孙策的飞速壮大，曹操不可能视而不见。据《三国志》注引《吴历》："曹公闻（孙）策平定江南，意甚难之，常呼'猘儿难与争锋也'。"

"猘"的字面意思是疯狗。曹操这样说，骨子里还是看不起孙策。他采取的对策是，将弟弟的女儿许配给孙策的弟弟孙匡，为儿子曹彰求娶孙贲的女儿，又下令新任扬州刺史严象保举孙权为茂才。

无事献殷勤，非奸即盗。曹操既看不起孙策，又讨好孙策，自有其不得已的原因——当时袁绍大军压境，战争一触即发。曹操不担心南阳的张绣、荆州的刘表、徐州的刘备、许都的董承，只担心孙策乘虚而入，北上进攻许都，端了他的老巢。

这种担心绝非多余。许昌和江东虽有千里之遥，然而孙策如果动用庞大的船队沿淮河流域西进，到达许都不是难事。要知道，早在春秋时期，吴国和晋国争霸，吴王夫差便已经开挖邗沟，连通了长江和淮河，将几万人马从江苏带到了河南。

事实上，孙策也正在做相关的准备。欲得天下，先定荆扬，是江东版"隆中对"的既定方略。但是，如果有机会突袭许都，将汉献帝抓在自己手上，修改一下战略也是可以的。他一边派人收集北方的情报，一边暂缓了对荆州的进攻，将部队撤回江东，整顿军马，积聚粮草。只等曹操和袁绍一开战，他就马上采取行动。

可就在这个时候，意外出现了。正如郭嘉所预料的，孙策"轻而无备"，在一次单独出城打猎的路上，遭到许贡的几位门客袭击，中箭身亡。

孙策之死和孙坚如出一辙。老子英雄儿好汉，却又栽在同一个坑里，莫非真是天意使然？

和孙坚不一样的是，孙策虽然"中道崩殂"，他留给后人的遗产却远比孙坚丰富，而且更为坚实。正如他对张昭等人交代后事所说的："中国方乱，夫以吴、越之众，三江之固，足以观成败。"他打下来的这片江山，就是后来东吴建国的基石。

年仅十八岁的孙权成为这笔丰厚遗产的继承人。

第八章

荆州的暗流涌动

官渡之战后，曹操基本平定了北方，成为当时地盘最大、人口最多、实力最强的军阀。

同时，曹操还控制了朝廷，挟天子以令诸侯，占领了道德高地。他要打谁，就是奉旨伐罪；谁要打他，就是反抗朝廷。他口称圣谕，手握大军，顾盼自雄，无人能及。

但也不是每一个人都服他。

江东的孙权，表面上拥护朝廷，实则坐拥吴越之众，固守三江之险，号称守成之主，不失称霸之志。

荆州的刘表，以仁德治世，广受百姓爱戴，拥有地方数千里，带甲十余万，实力不可小觑。

益州的刘璋，子承父业，据守巴蜀之地，山高皇帝远，自成体系，怡然自得。

除此之外，还有西北的马超、东北的公孙康、汉中的张鲁，也是曹操的肉中刺，眼中钉。

当然，还有那位号称汉室宗亲，改换了几次门庭，被曹操认为是自己之外唯一的英雄，却一直没有自己的地盘的左将军刘备刘皇叔。

一段郁闷的休闲时光

且说官渡之战前，刘备以联络刘表为名，告别袁绍，离开河北，前往荆州。

刘备有先见之明。如果继续留在袁绍身边，他很有可能不是战死，就是成为曹操的俘虏了。

刘备到了荆州，受到荆州牧刘表的热情欢迎。

刘表以上宾之礼对待刘备，给他增派人马，让他进驻新野。

按照东汉的行政区划，新野属于南阳郡，正在宛城以南、襄阳以北的中间地段。南阳的张绣已经投降了曹操，但是新野以南的地区还在刘表手上，所以新野成为荆州北面的门户。

说白了，刘表将刘备安置在新野，就是让刘备替他看守北大门，充当防御曹操进攻的第一道防线。这就好比大户人家请了一位拳师来护院，表面上客客气气，其实还是雇佣关系。

当然，刘表和刘备还有另外一层关系——两个人都是汉室宗亲，刘表的先祖为西汉鲁恭王刘余，刘备的先祖为西汉中山靖王刘胜，这两位王爷都是汉景帝的儿子。所以说，刘表和刘备四百年前真是一家。至于这种亲戚关系究竟有多亲，各位尽管去想象。

刘备在新野一待就是六七年。对于戎马半生的他来说，这是一段郁闷又难得的闲暇时光。

有一次，他和刘表吃饭，突然拍着大腿，潸然泪下。刘表问他何故，他说："我过去经常骑马，所以大腿上没有赘肉。在这里住了几年，什么都不用干，赘肉又回来了。"言辞之间，颇为哀怨。哀怨的是刘表将他一直晾在新野，也没有给他什么重要的事情做。

其实这也不能怪刘表。

自打官渡之战后，曹操的心思一直放在河北，忙于彻底消灭袁氏势力，巩固他的大后方，因此无暇南顾。曹操不来，刘备就无事可干，这是理所当然的事。护院拳师的使命是护院，总不能因为盗贼不来就向主人抱怨英雄无用武之地吧？

刘表治理荆州，主要是"文治"。他不爱折腾，也不想扩张地盘，更没有夺取天下的野心，只想耕好自己的一亩三分地。在这种小富即安的思想指导下，荆州这些年风调雨顺，"州"泰民安。刘表本人又是博学鸿儒，热衷于礼乐教化，他在荆州开立学官，博求儒士，派人修订儒家经典，将荆州建设成了乱世之中少有的王道乐土。可想而知，刘表对刘备这种在刀口上舐血为生的枭雄，其实并无好感，纯粹是想利用刘备的武力为他看家护院罢了。

刘备自有其吸引力，主要是对他的同类，也就是所谓的豪杰。刘表到荆州之前，这些豪杰各据一方，自立山头。刘表到荆州之后，采用蒯越、蔡瑁的计策，或讨伐或招降，将他们分化瓦解，转变成了顺民。现在，他们在刘备身上找到了精神寄托，主动前来投靠刘备的人越来越多，以至于引起了刘表的警觉。在这种情况下，刘表更不会重用刘备。他甚至怀疑刘备有异心，暗地里加以防备。

有一个著名的故事，见于《三国志》注引《世语》：

有一次，刘表请刘备到襄阳赴宴，蒯越、蔡瑁要乘机杀了刘备。刘备觉察到不对劲，假装上厕所，偷偷地跑出来。刘备骑的马叫作"的卢"，它飞奔出襄阳城，至城西的檀溪，人马俱陷入水中，怎么都出不来。眼看追兵将近，刘备急道："的卢，今天危险了，你要努力啊！"的卢听了，一跃而起，跳出溪涧，将刘备带离了险境。

这个故事荒诞不经，如果刘表有意杀刘备，刘备就算是一时脱险，岂能再在荆州立足？但是，从当时的实际情况来看，刘表有没有对刘备动过不好的念头？那就真是很难说了。

对于刘表来说，刘备的用途就是防御曹操。而从另一方面讲，刘表对曹操的态度，其实又颇为游移，让人难以捉摸。

当曹操和袁绍在官渡对峙的时候，袁绍曾经派人到荆州来求助。刘表答应了袁绍，但是又不出兵，同时也无意帮助曹操，只是想"保江汉间，观天下变"。从事中郎韩嵩、别驾刘先便对刘表说："现在两雄相持，胜负取决于您。您如果想有所作为，趁他们相持不下，就要下决心了。如果不想作为，也要选边站队。不然的话，您坐拥十万大军，这个也不帮，那个也不扶，两边都会怨恨您，想保持中立都难。"

这话说得在理。官渡之战的时候，刘表如果在曹操背后插上一刀，曹操就算有天大的本事，也在劫难逃。反过来说，刘表如果帮曹操，则袁绍必败无疑。改变天下的钥匙就抓在刘表手里，而他却左右观望，举棋不定。刘表的弱点就在于他太求稳了。他不明白，这个乱世的游戏规则是逆水行舟，不进则退。他想保有荆州，必须有所作为，而不是无为而治。

韩嵩等人分析官渡的形势，认为刘表如果保持中立，曹操必定打败袁绍，然后再举兵南侵，恐怕就难以抵挡了。既然如此，还不如早点归顺曹操，自己当个太平寓公，享享清福，子子孙孙都有保障。

蒯越也劝刘表主动投降曹操。刘表的反应是"狐疑"，其实就是有点动心了，但是又觉得不太对劲，于是派韩嵩前往许都，"以观虚实"。韩嵩回来后，大谈曹操如何好，劝刘表赶紧遣子入质，取得曹操的信任。刘表怀疑韩嵩被曹操收买，大怒，想杀掉韩嵩。后来拷问陪同韩嵩出使许都的人，确定韩嵩没有二心，才没有杀他，但仍然将其囚禁。

韩嵩确实没有二心，他只是站在刘表的立场，替刘表做一个逻辑分析题，进有进的逻辑（攻打曹操），退有退的逻辑（投降曹操），但是没有不进不退的逻辑（既不打，又不降）。无奈刘表听不懂。

刘表对曹操的态度也就决定了刘备在荆州的存在价值。关于这一点，恐怕刘备也是心知肚明的。他想有所表现，无奈刘表不给机会。建安十二年（207年），曹操北征乌丸。刘备建议刘表袭击许都，刘表不同意。当曹操回师许都，刘表却不无遗憾地对刘备说："不听您的话，所以失去了这么好的机会。"

刘备还能说什么？他只能安慰刘表："而今天下分裂，烽烟四起，机会总是有的。只要以后能够抓住机会，这次的事就不足为恨了。"

事实上，对于刘表来说，机会已经不存在了。曹操征服乌丸之后，基本平定了北方，兵强马壮，粮草充足，很快就要大举南下，入侵荆州了。

不求闻达于诸侯

刘备在荆州这些年，也不是什么事都没干。

众所周知，他三顾茅庐，请到了诸葛亮出山来当他的军师。

关于这件事，最原始的记录应当是诸葛亮后来写的《出师表》，其中有这么一段话："臣本布衣，躬耕于南阳，苟全性命于乱世，不求闻达于诸侯。先帝不以臣卑鄙，猥自枉屈，三顾臣于草庐之中，咨臣以当世之事，由是感激，遂许先帝以驱驰。"

这是诸葛亮的自述：他本来只是个平民百姓，在南阳耕田为生，没有想过追求荣华富贵，只想在这个乱世之中苟且生存。刘备慧眼识英雄，三次登门拜访，向他咨询天下大事，终于感动了他，于是答应为刘备服务。

前面说过，诸葛亮的祖上是有人当大官的。西汉元帝年间，诸葛丰为司隶校尉，以刚正不阿而闻名。诸葛家族在徐州琅邪郡世代为望族。但是在黄巾起义以及接踵而来的战乱中，这个家族衰落了。诸葛亮年少的时候，跟随叔父诸葛玄前往扬州豫章郡为官。建安二年前后，又因为战乱，来到相对比较平静的荆州避祸，并在此定居下来。不久之后，诸葛玄去世。一路颠沛流离，好不容易找到安身之所，此间种种艰辛自不待言，但是如果认为诸葛亮在荆州只是以耕田为生，与普通百姓无异，那就大错特错。

诸葛亮的两个姐姐，一个嫁给蒯氏家族的蒯祺，一个嫁给荆州名士庞德公之子庞山民。诸葛亮的岳父黄承彦也是荆州的名士；岳母蔡氏与刘表的夫人蔡氏是亲姐妹，与蔡瑁是亲姐弟。换句话说，诸葛亮与荆州牧刘表、荆州的名门望族蒯越、蔡瑁，以及荆州的名士庞德公、黄承彦都建立了姻亲关系。如果诸葛亮要做一番事业，前者有权，能够为他提供晋升的途径；后者有名，能够为他扩大社会影响，可谓优质资源叠加，绝非一般人可比。

东汉的士人好点评英才，提携后进。曹操年轻的时候，曾获李膺的儿子李瓒称许"天下英雄无过曹操"，又得太尉桥玄推重："今天下将乱，安生民者其在君乎！"曹操因此而声名鹊起，受到世人关注。甚至许劭说他是"清平之奸贼，乱世之英雄"，褒中带贬，也是加分的评价，有助于他提升人气，打通关系。否则，曹操身为宦官之后，要打进世家子弟的圈子，与袁绍等人称兄道弟，谈何容易！

诸葛亮在荆州，因聪明好学而受到庞德公的赞赏。"卧龙"之名（又称"伏龙"），即出自庞德公的金口。庞德公举贤不避亲，又给自己的侄儿庞统起了一个"凤雏"之名。卧龙凤雏，凑成一对，互提身价，成双叫卖，从广告学上讲，这是相当聪明的做法。又有一位水镜先生司马徽，利用自己在荆州的影响力，不遗余力地将卧龙凤雏推广出去，进一步提高了诸葛亮和庞统的知名度。

司马徽是颍川人，也是因为躲避战乱而来到荆州，以"人伦鉴识"而闻名，相当于荆州人才界的"百晓生"。将诸葛亮推荐给刘备的，正是这位仁兄。

据《三国志》注引《襄阳记》，刘备在新野的时候，去访问司马徽，向其请教世事。司马徽自贬身价，说他只不过是个儒生俗士，哪里懂什么时务？真正懂时务的人是卧龙、凤雏。由此道出诸葛亮和庞统两位大咖的存在。

又据《三国志》记载："时先主（刘备）屯新野。徐庶见先主，先主器之，谓先主曰：'诸葛孔明者，卧龙也，将军岂愿见之乎？'先主曰：'君与俱来。'庶曰：'此人可就见，不可屈致也。将军宜枉驾顾之。'"将诸葛亮推荐给刘备的，不是司马徽而是徐庶。

其实这并不矛盾，很有可能就像《三国演义》所写的，司马徽和徐庶两个人都向刘备推荐了诸葛亮，更加坚定了刘备去拜访诸葛亮的决心。

真正的问题在于，诸葛亮既然有经天纬地之才，又得到那么多人的推崇，还有裙带关系通往荆州的顶层，为什么一直得不到重用，以至于要"躬耕于南阳"呢？

这个问题诸葛亮自己给了回答："苟全性命于乱世，不求闻达于诸侯。"也就是说他并没有做大事的欲望，只想"躺平"过一辈子。刘备来请他出山，也是"三顾臣于草庐之中"，他被刘备的诚意所感动才答应下来。

事实究竟是不是这样？

据《三国志》注引《魏略》，建安初年，诸葛亮、徐庶、石韬、孟建四人就通过游学相识，并且建立了深厚的友谊。四个穷学生在一起喝酒吹牛，诸葛亮抱膝长啸，说："你们三个人如果当官，可以当到刺史、郡守。"三个人反问诸葛亮能做到多大的官，诸葛亮笑而不答。

刺史、郡守是封疆大吏，官已经不小了。诸葛亮之所以笑而不答，是因为他有更大的志向，"自比于管仲、乐毅"。管仲是春秋时期的人物，辅佐齐桓公尊王攘夷，称霸天下；乐毅是战国时期的人物，辅佐燕昭公振兴燕国，统帅五国联军攻打齐国，连下七十余城，险些将齐国灭亡。若以汉朝的官职而论，管仲、乐毅乃是相国一级的权臣，岂是封疆大吏能够比拟的？

由此看来，诸葛亮并非不想做事，而是很想做事。那么，他在荆州躬耕了十年，是不是看不上刘表，不想为刘表做事呢？当然存在这种可能性。刘表这个人，毛病是相当明显的。正如贾诩所说，若在太平年代，刘表倒是个三公之才；身处乱世之中，刘表既无长远的战略眼光，又无临机决断的魄力，不可能有太大的作为。就算曹操不来吞并他，早晚也会被孙权吃掉。以诸葛亮的智慧，至少不会挖空心思往刘表的幕府中钻。

反过来说，史料上找不到任何刘表请诸葛亮出山，或者有人向刘表推荐诸葛亮的记录。这就说明，刘表也看不上诸葛亮。

事实上，倒是曾经有人向刘表推荐司马徽，说这个老头儿是位奇士，只是没遇到明主，所以才隐居乡下。刘表于是接见司马徽，交谈之后便给司马徽下了一个结论："世间人为妄语，此直小书生耳。"完全不把他当一回事。

刘表有资格看不起司马徽。早在党锢之祸时期，刘表就已经名满天下，被列为"八顾"之一。若以学问而论，他至少可以排到前十名；以江湖地位而论，他更是甩司马徽好几条街。而且，他这个"八顾"是天下士人公认的，是国家级的荣誉。在他面前，"水镜"又算什么？只不过是荆州当地一帮士人标新立异搞出来的名堂，充其量是个地方级的评定嘛！而这个"水镜"竟然不知天高地厚，自己又搞了一套人才评价体系，说这个是卧龙，那个是凤雏，听起来比"三君""八俊""八顾"还牛，这不是让刘表这位老牌名士笑掉大牙么？

不难想象，刘表既然看不起司马徽，连带被司马徽推崇的诸葛亮、庞统等人也都入不了他的法眼，即便他们多少和他有些沾亲带故的关系。再说，那时候的诸葛亮也太年轻，用沈伯俊先生的话来说，是个一无学历、二无论著、三无战功、四无从政经验的"四无"青年（大意如此，并非原话，详见沈伯俊先生《高风亮节，百代楷模——论诸葛亮的人格魅力》），就算蔡夫人曾经推荐过这位外甥女婿，刘表也不一定重视。

事实证明刘表看走了眼。抛开诸葛亮本人不说，诸葛亮的那三位至交好友，后来都在曹操手下当了大官：石韬当过太守、典农校尉；徐庶做到右中郎将、御史中丞；孟建则做到了凉州刺史、征东将军，基本和诸葛亮预测的差不多。这就说明，他们都是很有能耐的。当他们蛰居荆州的时候，刘表却没有发现他们，将他们招揽到自己麾下，是他作为一方诸侯严重失职之处。

正是因为刘表既无济世之才，又无识人之明，才给了刘备一个"捡到宝"的机会。

遂许先帝以驱驰

刘表看不上诸葛亮，那刘备是不是像《三国演义》里说的，一听到诸葛亮的名字就无限神往，必欲得之而后快呢？

显然也不是。

想想看，刘备第一次见到诸葛亮，已经是建安十二年（207年）。当时刘备已有五十六岁，戎马半生，先后与袁绍、曹操、吕布、袁术等人交过手，也当过徐州牧、豫州刺史、左将军，虽然寄人篱下，但仍不失枭雄的威风，广受荆州地方豪杰的爱戴。而诸葛亮呢，只有二十六岁，虽有卧龙之称，却未立寸言，未建寸功，只能说是空有其名。就算是司马徽和徐庶推荐过他，刘备也不一定当一回事。

《三国志》注引《魏略》有这样一段记载：

刘备屯兵于樊城，当时曹操刚刚平定河北，诸葛亮知道荆州马上就要面临战争，于是主动去见刘备。刘备跟诸葛亮没打过交道，又看他年轻，便将他当作普通的书生来对待。等到接见完毕，众人都退去，只有诸葛亮留下来，刘备也不搭理他，自己拿起一根牦牛尾巴，编结牛尾上的牛毛自娱。诸葛亮忍不住，说："将军有没有别的志向，还是这样编结牛毛就满足了？"刘备这才觉得诸葛亮不是一般人，将牛尾扔到一边，说："这是什么话？我只不过是聊以解闷罢了。"两个人的交流由此开始，很快转到正题，而且越谈越深。刘备"由此知亮有英略，乃以上客礼之"。

按照《魏略》记载，不是刘备去找诸葛亮，而是诸葛亮自己上门，主动推销。这种说法早被裴松之否定，理由是诸葛亮在《出师表》中写"先帝不以臣卑鄙，猥自枉屈，三顾臣于草庐之中"，分明是刘备主动上门拜访诸葛亮。如果没有事实为依据，诸葛亮不敢这么写。但是，从诸葛亮写《出师表》的时间上来讲，那时候刘备、关羽、张飞都已经去世，死无对证。再说，三顾茅庐，也有可能是两个人认识之后，刘备主动去找诸葛亮喝酒聊天。几种文献资料的记录之间，并不存在非黑即白的矛盾。

我倾向于认为，刘备在荆州的时候，有人给刘备介绍过诸葛亮，一开始刘备并不是很在意；后来诸葛亮主动上门，两个人有了第一次交流，刘备是个识货的人，立马认识到诸葛亮的价值，而诸葛亮也看到了刘备的志向和为人；再后来刘备又去拜访诸葛亮，一来二往，诸葛亮终于出山，成为刘备的军师。

刘表忽视诸葛亮而刘备重视诸葛亮，诸葛亮看不上刘表而看得上刘备，有其必然性。

自两汉以降，中国的知识分子只要是想做官，不管是以举孝廉、举茂才还是以科举考试作为晋升通道，都必须熟读儒家的经典著作。在读经的过程中，他们又丰富了经典的内涵，涌现了一批经学大师。东汉末年的名士，"三君""八俊""八顾"之流，个个都是学富五车、才高八斗，在经学上有很高的造诣。刘表名列"八顾"，绝非浪得虚名，他在荆州"开立学官，博求儒士，使綦毋闿、宋忠等撰五经章句"，做的是"为往圣继绝学"的大事，在当时传为美谈。

然而，理论是理论，实践又是另外一回事。精通儒家经典，学问高深莫测，并不代表能够经世致用，治国平天下；于是有的士人开始反思，将研究的重点放在实践上，强调理论与实践相结合，甚至是弱化理论而强化实用功能，由此而形成了儒家的"理论派"和"实践派"的区别。不消说，前者是看不起后者的，后者也是看不上前者的。而诸葛亮显然是"实践派"的人物。沈伯俊先生说他无学历、无著作，总结得很到位。乱世之中，天下滔滔，躲在书斋里皓首穷经、著书立说，除了证明"百无一用是书生"，还能有什么其他意义呢？所以，诸葛亮这位"四无"青年与经学大师刘表相看两厌，正在情理之中。

反观刘备，他虽然也曾经跟随卢植读经，却从来没有纸上谈兵，而是骑马仗剑，闯荡疆场，在刀口上舔血为生。《三国志》明确写道，刘备"不甚乐读书，喜狗马、音乐、美衣服"。从气质上讲，刘备和刘表是格格不入的。刘表不肯重用刘备，"三观不一致"也是一个重要的原因。但是，刘备的这种性格特征是否就与诸葛亮契合呢？答案是肯定的。这倒不是说诸葛亮也不爱读书，也爱声色犬马，而是刘备身上那种敢想敢做、敢闯敢拼的精神，正合诸葛亮的胃口。

《三国志》记载，诸葛亮躬耕于南阳的时候，"好为梁父吟"。《梁父吟》是汉朝的一首乐府诗，全文如下：

> 步出齐城门，遥望荡阴里。
> 里中有三墓，累累正相似。
> 问是谁家墓，田疆古冶子。
> 力能排南山，文能绝地纪。
> 一朝被谗言，二桃杀三士。
> 谁能为此谋，国相齐晏子。

"二桃杀三士"是《晏子春秋》记载的一个故事：春秋时期，齐国有三位勇士，他们英勇无敌，曾经立下赫赫战功；但是又目无尊长，不守规矩。相国晏子认为他们扰乱了朝政，于是想了一个计谋来除掉他们。有一天，晏子以齐王的名义给他们送去两个桃子，要他们互比功劳，按功劳的大小来享用齐王的赏赐。人有三位，桃子却只有两个，当然是不太好分的，但既然是国君赏赐的桃子，而且说明是按功劳分桃，假如不去争，就等于承认自己无勇，对于武士来说，这是莫大的耻辱。于是三位勇士各自讲述了自己的功劳，因无法达成谁应分得桃子的共识，都认为自己受辱而先后拔剑自杀。

中国历史上，晏子以机智而闻名。然而，"二桃杀三士"这件事多少让人感到困惑，甚至是寒心：这三位勇士，分明是血性男儿啊！他们用自杀的方式，捍卫了自己的尊严，阐释了什么叫"士可杀不可辱"。以此来看，诸葛亮"好为梁父吟"是有深意的。东汉王朝的流弊在于国家大权长期把持在宦官与外戚手中，士人阶层惨遭打压，士人的精神逐渐没落。黄巾起义后，大将军何进和宦官十常侍火并，以袁绍为代表的士人阶层本来有望重登政治舞台，把控大局，但是又自作聪明，引狼入室，导致董卓专权，天下大乱。士人们从此转变为军阀，互相争斗，你攻我伐；百姓被席卷其中，水深火热，民不聊生。试想，士人如果都像公孙接、田开疆、古冶子那样有血性，怎么会屈从于外戚、宦官那么多年？士人如果都像他们三位那样自我克制，知耻而勇，又怎么会不顾百姓死活，打得头破血流？正是因为士人堕落，一度强盛的东汉王朝才分崩离析，走向衰亡。

由此也不难理解，诸葛亮为什么看得上刘备：他不会坐而论道，只会起而行动；他多次惨遭失败，却始终保留了热情；他曾被曹操、袁绍奉为座上客，却不甘于被"豢养"，拼命挣脱囚笼。

这就是士人的血性，是刘备吸引诸葛亮以及众多豪杰的最宝贵的精神力量。相比之下，刘表真是冢中枯骨，生气全无。而且，建安十二年（207年），刘表也确实走到了人生的尽头。

人算不如天算

刘备和诸葛亮见面后，有了著名的"隆中对"，即诸葛亮对刘备集团未来发展的总体战略规划，也可以说是诸葛亮应聘刘备军师递交的申论答题，其要旨如下：

一、曹操已拥百万之众，挟天子而令诸侯，是刘备的敌人，但是不可与之争锋；孙权据有江东，国险而民附，贤能为之用，可与之结盟而不可为敌；

二、荆州地广人多，四通八达，物产丰饶，刘表却守不住这片土地，乃是老天赐给刘备的礼物；

三、益州天府之国，沃野千里，刘璋却软弱无能，刘备占有荆州之后，再想办法占有益州，以荆州和益州为根据地，外结孙权，内修国政，三分天下有其一，至少生存就不成问题了；

四、如果时机到来，则派一名上将带领荆州之众北伐，直取中原；刘备带领益州之众出秦川，取关中，那就"霸业可成，汉室可兴"了。

"隆中对"的核心其实只有四个字：跨有荆益。也就是要从刘表手里抢到荆州，从刘璋手里抢到益州。当然，以刘备的实力，这个"抢"还不能是靠武力，而是用阴谋诡计，巧取豪夺。

刘表、刘璋都是刘氏宗亲，名义上也是刘备的亲戚。四百年前是一家，四百年后占你家。在看过河北版、江东版的"隆中对"之后，再来看正版的"隆中对"，我们对于刘备的厚道，想必有了更深一层的了解。

这里先说刘表。

诸葛亮凭什么认为荆州可以夺取呢？

凭的是他对人情的洞察。

刘表有两个儿子。长子刘琦，长得跟刘表很像，曾经很受刘表喜爱。次子刘琮，与刘琦也许为一母所生，也许为同父异母，史上并无明确记载。

刘表的原配夫人死得早，到了荆州之后，他又娶了蔡瑁的姐姐蔡夫人，而且相当宠爱她。

刘琮则娶了蔡夫人的侄女为妻。因为这层关系，蔡夫人肯定是关照刘琮的，并在刘表面前多次说刘琦的坏话。刘表爱屋及乌，又耳根软，渐渐地改变了对刘琦的态度，甚至打算废长立幼，想让刘琮成为自己的继承人。

刘琦自然不甘心，想方设法要保住自己的位置。荆州的文武官员也有各自的立场，有的支持刘琦，有的支持刘琮，形成了水火不容的两派。

只要刘表一死，这两派就会火并，荆州就会分裂——正是基于这一判断，诸葛亮认为可以趁火打劫，将荆州据为刘备所有。因此，诸葛亮投奔刘备不久，便巧妙地介入了刘氏兄弟的政治斗争。

据《三国志》记载，建安十三年，刘琦因为遭到蔡夫人的诬陷，压力非常大。他听说诸葛亮是个聪明人，便向诸葛亮请教"自安之术"。诸葛亮欲擒故纵，一开始不肯回答。后来刘琦请诸葛亮赴宴，两个人上了高楼之后，下面的人抽去了楼梯。刘琦对诸葛亮说："这里上不着天，下不着地，只有你我二人，你说我听，如何？"诸葛亮这才说了一句："君不见申生在内而危，重耳在外而安乎？"

申生是春秋时期晋献公的太子，重耳是申生的同父异母弟弟。晋献公宠爱骊姬，想立骊姬的儿子为太子。骊姬亦与朝中几位大臣勾结，在晋献公面前说申生和其他几位公子的坏话。当时有人劝申生主动让位，申生不听，结果被骊姬害死。而重耳流亡国外，过了很多年又杀回来，成为晋国的国君，也就是春秋五霸之一的晋文公。

诸葛亮的意思是，要刘琦学重耳，先避蔡夫人锋芒，离开襄阳，找机会再杀一个回马枪。

刘琦听懂了。正好孙权进攻荆州，杀了时任江夏太守的黄祖，为他老爹孙坚报了一箭之仇。刘琦趁机向刘表提出申请，取代黄祖出任了江夏太守。

站在刘琦个人的角度，这个做法倒也没错。可是，如果站在刘表政权的角度，诸葛亮给刘琦出这个主意，可以说是没安好心的。

刘琦如果不离开刘表，很有可能成为政治斗争的牺牲品。刘琮上台后，即便不杀他，也会将他监控起来，不让他有翻盘的机会。然而，对于荆州政局的稳定来说，这种情况是有利的。

刘琦这一走，他本人倒是暂时安全了，荆州却是事实上分裂了。诸葛亮的如意算盘是，等到刘表一死，刘备就利用刘琦来对付刘琮，从中浑水摸鱼，趁机控制荆州。

但是，人算不如天算。曹操没有给他这个时间，刘表也没有给他这个时间，刘琮更没给他这个时间。

就在刘琦出任江夏太守不久，曹操亲自率领大军，南下征讨荆州。

偏偏在这个时候，刘表病死了。

刘表病重的时候，刘琦曾经从江夏赶回探望。蔡瑁等人害怕他们父子相见，刘表一时感动将后事托付给刘琦，于是假传"圣旨"，只让刘琦在刘表的病房外拜见。刘琦也没办法，只能痛哭流涕而去。

刘表死后，蒯越、蔡瑁马上拥立刘琮为荆州牧，又劝他投降曹操。刘琮不愿意，认为凭借荆州之众，完全可以抗衡曹操，如果不战而降，对不起父亲将这么大好的一片江山交给他。时任东曹掾的傅巽便问了他一个问题：

"您自认为比得过刘备吗？"

刘琮老实说："我不如他。"

傅巽说："既然刘备都打不过曹操，就算您拥有荆楚之地，也难以自存。如果刘备能够打败曹操，那他就不会甘居您之下了。"

傅巽的话多少有点吓唬刘琮的意思，但是说到了点子上：刘琮当时最大的敌人，不在于曹操，而在于刘备。投降曹操，犹不失封侯；被刘备吞并，肯定没有好日子过。

曹操大军还没到，刘琮就派使者向曹操请降。

这样一来，刘备的处境就尴尬了。当时他驻军樊城，情报工作做得不太好，直到曹操亲率大军抵达宛城，他才得到确切的消息，赶紧拉起队伍向南逃跑。《三国演义》中写到的"博望坡军师初用兵""诸葛亮火烧新野"，统统没有发生过，有的只是刘备望风而逃，唯恐被曹操追上。当然，这也不能怪刘备，在刘琮已经投降的情况下，他再做任何抵抗都是徒劳的。

《三国志》注引孔衍《汉魏春秋》，将这一件事写得更为生动：

刘琮向曹操乞求投降，不敢告诉刘备。刘备一开始不知情，过了些日子才听到风声，派亲信去质问刘琮。刘琮这才不得不派宋忠到樊城来宣告投降之事，而曹操已经到了宛城。刘备大惊，对宋忠说："你们这些人这样做事，不早告诉我，大祸临头才说，难道不是太过分了吗！"拔刀指向宋忠，"今天砍下你的头，不足以解恨，只不过是身为大丈夫，羞于临别还杀你等鼠辈！"

对于这一变故，最为懊恼的莫过于诸葛亮。"隆中对"的关键一步就是要鸠占鹊巢，据有荆州。现在鹊巢没占到，老鹰却来了，教他如何不恼火？

刘备狂奔南下，经过襄阳的时候，诸葛亮竟然头脑发热，建议他进攻刘琮，以为"荆州可有"。刘备托以"吾不忍也"，没有接受这个建议。只是驻马襄阳城下，呼叫刘琮相见。刘琮"惧不能起"，他的手下倒是有不少人对投降曹操感到羞愧，当时就出城投靠了刘备。

　　刘备当然不是不忍心占领襄阳，而是保持了理智。曹操大军就在屁股后面日夜追赶，多耽搁一刻就多一分危险，这个时候去进攻襄阳，岂不是自找麻烦？襄阳是那么好攻占的吗？就算攻占了，也不过是一座孤城，很快会被曹操大军淹没，奢谈什么"荆州可有"？

　　《三国演义》写得诸葛亮神乎其神，仿佛可以呼风唤雨，撒豆成兵，无所不能。然而，无论罗贯中多善于讲故事，都不能掩盖一个事实：即使有了诸葛亮，刘备也不能以少胜多，抵挡曹操的锋芒，依然被曹操从樊城一路追到了当阳。

　　不能否认的是，刘备确实具有亲和力。他一路逃跑，前来追随他的逃难百姓越来越多。到达当阳的时候，身边已经有十几万难民，日行不过十几里，相当缓慢。刘备又不肯抛弃这些百姓，只得叫关羽先带一百多条船先行，取道江夏，与刘琦会合，再会师江陵。

　　这是刘备一生中做得最仁义的事，不能怀疑他的动机。但是以常理推断，逃跑途中带着十几万难民，势必被曹操追上，这个结果是无论如何都避免不了的。既然这样，为什么一定要带着他们呢？曹操如果要屠杀这些无辜百姓，将他们集中到一起，岂不是更方便下手？那还不如让百姓分散逃跑更好。

　　果然，到了当阳的长坂，曹操亲自率领的五千精骑追上来了。刘备的本色立马显现，"弃妻子，与诸葛亮、张飞、赵云等数十骑走，曹公大获其人众辎重"。

　　读三国史料，怕是很难数得清这是刘备第几次抛弃自己的女人了。这一次被抛弃的是甘夫人和她的儿子刘禅，对于刘备来说，大概也就是一件衣服和一个包袱吧。幸运的是（或者说不幸的是），赵云一身是胆，又杀回敌阵，将母子俩救了回来。至于那十几万百姓，不消说，刘备更不会拼了命去保护他们，也就随手扔给曹操了。

鲁肃这人有脑子

刘备在当阳逃脱后，去江陵已经不现实，于是"斜驱汉津"，与关羽的船队会合，渡过沔水，正好遇到刘琦带领的部队一万多人，合兵一处。

刘琦为什么要离开江夏？因为江夏已经不安全了。孙权进攻荆州，江夏首当其冲，双方在此多次交兵。现在刘琮又投降了曹操，襄阳和江陵两座重镇都落入敌手，江夏更是成了一块孤地。如果这个时候孙权再趁火打劫，江夏是不堪一击的。

刘琦当时应该是想逃到湖南，凭借武陵、长沙、桂阳、零陵四郡的力量抵抗。刘备则比他想得更远，打算一直逃到岭南，去投奔苍梧太守吴巨。

就在这个时候，孙权的使者鲁肃到了。

孙权和刘表是宿敌，建安十二年，孙权进攻荆州，杀了江夏太守黄祖，为父亲孙坚报了当年的一箭之仇。

这也是当年江东版"隆中对"确定的方针：讨伐刘表，占有荆州，进取天下。

当然，随着天下形势的变化，江东版"隆中对"已经有所修订，升级到了2.0版。修订者正是鲁肃。

据《三国志》记载，鲁肃第一次见到孙权，二人"合榻对饮"，促膝谈心。论及江东未来的发展，鲁肃明确告诉孙权："汉室不可复兴，曹操不可卒除。为将军计，惟有鼎足江东，以观天下之衅。规模如此，亦自无嫌。何者？北方诚多务也。因其多务，剿除黄祖，进伐刘表，竟长江所极，据而有之，然后建号帝王以图天下，此高帝之业也。"

鲁肃的意思是，曹操已成气候，消灭曹操是痴心妄想。基于这一判断，孙权应该做的事有三件：第一，稳住江东基业；第二，讨伐刘表，占领荆州；第三，"竟长江所极"，也就是从荆州一直打到益州，与曹操划江而治。再往后的事情不是孙权这一代人考虑的，鲁肃也没必要操心。

等到曹操大军南下，刘表病死，鲁肃马上去找孙权，对江东版"隆中对"2.0又进行了战术上的调整：现在刘表刚刚去世，两个儿子历来不和睦，军中众将也分裂为两个阵营。而刘备是天下枭雄，与曹操有仇，寄居荆州。如果刘备能够与他们同心协力，团结一致，那就应该加以安抚，结成同盟。如果他们离心离德，不能合作，那就要另做打算，以成大事。

孙权完全同意鲁肃的建议，并派鲁肃为使者，前去荆州吊问，同时与荆州众将交流，了解他们的想法。最重要的是鼓励刘备去安抚刘表的部众，万众一心，共抗曹操。

让鲁肃没有想到的是，曹操来得太急，刘琮投降得太快了。鲁肃在夏口听到曹操进军荆州的消息，等他渡江来到南郡，刘琮就已经投降了。鲁肃随机应变，在当阳的长坂截住了正准备继续逃跑的刘备。鲁肃问刘备何去何从，刘备如实相告：将要去苍梧投奔吴巨。

刘备说要去苍梧，既是真实的想法（实在走投无路，苍梧不失为一个选择），也是试探鲁肃。当时的情况，刘备惶惶然如丧家之犬，是没有资格和孙权谈合作的。他如果主动提出要联孙抗曹，只怕鲁肃笑话，所以干脆以退为进，让鲁肃主动交底。

鲁肃没有拐弯抹角，向刘备介绍了江东的情况，劝刘备与孙权联合，共同对付曹操。刘备当然求之不得，于是改变方向，和刘琦一起回到了夏口，并立即派诸葛亮前往柴桑拜会孙权，商定了孙刘联盟的具体事情。这是《三国志》中《鲁肃传》记载的史实。同在《三国志》中，《诸葛亮传》的记载又颇为不同——

刘备在江夏，诸葛亮提出："事情已经很紧急了，请派我去向孙将军求救。"而孙权当时还"拥军在柴桑，观望成败"。诸葛亮见到孙权，分析形势，陈述利弊，向孙权讲了一番大道理。孙权大喜，这才同意与刘备联盟，共抗曹操。

按照《诸葛亮传》的记载，孙刘联盟的倡议者便不是鲁肃而是诸葛亮，这显然与《鲁肃传》的记载大有冲突，以至于裴松之都忍不住提出批评，说这两段记述"同出一人，而舛互若此，非载述之体也"。

事实究竟是怎样？我倾向于认为，孙权早就下定了抗击曹操的决心，才派鲁肃主动去找刘备联盟，根本不需要诸葛亮大费口舌。

回想起来，早在建安七年，孙权刚刚接手江东事业不久，曹操便派人送信给孙权，要求他遣子入质。孙权召集群臣商议，张昭、秦松等人都"犹豫不能决"，其实就是想答应曹操的要求，但又不好明说。孙权本人是不想受制于人的，于是独自找周瑜密谈。周瑜说了一大段话，关键在于："质一入，不得不与曹氏相首尾，与相首尾，则命召不得不往，便见制于人也。极不过一侯印，仆从十馀人，车数乘，马数匹，岂与南面称孤同哉？"

人质一送过去，孙权便得听命于曹操，最好的结果也不过是封侯，仆人十几个，车几辆，马几匹，和南面称王的快乐能够相提并论吗？

周瑜的话正合孙权心意，于是他拒绝向曹操遣子入质。

到了建安十三年，曹操率领大军南下的时候，又给孙权送了一封信，写道："近者奉辞伐罪，旌麾南指，刘琮束手。今治水军八十万众，方与将军会猎于吴。"

八十万大军自是吹牛，但是曹操兼并荆州之后，军事实力进一步增长，对孙权形成压倒性优势，却是不争的事实。当时孙权手下的群臣多被这封信吓破了胆，张昭等人再一次提出要投降曹操，理由有二：一是曹操挟天子以令诸侯，对抗曹操就是对抗朝廷；二是孙权对抗曹操，凭借的是长江天险，现在荆州已失，天险不复存在。周瑜对此驳斥：一是曹操名为汉相，实为汉贼；二是江东地方数千里，兵精粮足，水战又是强项，根本不怕曹操；三是曹操的后方不稳，打不起持久战。周瑜还当众提出，只要孙权给他三万人马，必破曹操。

顺便说一下，曹操现在已经不是司空，而是丞相了。汉朝建立之初，因袭秦制，中央设丞相、太尉、御史大夫，分别为最高行政长官、最高军事长官和首席监察官。自汉武帝之后，因为丞相的权力太大，影响皇权发展，干脆废除原有制度，中央改设司徒、太尉、司空，号称三公，食禄万石，实际上只是虚名，并无实权。曹操既然统一北方，不满足于司空的虚名，便废除三公之制，自任丞相，光明正大地治国理政，从政治上进一步增强了自己号令天下的合法性。

孙权心如明镜，他知道张昭、秦松等人主张投降曹操，只是为他们自己考虑。以他们的声望和本事，改投曹操门下，照样可以受到重用，而且从诸侯之臣升级为朝廷之臣，前途更为光明，何乐而不为？荆州的蒯越、蔡瑁、傅巽等人也是基于这样的考虑，才力主刘琮投降曹操。据《三国志》记载，曹操占领荆州后，蒯越等人被封侯者多达十五人，蒯越官至光禄勋，韩嵩官至大鸿胪，位列九卿，官位更在当年刘表之上，这一笔买卖做得划算！

然而，孙权和刘琮完全不一样。刘琮懦弱无能，又有刘备在一旁虎视眈眈，投降或许是正确的选择（刘琮投降后，获封列侯，官至青州刺史，后又迁"谏议大夫，参同军事"，也算是善终）。孙权则是雄才大略的君主，身边又有周瑜、鲁肃、程普、黄盖等一帮谋臣干将为他尽心尽力，他为什么要投降？单是冲着"孙坚的儿子、孙策的弟弟"这个身份，他也必须扛起责任，与曹操死磕到底！所以他拔出刀来，砍掉一个案角，说了一句豪气干云的话："诸将有谁还敢提投降曹操的，就和这个案几同样下场！"

由此可知，孙权下定抗曹的决心，周瑜起了关键的作用；联刘抗曹，则是鲁肃全盘谋划并穿针引线。至于《三国演义》中诸葛亮到江东舌战群儒、智激周瑜，最终促使孙权下定决心联刘抗曹的故事，写得当然精彩，无奈不是事实。

接着就有了史上著名的赤壁之战。关于这一战的经过，正史有翔实的记载，演义的加工更为精彩，后人的分析也头头是道，在此不予赘述。值得一提的是，赤壁之战后，鲁肃回营，受到孙权的热烈欢迎。鲁肃将要进殿拜见，孙权起身对他施礼，说："子敬（鲁肃字子敬），孤扶鞍下马迎接您，足以使您荣耀了吗？"

鲁肃说："还不够。"

等到就座之后，鲁肃才慢慢地举起马鞭，说："我愿至尊的君王威加四海，统一九州，成就帝业，那时候再用华贵的车辆来征召我，那才是真正的荣耀！"

怎么样，有没有感受到"谈笑间，樯橹灰飞烟灭"的气势？

世事如棋局

赤壁之战后，曹操退回北方，留下曹仁镇守襄阳。孙权趁机进攻荆州，占领了江夏和南郡。刘备则向南发展，占领了湖南四郡。这样一来，荆州七郡中，曹操据有其一，孙权据有其二，刘备据有其四。

表面上看，刘备占的郡数最多。但如果考虑到当时湖南的经济不发达（荆州的重心在于南阳、南郡），他也不算占了什么大便宜。

刘备占领湖南四郡，借用的是刘琦的名义。那时候刘琮已经投降曹操，被朝廷封为青州刺史。刘备便按当时能行的做法，表奏刘琦为荆州刺史（也不管朝廷同不同意，拜发了奏折就算数）。湖南四郡的太守本来就是刘表任命的，现在听命于刘琦，也顺理成章。只不过刘琦命不好，不久便病死了。

不必以阴谋论来猜测刘琦为什么死得那么早。但是刘琦死后，刘备的手下便推举刘备做了荆州牧，这件事情始终让人觉得膈应。他终归还是鸠占鹊巢，将半个荆州据为己有了。

而且，在孙权攻打南郡的时候，刘备曾带兵相助，乘机在江陵对岸的长江南岸修筑了一座公安城，从此以公安为驻地，扼守了长江的航道。

孙权对此的反应是不爽。

赤壁之战是孙刘联盟取得了胜利不假，但是真正出力的是孙家，而不是刘家。战后刘备占领湖南四郡，是孙权默许的。因为孙权将战略重点放到了南郡，他派周瑜很费了一番心思，才将南郡打下来。当然这样做自有其深思熟虑：荆州七郡中，孙权控制了南郡和江夏，也就将刘备压在了湖南，与中原隔绝。以湖南当时的生产力，刘备是成不了气候的，始终有一天会被孙权吃掉。与此同时，南郡还可以作为一个前进基地，向北可进攻中原，向西可进攻益州。

现在刘备却自称荆州牧，等于宣布荆州归他所有，令孙权如鲠在喉，想想都不舒服。然而以当时的局面，马上与刘备翻脸是不可能的，真正的强敌还是曹操，孙刘联盟还不能解散。该怎么对付这个让人不省心的刘备呢？

周瑜向孙权提了个建议："刘备以枭雄之姿，而有关羽、张飞熊虎之将，必非久屈为人用者。愚谓大计宜徙备置吴，盛为筑宫室，多其美女玩好，以娱其耳目，分此二人，各置一方，使如瑜者得挟与攻战，大事可定也。今猥割土地以资业之，聚此三人，俱在疆场，恐蛟龙得云雨，终非池中物也。"

周瑜的如意算盘是，将刘备安置到江东，让他吃好、住好、玩好，也就是将他"圈养"起来，不让他有发展的机会。同时，以刘备的人身安全为要挟，迫使关羽、张飞这两员虎将听从周瑜的指挥，为周瑜去攻城略地。

根据周瑜的这一建议，建安十四年（209年），孙权将自己的亲妹妹嫁给了刘备。至于去年在当阳被刘备抛弃，后来又被赵云救回来的甘夫人则在这桩婚事之前去世了。

这一年，刘备四十九岁，孙夫人不到二十岁。要知道，刘备并不是那种怜香惜玉的体贴大叔，而是"兄弟如手足，老婆如衣服"的乱世军阀。在老婆与兄弟之间，他选择的必定是兄弟，兄弟是他打天下的资本，有本事的兄弟更是弥足珍贵。抛开孙夫人的特殊身份不说，任何一个女人到了刘备这里，都注定会被冷漠对待，甚至要有随时被抛弃的心理准备。不难想象，刘备和孙夫人之间并没有产生逾越年龄障碍的感情。这一点，从孙夫人对待刘备的态度可以看得很清楚：她带了一百多名武装丫环在身边，而且还有人数不少的男性卫队驻扎在刘备的驻地——公安，刘备想和她亲近一下，都要提心吊胆。

刘备一方面是害怕，另一方面也是提防，于是在公安城外另筑一城，让孙夫人和她的男女卫队住在那里。这样一来，这对老夫少妻从结婚开始，实际上已经是分居了。自古以来，政治婚姻比比皆是，但是像刘备和孙夫人这般纯粹的政治婚姻，还真是比较罕见。从孙权这方面讲，将妹妹嫁给刘备，一个最根本的目的就是把妹妹送到刘备手里当人质，好让刘备放心大胆地到江东来访问，再想办法将刘备留在江东，达到控制关羽、张飞等人的目的。所以，结亲之后，孙权便不停地催促刘备到江东做客。刘备则一拖再拖，直到建安十五年（210年），刘备觉得时机成熟了，才乘船从公安出发，沿江东下。

所谓时机成熟，是周瑜于这一年因旧伤复发，去世了。

接替周瑜成为孙权主要谋士并主持荆州大局的，是力主联刘抗曹的鲁肃。

周瑜和鲁肃都是聪明人，都对孙权忠心耿耿。但是，两个人对待刘备的态度颇为不同：周瑜主张全力压制刘备，将刘备集团变成孙氏政权的附庸；鲁肃则认为孙刘二家必须继续平等合作，共同抗曹。产生这种差别的主要原因是鲁肃的本事不如周瑜。或者说，鲁肃没有周瑜这种拼劲。

周瑜亲自镇守南郡，是为了将刘备压制在湖南，同时为日后西取益州、北伐曹操建立一个前进基地。不难想象，南郡面临的压力是很大的，在当时那种形势下，只有周瑜这样的人才会实施如此雄心勃勃的计划。

鲁肃自认为没有这个能力，他也不想把自己搞得像周瑜那样累，以至于年纪轻轻就告别人世。他接替周瑜后，只在南郡驻扎了一段时间，便移屯陆口。鲁肃的基本思路是，维护赤壁之战以来的孙刘联盟，将刘备推到前线去直接对抗曹操，减轻孙权的压力。

根据这一思路，当刘备向孙权提出要"借荆州"的时候，鲁肃说服孙权同意了。

政治是一门妥协的艺术。所谓借荆州，包含了两个层面的妥协：第一层，刘备承认荆州是孙权的，他目前只是借用，这是刘备对孙权的妥协；第二层，刘备本来只占有湖南四郡，现在孙权再将南郡也借给他，这是孙权对刘备的妥协。当然，孙权也不是傻瓜，更不是活雷锋，将南郡借给刘备的目的，是让刘备从湖南跑到湖北来，站到对抗曹操的第一线。

鲁肃这一思路对不对？可以说对，也可以说不对。

据《三国志》记载，孙权和刘备的这次会晤受到曹操的高度关注。当曹操听说孙权同意将荆州借给刘备的时候，他本来正在给某人写信，一惊之下，竟然"落笔于地"，大为失态。从曹操的反应来看，鲁肃是对的。事实也证明，孙刘联盟得到加固之后，曹操再无机会从荆州获得半寸土地，以江东为基地的孙氏政权，成功地保卫了长江上游的安全。

但是，从另一个角度来说，鲁肃当初为孙权制定的总体战略是"竟长江所极，据而有之"。保守来说，也是要与曹操划江而治，这就意味着要把益州纳入孙权的统治之下。而将荆州借给刘备后，孙权想要直接进取益州，实际上已经不现实。

孙权大概是发现了这一漏洞，很快向刘备提出建议：两家共同进兵，夺取刘璋的地盘。刘备强烈反对，说刘璋和他都是汉室宗亲，请孙权看在他的面子上，不要打刘璋的主意。刘备还威胁孙权，说虽然曹操新败，但是不可认为他就没有想法，或者没有实力"饮马与沧海，观兵于吴会"。也就是要孙权先管好自己后方的事，不要考虑益州的问题。孙权不听，派堂弟孙瑜进驻夏口，作西进之势。刘备马上派关羽屯兵江陵，诸葛亮据守南郡，刘备本人亲自驻扎公安，非常强势地将孙瑜挡了回去。

事到如今，孙权也只能接受现实。可是让孙权万万没有想到的是，到了建安十六年（211年），刘备自己却带兵前往益州了，而且是受刘璋之邀，大摇大摆地进去的。

孙权不可能对此视而不见，刘备也不可能瞒着孙权，双方想必有过交涉，交涉的结果是：孙权同意刘备入川；刘备占领益州后，必须将荆州还给孙权。口说无凭，刘备为了证明自己的诚意，将孙夫人留在了公安，而且将刘禅也留了下来，跟孙夫人一起住在她那座戒备森严的小城里。而孙夫人的那座小城又是在刘备的地盘上，由张飞和赵云两员猛将负责看管。由此形成了一个互相牵制的局面：孙夫人是孙权交给刘备的人质，而刘禅又是刘备交给孙夫人的人质。打个比方，这就是一个银行共管账户，需要存钱的双方都输入密码，才能将钱取出来。

可是不久之后，孙权就后悔了，他想单方面将钱取走，所以派出水军，到公安西边的"夫人城"去接孙夫人回江东。当然不只是接孙夫人，还要将刘禅也带走。张飞和赵云及时采取行动，在江边截下孙夫人和刘禅。现场谈判的结果是孙夫人可以回江东，刘禅则必须留下。

孙夫人就这样离开了刘备。作为一颗棋子，她这样结束自己的使命，未尝不是一种解脱。从另外一个方面讲，随着双方人质的解套，孙刘联盟虽然表面上还存在，实质上已经走到了尽头。

第九章

亲戚的情分

因为《三国演义》的影响，一个广为人知的说法产生了：刘备的江山是哭出来的。

张飞误失徐州，要拔剑自刎，刘备劝住了，哭。

三顾茅庐请诸葛亮出山，诸葛亮推辞了一下，哭。

从樊城逃到当阳，路过刘表之墓，哭；看到百姓逃难的惨状，又哭。

有人甚至统计了一下，整部小说中，刘备哭的次数高达三十六次，稳居第一。

可是据《三国志》记载，刘备"少语言，善下人，喜怒不形于色"，分明是个不爱哭的人。

如果要问真实的历史中，刘备白手起家，漂泊半生，最终三分天下有其一，究竟靠的是什么？我不敢妄作回答。我只想说，除了自身的努力，他的运气其实还不错。

"隆中对"的第一步是从刘表手里抢到荆州，这是多么不容易的事啊！可是你看，刘表死了，刘琮投降曹操了，刘备顺理成章地扶持刘琦当了荆州刺史；接着刘琦也死了，他被部下推举成为荆州牧；然后周瑜这个对头也死了，他顺利地从孙权手里"借"到了荆州的大部分土地。

得到荆州之后，他的下一步目标是从刘璋手里抢到益州，这更是不容易的事。武力征服是不可能的，且不说益州地形险要、易守难攻，单是孙权在后牵制，就让他脱身不得。依照荆州的经验故技重施也不可能，他根本没有机会进入益州，又如何收买人心、制造分裂、趁乱取势、鸠占鹊巢？可是你看，偏偏在这个时候，刘璋派人来请他了，而且是请他带着人马去益州，关卡全开，路费全包，这真是时来运转，挡都挡不住！

幸福来得太突然

刘璋为什么要引狼入室？还得从他老爹刘焉说起。

刘焉和刘表一样，也是西汉鲁恭王的后裔，仕途一路顺畅，先后任过洛阳令、冀州刺史、南阳太守、宗正、太常等要职。汉灵帝时期，政局紊乱，正是刘焉向朝廷建议废史置牧，派宗室重臣出任州牧。刘焉自己的小算盘是远离是非之地，到岭南来担任交州牧。后来听人说益州有天子之气，又改变主意，想方设法当上了益州牧。

为官一任，坐镇一方，首要任务是摆平地方关系，"搞掂"当地的世家大族和土豪强宗，建立起自己的统治秩序。刘焉从京师到益州，带来了一批亲朋故旧；又以这批人为骨干，收编了南阳、三辅等地流入益州的士民，形成了一个名为"东州士"的政治集团（所谓东州，并不是一个地名，大概就是益州以东的意思吧）。东州士是刘氏父子的嫡系，相对于益州本地的世家大族来说，是外来户。外来户骑到本地人的头上，本地人总是不服气的。因此，东州士与益州土豪之间的争斗，从来没有停止过。刘焉在世，凭借其高超的政治手腕，尚能勉强维持二者之间的平衡。刘璋却是个没板没眼的人，东州人欺负本地人，他不能制止，导致本地人颇多怨言；本地人赵韪"素得人心"，他又委以重任。结果赵韪利用本地人的怨恨，暗中联络各大家族，起兵反叛刘璋。蜀郡、广汉、犍为各郡纷起响应。刘璋好不容易将叛乱镇压下去，但是益州内部的裂痕已经难以弥合。这是刘璋的内忧。

除此之外，刘璋还有"外患"。按照东汉的行政区划，益州地域广阔，包含汉中、巴郡、广汉、蜀郡、犍为、牂牁、越巂、益州、永昌九郡，以及广汉属国、蜀郡属国、犍为属国。其中汉中郡地处益州北部，是益州通往关陇地区的门户。由于历史的原因，汉中郡并不在刘璋的控制之下，而是被一个叫张鲁的人割据。

张鲁是天师道创始人张道陵的孙子。张鲁的母亲长得颇有姿色，会所谓的"鬼道",长期在刘焉家出入,大概是为刘家的女眷请神治病,顺便也为刘焉调理身体吧。因为这层关系,张鲁颇受刘焉信任。初平二年(191年),刘焉命张鲁为督义司马,与别部司马张修一道,带兵进攻当时的汉中太守苏固。张鲁却不只是杀了苏固,而且杀了张修,从此占有汉中。对此,刘焉是默许的。刘焉有自己的算盘。长安的朝廷如果要派使者到益州来传达圣旨,就必须经过汉中。张鲁占领了汉中,阻断道路,截杀使者,益州便再也收不到朝廷的指令,责任却又不在刘焉而在张鲁。

不难想象,张鲁大体上还是听命于刘焉的。张鲁的母亲和家室都留在成都居住,自然也有人质的意味。刘焉去世后,刘璋却不承认张鲁的独立地位,想将汉中收为直管。他以张鲁不听命为由,杀了张鲁的家人,派兵进攻汉中,反为张鲁所败。张鲁干脆就自立门户,以天师道为基础,在汉中建立了政教合一的割据政权。郡中各县均不置官吏,只由教中"祭酒"管理政务。张鲁本人也不称"太守",而称"师君"。这是刘璋的"外患"。

而且,到了建安十六年(211年),这种外患进一步加剧了。曹操为了对付西北的马超、韩遂,采取假道伐虢之计,摆出一副将要进攻汉中的架势。对于刘璋来说,张鲁虽然麻烦,尚不足以威胁益州的安全;可是一旦张鲁被曹操消灭,唇亡齿寒,益州就岌岌可危了。于是有人给刘璋献了一计,说可以请荆州的刘备到益州来攻打张鲁。打赢了,就让刘备屯兵汉中,用刘备来对付曹操,可保益州太平。

这当然是个"茅招",而且是比当年何进召董卓进京对付宦官更傻的"茅招"。大户人家,既怕贼偷又怕贼惦记,请个护院拳师来看门,是可以理解的。但是刘备作为护院拳师,可以说是"劣迹斑斑"。他到徐州给陶谦护院,陶谦一死他就成了徐州牧;到荆州给刘表护院,刘表一死他就成了荆州牧。反客为主、鸠占鹊巢是刘备的拿手好戏。关于刘备的这一秉性,周瑜给孙权的信里写得最透彻:"刘备寄寓,有似养虎。"孙权雄才大略,帐下人才济济,犹且被刘备占了大半个荆州。以刘璋的昏庸懦弱,如果将刘备招到益州，只能说是开门揖盗了。给刘璋出这个主意的人非傻即坏。当然，他一点也不傻，只是坏到了家。

他叫张松，是蜀郡人，时任益州别驾，可以说是刘璋的亲信。

建安十三年（208年），曹操亲率大军南下荆州，大有席卷江南之势。刘璋未雨绸缪，三次派使者前往军中拜会曹操。第一次派的使者是河内人阴溥。曹操以汉献帝的名义，给刘璋封了个振威将军。第二次派的使者是张松的哥哥张肃，同时奉上"叟兵三百人并杂御物"作为礼物。曹操一高兴，给张肃也封了个广汉太守。第三次派的使者便是张松。当时曹操已经占领襄阳、南郡，春风得意，顾盼自雄，自觉刘备、孙权都不在话下，对于刘璋的这第三位使者，就有点不太在意了，随随便便接见了一下，也没给张松封什么官，打发他回去了。

站在曹操的角度，这种冷落或许只是一种手段，是想给刘璋一点威压，并非针对张松本人。但是在张松看来，这就是天大的侮辱了。不久之后，曹操在赤壁被孙刘联军打败，仓皇逃回北方。张松回到益州，趁机大说曹操的坏话，说曹操已经一蹶不振，建议刘璋断绝与曹操的来往，转而与刘备结盟，共同对付曹操。

刘璋是个没主见的，当时就听从了张松的建议，派使者到荆州拜访刘备，达成了联手抗曹的协议。这个时候，张松的建议也不能说有错，毕竟曹操新败，刘备形势转盛，刘璋拉拢一下刘备，甚至给刘备送点兵卒、送点钱粮过去，都是正常的政治手段。可是到了建安十六年（211年），张松建议邀请刘备入川攻打张鲁，那就纯粹是给刘璋挖坑了。

以张松的狡诈来忽悠刘璋，简直是小菜一碟。他对刘璋说："今州中诸将庞羲、李异等皆恃功骄豪，欲有外意，不得豫州（刘备），则敌攻其外，民攻其内，必败之道也。"简单地说就是益州内部不稳定，外部有张鲁威胁，只有把刘备这尊大神请来，才能确保平安。连哄带骗，唬得刘璋赶紧又听从了他的建议。

一个巴掌拍不响。张松在益州拼命挖坑，刘备在荆州心领神会，二者之间，必须有一个牵线搭桥、传情达意的人。

这个人就是法正。

法正是扶风人，于建安初年来到益州投靠刘璋。他擅长谋略，精于筹划，无奈刘璋不识货，一直没怎么重用他，先是让他在新都县令的位置上干了很久，后来才封他做了个军议校尉。当然，法正也有他的问题，那就是人品比较差，而且个人感情色彩太重，爱憎过于分明。《三国志》说他"一餐之德，睚眦之怨，无不报复"，这种人是很难交到朋友的。和法正一起来到益州的扶风同乡对他的评价都是"无行"，也就是没有德操。同乡尚且如此看他，其他人就更不用说了。法正在益州过得相当孤独。然而再坏的人也会有一两个朋友，而且出于抱团取暖的心理，这种朋友一般会很铁。法正的铁杆哥们就是张松。

法正不得志，张松却是刘璋的别驾，跟着刘璋出行都有专车。这种地位落差都没有影响二人的关系，是因为他们都觉得刘璋是个扶不起的阿斗，经常在一起感叹自己没有遇到明主，浪费了一身本事。正常人的想法是：既然刘璋不是明主，那就用脚投票，换个地方去打工。法正和张松的想法却是：我们请个明主回来，把刘璋给换掉。不消说，他们心目中的明主就是刘备了。

建安十三年，张松劝刘璋与刘备结盟，便是推荐法正为使者。法正装作不愿意去，在刘璋的一再要求下，才"不得已"而为之，到荆州拜访了刘备。这一次拜访，法正是大有收获的，回来之后，他便向张松大谈刘备如何雄才大略，是位值得跟随的明主。两个人从此密谋如何将益州卖给刘备，苦于一时找不到合适的切入口，只能从长计议。到了建安十六年，曹操要讨伐张鲁，刘备也从孙权那里"借"到了荆州，眼见时机到来，张松向刘璋提议引狼入室，自然还是由法正当使者，再度前往荆州迎请刘备。

法正这一次拜会刘备，就把话说得透彻了：以您的英才，对付刘璋的懦弱，再加上张松在内部响应，夺取益州易如反掌。

对于刘备来说，这是人生中最重大的机遇。"跨有荆益"的战略设想，曾经看起来是那么遥不可及，现在却像一桌大菜摆在眼前，只等他动筷子了。就连为他定下"隆中对"的诸葛亮也没想到幸福来得那样突然。后来，诸葛亮回忆起法正的这次来访，说："主公之在公安也，北畏曹公之强，东惮孙权之逼，近则惧孙夫人生变于肘腋之下；当斯之时，进退狼跋，法孝直为之辅翼，令翻然翱翔，不可复制。"

曹操如果得知，刘备从进退狼跋到翻然翱翔，起因竟然是自己在人群之中没有多看一眼张松，恐怕连肠子都悔青了。

刘备竟然扭捏起来

幸福来得太突然，刘备都没做好思想准备。当时庞统已经加入刘备帐下，和诸葛亮并为军师中郎将。庞统便劝刘备："连年战争，荆州已经被打残了，人也死得差不多了，物产也用尽了，而且东有孙权，北有曹操，三分天下之计，在这里难以得志。而今益州国富民强，户口以百万计，要人有人，要粮有粮，什么都能自给自足，不妨据为己有，以成大事。"

庞统说得太直白了，这不就是一群蝗虫，把一个地方吃空了，再换个地方吃么？刘备也是要脸的，当时就扭捏起来，说了一番大义凛然的话："而今和我势同水火的，就是曹操。曹操急躁，我就宽和；曹操残暴，我就仁爱；曹操狡诈，我就忠厚。每件事情都和曹操反着来，事情才能成功。如果要我因为一个小小的益州（刘备说这话的时候想必打了个嗝）就在天下人面前失去了信义，这种事情我才不干呐！"

庞统当然知道刘备这是言不由衷，这就好比拜年遇到长辈给红包，一边扯着嗓子说"使不得"，一边将口袋扯开去接。刘备做梦都想要益州，现在他需要的就是一个能够蒙骗自己的良心的理由而已。这事一点儿都不难！

所以庞统又劝刘备："凡事呢，都有权变之术，不是一成不变的。兼并弱小的，攻击昏昧的，这就是春秋五霸做的事啊！您可以先把益州拿到手，事成之后，再给刘璋大大的封赏，这怎么是失去了信义呢？再说，您不好意思要，别人可不会不好意思哦！"

庞统这么一说，刘备立刻留下诸葛亮、关羽、张飞等人镇守荆州，自己则带着庞统等人，以及不足一万人马，向益州进发。

益州方面，对于刘备的到来，不少人是坚决反对的。刘璋的主簿黄权就对刘璋说："刘备素有枭雄之名，您将他请过来，如果把他当作部下，他肯定不满意；把他当作宾客吧，则一山不容二虎，一国不容二君。他如果在益州站稳了脚跟，那您就相当危险了。"刘巴、王累等人也苦劝刘璋不要犯糊涂。刘璋却是吃了秤砣铁了心，亲自到涪县迎接刘备，犒劳刘备的手下，双方宴饮长达百日，然后刘璋才又回到成都。据《三国志》注引《吴书》，刘璋赠送给刘备攻打张鲁的军资包括"米二十万斛，骑千匹，车千乘，缯絮锦帛"，可谓极其慷慨。

刘璋极尽地主之谊，刘备却是包藏祸心，一门心思想着怎么反客为主。就是在这次会面期间，庞统建议刘备："抓住这个机会，将刘璋逮住，您就可以不费一兵一卒平定益州了。"庞统号称凤雏，给刘备出的这个点子简直是下三滥。益州这桌菜，刘备是肯定要吃的，但是再怎么说，也要注意一下吃相，一上桌就急吼吼地拿塑料袋打包，让刘皇叔的脸往哪搁？所以刘备说："初入他国，恩信未著，此不可也。"拒绝了庞统的建议。

更让人不齿的是，张松也通过法正建议刘备趁会面的时候袭击刘璋。刘备以"此大事也，不可仓卒"为由，也拒绝了。由此看来，刘备在人情世故上，是远比庞统、张松之流成熟的。所谓谋士，不只是要替主子谋"事"，也要替主子谋"情"。否则的话，事情谋成了，却被天下人耻笑吃相难看，让主子怎么做人？

既然已经坐到桌子边上，刘备决定细嚼慢咽。他从涪县北上，摆出一副攻打张鲁的样子，走到葭萌县就停下来了。他在葭萌县一驻就是一年，所做的事情只有一件——"厚树恩德，以收众心"。他手下的部队也从入川时的不足万人，发展到了三万余人。到了建安十七年（212年），刘备觉得时机已经成熟，决定向刘璋亮出自己的底牌。

这一年十月，曹操在江淮一带向孙权发动进攻，孙权向刘备求援。刘备便写信对刘璋说，他要亲自去救孙权，否则的话，曹操消灭了孙权，益州也难保。而且，刘备还要求刘璋提供援兵一万，以及相应的军需物资。

刘备救孙权，如果说走就走，那就是真的要去救孙权；以救孙权为名，狮子大张口，向刘璋漫天要价，那就不过是要心机。到了这个时候，刘璋虽然已经觉得不对劲，但仍然没有对刘备产生怀疑。他答应给刘备四千名士兵，军需物资则减半拨付。刘备的要求没有得到满足，当然不会走（满足了也不会走，只会提更多的要求，直到刘璋受不了）。可笑的是，张松竟然没看出刘备的用心，赶紧给刘备写了一封信，大意是：我们的大事眼看就要成功了，在这个节骨眼上，您为什么要离去呢？

这真是皇帝不急太监急。张松也不想想，刘备怎么可能放下益州这块唾手可得的肥肉，不远万里去帮孙权打曹操嘛！张松这个人，智商很高，情商很低。情商太低的话，智商再高也是白搭。整件事情从一开始，张松就表现得过于猴急，到了现在还是沉不住气，也就活该他倒霉了。他的这封信不小心被他哥哥张肃看到。张肃大吃一惊，向刘璋告发了张松。

刘璋这才明白自己上了张松和刘备的当。不消说，张松被杀掉了。而刘备也不能再玩弄刘璋于股掌之上，只能亮出獠牙，将刘璋派到他帐下听命的高沛、杨怀杀掉，下令全军南下，向成都进军，讨伐刘璋。

据《三国志》记载，刘备攻克涪县的时候，大宴群臣。既然已经撕破伪装，刘备也就露出真性情了，在宴会上对庞统说："今天可真是高兴啊！"庞统却还记恨刘备当时没有听从自己的计谋，故意"怼"道："夺取别人的国家来让自己开心，这可不是仁者的搞法哦！"刘备就像孔乙己被人指出是贼一般，一下子受不了，跳起来骂道："当年周武王讨伐商纣王，前歌后舞，谁敢说他不是仁者？你这话说得不对，赶紧出去！"庞统知道自己说错了话，不敢争辩，就退下了。不久，刘备又后悔，派人把庞统请回来。庞统坐回席上，吃喝如常，就像什么也没发生过。刘备倒是不好意思，没话找话地问庞统："刚刚那些话，是谁说错了啊？"庞统回答："君臣都说错了。"刘备于是大笑，欢乐如初。

刘备笑什么？真人面前不说假话。这一年来，他在益州装作人畜无害的样子已经很难受了，现在终于放飞自我，恢复枭雄的本来面目，怎能令他不笑逐颜开？

涪县被攻破后，刘璋命成都令李严为护军，督率诸军据守绵竹。李严守了没多久，就投降了刘备。这时候已经是建安十八年（213年），刘备乘胜追击，又包围了雒县。守卫雒县的是刘璋的大将张任，此人善于用兵，坚守了差不多一年，并且取得一个重要的战果——射死了刘备的军师庞统。直到建安十九年（214年）夏天，雒城才被攻破。张任被俘，不屈而死。

张任的坚守并非徒劳，刘备不得不将诸葛亮、张飞、赵云等人从荆州调来助战，只留下关羽镇守荆州，同时还抽调了大量的部队到益州作战，这就为后来关羽的败亡埋下了伏笔。

诸葛亮等人到来后，刘备军威大振，很快平定了川中各地，将刘璋包围在成都城内。这时候，马超也从汉中跑来投奔刘备，并且带来了一些精锐的凉州骑兵。刘璋觉得大势已去，决定放弃抵抗，向刘备投降。

其实当时成都城中尚有精兵三万，粮食足够支撑一年。更重要的是，"吏民咸欲死战"，军民的斗志还相当旺盛。如果刘璋死撑下去，外部形势难免变化，刘备未必能如愿以偿。可是刘璋不想再打了，他说："我们父子在益州二十余年，对百姓也没有什么恩惠。这三年来战乱不休，生灵涂炭，全是因为我糊涂。我哪里忍心让百姓们再受苦受难？"于是开城投降。

有一说一，刘璋虽然昏昧懦弱，人品却是不错。无奈的是，乱世也罢，治世也罢，人品不能当饭吃，老实人总是干不过阴谋家。

另外值得一提的是，刘备对刘璋竟然也不错。他让刘璋搬到公安去住，允许刘璋带走所有的私人财物以及曹操赠送的振威将军印绶。后来，孙权联合曹操击破关羽，占领了荆州的大部分地方，刘璋又被孙权掌控。孙权有意给刘备难堪，封刘璋做了益州牧，而且给了他一些兵，驻扎在秭归，就摆在刘备的家门口。刘璋病死后，孙权又封他的儿子刘阐做了益州刺史。直到孙刘两家关系正常化，刘阐才又被调到江东，当了孙吴政权的御史中丞。

被逼无奈称了王

刘备得到了梦寐以求的益州，最愤愤不平的是孙权。当年刘备阻止孙权入川，理由是刘璋与他是同宗，请孙权给他个面子，不要打刘璋的主意。可是一转身，刘备却将刘璋赶出来，自己占领了益州，世界上还有比刘备更无耻的人吗？孙权越想越不是滋味，立即派诸葛瑾入川，向刘备提出："你现在已经占领益州，有自己的地盘了，该把荆州还给我了吧？"刘备早有准备，张嘴就说："我还没得到凉州呢，等我得到凉州，就把荆州全部还给你们。"

孙权可不像刘璋那么好糊弄，更不像刘璋那么懦弱，他立马采取行动，自行任命了长沙、零陵、桂阳三郡的官吏，前去收回地盘。关羽当然不干，派人将这些官吏都赶了回去。于是孙权命吕蒙为大将，带了两万人马，把这三个郡给占领了；又派鲁肃带了一万多人屯驻巴丘，防御关羽；孙权本人则进驻陆口，总揽大局。刘备一看势头不对，也赶紧动员部队，准备应对孙权的进攻。双方总算保持了理智，通过谈判，划定湘水为界。荆州七郡中，南阳还在曹操手上，南郡、零陵、武陵属刘备，长沙、江夏、桂阳属孙权。

刘备同意与孙权和解，主要还是感受到了曹操的压力。

建安二十年（215年），曹操亲自率军讨伐张鲁。张鲁资质平平，脑子却相当清醒。他的部下曾经想尊他为汉宁王（刘焉年代，改汉中郡为汉宁郡），他的功曹阎圃认为不可，因为称了王之后，就自绝于朝廷，相当于叛贼了。张鲁听得进好话，便只当了个镇民中郎将，领汉宁太守。曹操来攻打汉中，张鲁也不想抵抗。他的弟弟张卫却不服气，非要带几万人马去把守阳平关，结果被曹操打败。张鲁听到消息，本来想立即投降，又听从了阎圃的建议，先逃到大山中，然后派人和曹操谈投降的条件。逃跑之前，将仓库里的金银财宝和粮食都锁起来，贴上封条，等候曹操接收。这一手做得相当漂亮，比直接投降更让曹操感到舒服。曹操觉得，张鲁真是个善人，主动派人去山里劝慰他。张鲁也不扭捏，立刻带着全家人出来，被曹操封为镇南将军、阆中侯，食邑万户。张鲁的五个儿子和阎圃也被封为列侯。曹操还让自己的儿子曹宇娶张鲁的女儿为妻，两个人做了亲家。

汉中是益州的门户，曹操占领了汉中，益州便门户大开。没有人怀疑，曹操很快要率领大军南下，一举消灭刘备。但是，事情出乎所有人的意料，当司马懿和刘晔都强烈建议曹操趁着刘备在益州立足未稳、人心未服，立刻进军益州的时候，曹操却拒绝了。据《晋书》记载，曹操对司马懿还说过这样的话："人苦无足，既得陇右，复欲得蜀！"意思是，人生苦于不知足，我既然得到了陇右，难道还巴望得到蜀地吗？

这可真是怪事！往小的方面说，以曹操的心性，他怎么会突然克制自己的欲望，不肯得陇望蜀？往大的方面说，曹操的理想不就是统一天下，结束乱世吗？不得陇望蜀，又怎么实现理想呢？

答案只有一个：曹操有更重要的事要办。

赤壁之战后，曹操知道在短期内统一天下已经不现实，转而抓紧巩固自己的政治地位。建安十六年，曹操的世子曹丕被朝廷封为五官中郎将，官职并不算太高，但是"置官属，为丞相副"，相当于曹操的副手，掌握了实权。建安十七年，汉献帝特许曹操"赞拜不名，入朝不趋，剑履上殿，如萧何故事"，也就是上朝的时候，司仪官只报他的官名，不称他的名字；到了殿内，不用小步快走以示恭敬；还可以带着佩剑，穿着鞋子。这都是当年汉高祖刘邦为了奖赏萧何而给予的特权。然而，这还不够。建安十八年，曹操被封为魏公。前面说过，汉朝严格意义上的诸侯只有王和侯两大类。从西汉初年开始，刘邦便明确规定，王只封给刘姓，也就是皇族人士；异姓大臣，最多封侯。至于公，除了西汉末年的王莽曾经逼皇帝给他封了个"安汉公"，第二个便是曹操。这是冒天下之大不韪的事，但是曹操已经顾不上被人指着脊背骂了。他已经将近六十岁，身体又有各种毛病，不知道明天和意外哪一个先来。他必须在自己告别人世之前，为子孙后代铺好道路，也就是要建立可以延续的曹氏政权，即便不是取代汉献帝的小朝廷，至少也是独立于汉室之外的。因此，他这个魏公不仅是有封号，而且拥有河北九郡的土地，建都邺城，设有尚书令、侍中与六卿等官职，以及相应的机构。说白了，就是个国中之国。然而，这还不够。

建安十九年，汉献帝又下诏，将魏公的地位排在诸侯王之上，并授予"金玺，赤绂、远游冠"，以示尊荣。到了建安二十年，讨伐张鲁的同时，曹操又有新动作，一边指挥打仗，一边指使华歆等人在朝中操办大事。因为这件大事，曹操本人不能在汉中待太久，更无暇入侵益州。这件大事于建安二十一年（216年）五月揭晓——汉献帝加封曹操为魏王，满足了他在政治上所有的要求。

曹操半途而返，放弃进攻益州，对于刘备来说，相当于中了头彩。他立即结束了与孙权的纠缠，组织部队向汉中发起进攻。曹操在汉中这件事上，一误再误，自己撒手不管，又只派了夏侯渊和张郃负责汉中军事，派丞相府长史杜袭负责汉中政务。一开始，夏侯渊尚能稳住局面，与刘备派来的部队互有攻守。到了建安二十四年（219年），刘备亲率十万大军发动总攻，夏侯渊就抵挡不住了。在定军山下，刘备的大将黄忠斩杀了夏侯渊以及曹操任命的益州刺史赵颙，取得了决定性胜利，一举攻克汉中。

然后，刘备就被部下推举为汉中王了。

关于这件事情,《三国志》明确记载:"群下上先主(刘备)为汉中王。"刘备的手下多达一百二十人,联名上表汉献帝,要求封刘备为汉中王。领衔的是平西将军马超,排第二位的是左将军长史许靖,接下来是营司马庞羲、军议中郎将射援,第五位才是军师将军诸葛亮,然后是荡寇将军关羽、征虏将军张飞、征西将军黄忠、镇远将军赖恭、扬武将军法正、兴业将军李严等人。从这份表的排位来看,是相当讲究的,它有意将刘备的亲信及老部下排到后面,为的是避免给人一种"自立为王"的感觉。

刘备本人也给汉献帝上了一表,大意是当汉中王不是他自己的意愿,而是"群僚见逼,迫臣以义",他实在是被逼无奈,只能顺从大家的意愿,"拜受印玺,以崇国威",并且奉还汉献帝原来授予他的左将军和宜城亭侯印绶。

但是,不管怎么表演,都掩盖不住事情的本质。《资治通鉴》就写道:"七月,刘备自称汉中王。"

刘备为什么在这个时候称王?他难道不知道,和曹操称公、称王一样,这也是一件冒天下之大不韪的事吗?他大概还记得自己说过的那句话:"曹操急躁,我就宽和;曹操残暴,我就仁爱;曹操狡诈,我就忠厚。每件事情都和曹操反着来,事情才能成功。"怎么现在就以曹操为榜样,做起那被人指着脊背骂的事了呢?

退一万步说,刘备称王是为了在政治上与曹操抗衡,那也有说不过去的地方:其一,曹操在建安二十一年称王,刘备为什么要等到建安二十四年?其二,曹操称魏王,相对应的,刘备应该称蜀王才对,为什么降低自己的级别,只称汉中王?

查遍史料,没有人对此作出过解释。

大胆推测,玄机应当出在"汉中"二字上。

秦朝末年,群雄逐鹿。刘邦率先占领关中,本应为秦王,却被项羽封到当时相对封闭的"巴、蜀、汉中",当了所谓的汉王;都城所在地正是汉中的南郑。项羽没想到，汉中却是刘邦的福地。刘邦以此为基地，复出关中，东进中原，与项羽鏖战数年，最终获得胜利，建立了汉朝。

作为刘邦的子孙，刘备大概是想借助老祖宗的威灵，重演当年的历史，才会在刚刚占领汉中之后，就急不可待地给自己封了个汉中王吧。

关羽的心思很难猜

建安二十四年（219年）占有汉中之后，刘备就拥有一个完整的益州了。再加上之前割据的半个荆州，"跨有荆益"的战略设想基本成为现实。刘备不小气，早在占领成都的时候，就重赏部下。诸葛亮、法正、关羽、张飞四人，各赏黄金五百斤、白银一千斤、铜钱五千万，锦缎一千匹。马超、黄忠、赵云等人也各有赏赐。由于封赏太重，以致益州府库空虚，不得不铸新钱来维持开支。当了汉中王之后，刘备又封马超为左将军，张飞为右将军，关羽为前将军，黄忠为后将军，许靖为太傅，法正为尚书令，廖立为侍中。至于诸葛亮，虽然已经是刘备最重要的谋士，反倒是没有出任什么重要的职务，只是在占领成都的时候得了一个军师将军的头衔而已。纯粹以官职而论，诸葛亮这个军师将军，反在麋竺的安汉将军之下。

也就是这一年秋天，刚刚获任前将军的关羽不待刘备下令，就在荆州主动发起了对曹操的战争，兵锋直指曹仁驻守的军事重镇襄阳、樊城。曹操派左将军于禁和立义将军庞德增援曹仁。关羽固然善战，曹操的这几位战将也绝非弱者，防御战打得有板有眼，甚至还略占上风。到了八月，形势突变，连日大雨导致汉水上涨，突破堤坝，将樊城包围，于禁统率的部队也被大水困住。关羽趁机发动猛攻，大获全胜，俘虏了于禁和庞德。结果于禁投降，庞德不屈被杀。关羽因此而"威震华夏"，以至于曹操动了迁都的念头，以避其锋芒。后因司马懿和蒋济等人相劝，曹操才又下定决心，继续派兵增援曹仁。

司马懿眼光毒辣，看出孙权和刘备貌合神离，关羽如果得志，势必打破孙刘两家的平衡，这是孙权不愿意看到的。在司马懿的建议下，曹操派人向孙权示好。孙权果然听话，派吕蒙袭击关羽后方，攻占江陵，俘虏了关羽军将士的妻儿老小。关羽老房失火，进退失据，最终被孙权俘虏，砍了头。短短几个月之间，刘备在荆州占有的土地全部归了孙权，"跨有荆益"变成了"独有益州"。

《三国演义》写这段历史，高潮迭起，精彩纷呈。"水淹七军""刮骨疗伤""白衣渡江""败走麦城"，都是后世戏文中经常出现的名段。关羽的武勇、于禁的懦弱、孙权的阴险、吕蒙的狡诈，成为后人津津乐道的话题。关羽的败亡，最直接的原因当然是孙权的背后一刀。可是，如果从正史的资料来分析，关羽从进攻襄樊到败走麦城，只因为一件事：他太想证明自己的价值了。

在刘备集团中，关羽历来是一位重量级人物。从刘备出道开始，他和张飞就与刘备情同兄弟、生死与共。刘备之所以被人视为枭雄，在乱世之中始终能够找到自己的生存空间，主要也是因为有关、张这两位"虎熊之将"。建安五年（200年），曹操东征徐州，将镇守下邳的关羽俘虏，"拜为偏将军，礼之甚厚"。关羽在曹操帐下干了一段时间。官渡战争中，关羽为曹操斩杀了袁绍的大将颜良，又被封为汉寿亭侯。曹操待关羽不薄，关羽却不为所动，得知刘备的下落后，立马前去投奔。这一段短暂的投降经历不是关羽的污点，反倒是他极其忠于刘备的证明。

到了荆州后，刘备一如既往地重用关羽。刘备攻取益州时，开始是派关羽、张飞、诸葛亮共同镇守荆州。后来因为战事吃紧，又调张飞和诸葛亮入川，实际上是把看守荆州的重任委托给关羽一人了。

军国大事，前方打仗和后方保障同样重要。尤其是荆州这个地方还不能算作刘备的后方，北有曹操，东有孙权，都是不好对付的狠角色。刘备把荆州交给关羽，可以说是对关羽的绝对信赖——信任加依赖。然而不能否认的是，前方征战容易出彩，后方留守则"无过即是功"，相对比较灰暗。刘备于建安十六年（211年）入川，关羽在荆州一待就是八年。一开始还没什么，随着时间的推移，刘备的事业越做越旺，在前方立功的人越来越多，关羽便有些坐不住了。

建安十九年，刘备围攻成都，马超从汉中前来投奔，刘备大喜，说："我得益州矣。"果然，刘璋看到马超的人马，斗志全无，开城投降。关羽在荆州听说这件事，大为紧张，立即写信给诸葛亮，问马超"人才可谁比类"。言语之中，颇有要和马超比试比试的意思。诸葛亮回信说："马超文武兼备，倒也是个人才，但充其量是黥布、彭越之徒，只能与张飞一较高下，怎么能够和你这位美髯相比呢！"

诸葛亮真是聪明，一下子就明白了关羽的心事。为了让关羽高兴，他不但贬低了马超，附带也贬低了张飞，为什么？张飞虽然是关羽的兄弟，可是张飞也在益州立了战功啊，你以为关羽不紧张张飞？关羽担心的是，他现在和刘备天各一方，又无仗可打，无功可立，总有一天刘备会更重视别人而忽视自己，将他从手下第一号大将的位置上拉下来，让别人取而代之！所以，收到诸葛亮这封信后，关羽大为高兴，拿给自己的手下看。此举恰好又说明他内心还是不自信。

事实上，刘备的心理也发生了变化。他当了汉中王，封马超为左将军，张飞为右将军，关羽为前将军，黄忠为后将军，就是证明。前面说过，汉朝的官制，四方将军都是重号将军，俸禄相同。但是在排位的时候，是依照左、右、前、后的顺序的，左将军最尊。当年汉灵帝以皇甫嵩为左将军、董卓为前将军，主持西北用兵，实际上就是以皇甫嵩为统帅，董卓为副手。现在，刘备将马超和张飞排在关羽前面，关羽心里想必很不是滋味，但是又不好发作——马超的事已经说过，再说就没意思了；张飞是自家兄弟，说出来显得自己不讲义气。想来想去，他只好拿黄忠说事，对前来宣布任命的费诗说："大丈夫终不与老兵同列！"不肯拜受命令。

黄忠虽老，却是不弱。刘备取得汉中，黄忠有一半的功劳——夏侯渊就是黄忠杀的。给黄忠当个后将军，有何不可？其实，关羽愤愤不平的正是连黄忠这个老兵都有机会立功，他却只能在一边干瞪眼。费诗也是个聪明人，当下就对关羽说："当年萧何、曹参与汉高祖刘邦从小玩到大，陈平、韩信是后来才加入的。论功行赏的时候，韩信排在第一位，没有听说萧何、曹参对此有意见啊！现在大王和您，犹如一体，休戚与共，祸福同当。我为您着想，希望您不要计较官爵的高下、俸禄的多少。"

费诗还说了一句狠话："我就是一个使者，前来宣布命令，您如果不接受，那我就回去。只不过觉得您这样做，怕是会后悔的。"

话说到这份儿上，关羽才"大感悟，遽即受拜"。

可是，关羽的思想工作真的做通了吗？根本没有。正是因为思想不通，他不待刘备下令，就发动了对曹操的进攻。为什么？他要用自己的战果来证明自己的价值啊！

事情到了这一步，关羽还没有犯下致命的错误。刘备集团当时的总体战略是联孙抗曹，关羽作为一个方面军的统帅，如果看到了战机，在来不及请示的情况，主动进攻曹操也是可以的。而且，在前期战事进展顺利的情况下，刘备很有可能也默许了关羽的这一行动。

然而，正是因为战事进展顺利，关羽开始"飘"了。他一心要攻克襄阳、樊城，立下不朽的功勋，却忘了孙权一直对荆州这个地方虎视眈眈。他如果足够理智，应该和孙权搞好关系，确保孙权不在这个节骨眼上给他使绊子添乱。偏偏他丧失了理智，以为自己已经"威震华夏"，孙权压根儿不敢打什么坏主意，可以不用搭理孙权。

据《三国志》注引《典略》，关羽进攻襄樊的时候，孙权大概是想分一杯羹，也派了一支部队前去助战，但是又故意命令部队不要走得太快。这种助战，政治上的意义多于军事上的意义，也可以说是一种表态，希望关羽在得意的时候不要忘了还有孙权这样一位盟友。关羽却嫌孙权的部队动作太慢，加之不久之后他又俘虏了于禁，更是牛气冲天，居然对使者大骂孙权："貉子敢尔，如使樊城拔，吾不能灭汝邪！"意思是：你个狗崽子敢这样磨磨唧唧，等我攻下樊城，看我能不能灭掉你！

孙权好歹是江东六郡之主，明面上还是刘备的盟友，关羽作为刘备的属下，敢跟孙权这样说话，可以说是完全不懂规矩。这是要惹恼孙权的节奏啊！刘备给关羽下过这样的指示了吗？如果没有，关羽凭什么自作主张破坏这种联盟关系呢？

疯了。

更疯的是，又据《三国志》记载，孙权为了拉拢关羽，曾派人向关羽求婚，想为自己的儿子求娶关羽的女儿。关羽不答应也就算了，还将孙权派来的使者侮辱了一番。关羽如果怕刘备有什么想法，不同意结亲是对的，可是侮辱前来求亲的使者又是为哪般？是唯恐孙权不反水吗？还是吃准了孙权是个软柿子，可以随便捏？

只能这样理解，关羽在荆州闲得太久了，太急于证明自己的价值了。这是多年郁闷之后的一种高调反弹，真气已经散乱，出拳毫无章法。他骂孙权的求亲使者，从某种意义上讲也是打刘备的脸，毕竟刘备曾经娶过孙权的妹妹，当过孙权的妹夫。

除了得罪孙权，关羽在自己的阵营内部也得罪了不少人。糜芳是刘备任命的南郡太守，傅士仁是关羽的直属部下。关羽平时就看不起他们，攻打襄樊的时候，命这两个人提供后勤物资，他们没有完成任务。这其实也可以理解，襄樊之战并不在刘备的战略规划之内，一下子要准备那么多物资实属为难。关羽便说："等我回来再收拾你们。"有了这句话，关羽实际上已经必败无疑了。这两个人心想：你打了胜仗，我们要遭殃；你打了败仗，又会拿我们当替罪羊，那还干个啥！所以孙权那边招招手，糜芳和傅士仁马上就投降了。吕蒙得以顺利地渡江，轻而易举地抄了关羽的后路。

《三国志》记载，关羽后来被追谥为"壮缪侯"。根据谥法："武而不遂，死于原野，曰壮；名与实乖，曰缪。"所以这是一个恶谥。蜀汉政权给关羽的盖棺定论，大概就是"这个人曾经为国家卖命，但是工作出现了严重失误"吧。确实，如果不是关羽不能控制自己的情绪，冒冒失失发动战争，莫名其妙地得罪孙权，刘备又何至于在形势一片大好的时候失掉荆州，眼睁睁看着"跨有荆益"的梦想破灭呢？

称王称帝真忙

关羽的败亡无疑给了刘备沉重的一击。孙权取得了胜利，但是心情并不轻松。他知道，刘备是咽不下这口气的。为了迎接刘备报复性的进攻，他必须抓紧时间与曹操搞好关系，于是派人将关羽的首级送给曹操，并且"上书称臣，称说天命"。

民国时期，李宗吾先生写《厚黑学》，论及三国人物，说曹操心黑，刘备脸皮厚，孙权则兼二者之所长，心黑脸皮厚。这一评价甚为中肯，从孙权给曹操的这封信就可以看出来：低三下四，向曹操称臣，这不是脸皮厚？称说天命，建议曹操称帝，取汉献帝而代之，这不是心黑？

当然，曹操不会上孙权的当。他拿着孙权的书信给众臣看，说："这小子想把我放到火炉上烤呢！"

可是群臣看了这封信后，却是有不少人认为曹操应该称帝，其中不乏曹操的亲信。侍中陈群、尚书桓阶便说："自从汉安帝以来，汉朝就衰落了，现在更是只剩一个名号，气数已尽。您顺天承命，拥有了大半个中国，却还在侍奉汉朝皇帝，天下人都为此叹息，所以孙权才会向您称臣。这也是上天的意思，您就不要谦让了。"夏侯惇也对曹操说："自古以来，能够为民除害，得到百姓拥护的，就是万民之主。您半生戎马，泽被苍生，功在天下，当皇帝是顺天应民，还有什么好犹豫的呢！"

细细品味这件事，颇有意趣。孙权没安好心，这是可以肯定的；曹操一眼看破了孙权的用心，说孙权想把他放在火炉上烤，已经否定了孙权的建议。那么，为什么群臣没有顺着曹操的意思去批判孙权，反而也都建议曹操称帝呢？

答案很简单：大伙儿都知道，曹操内心是很想当皇帝的。

曹操说话，往往是表里不一，话里有话。要是真顺着他的话头，说"大王您千万不要上孙权的当，千万不要去当什么皇帝"，那就惨了。有荀彧的教训为证。建安十七年（212年），董昭等人建议曹操进位为魏公，曹操咨询荀彧的意见。荀彧认为"君子爱人以德，不宜如此"，也就是董昭等人如果真的爱戴曹操，就不应该出这样的点子。曹操听了很不高兴。进位当魏公，是他早就策划好的事。董昭等人提出建议，无非是摸准了他的心思，甚至是他授意而为。曹操咨询荀彧的意见，就是想看看荀彧是不是和自己一条心，会不会支持自己一步一步走向权力的巅峰。结果荀彧没经得住考验。没过多久，荀彧就不明不白地死了，而曹操还是于次年坐上了魏公的位置。《三国志》说荀彧是"以忧薨"，也就是因为忧郁而亡，未尝不是事实。由此可知为什么连夏侯惇这样的武夫都要站出来，强烈要求曹操接受孙权的建议了。这叫顺捋虎须，捋得老虎很舒服。

舒服过后，曹操却还是拒绝了大伙儿的好意，说了一句意味深长的话："若天命在吾，吾为周文王矣。"

商朝末年，商纣王暴虐无道。周文王在西岐大行仁义之道，天下诸侯都来投奔，"三分天下有其二"，却仍然臣服于商纣王。周文王死后，他的儿子周武王起兵讨伐商纣王，并取而代之，建立了周朝。

曹操的意思是，曹家取代刘家，魏国更替汉朝，已经是板上钉钉的事，但是，他本人就不亲自动手了，还是交给儿子去操刀吧。

曹操做此安排，可能有多方面的原因：

其一，汉献帝毕竟是他请到许都来的，他也一直以汉献帝的名义东征西讨，号令天下。现在事业有成了，要他自己来推翻汉献帝，等于过河拆桥，大大削弱了这么多年来他"奉天子以令诸侯"的合法性。

其二，建安十八年（213年），曹操一股脑儿地将三个女儿曹宪、曹节、曹华嫁到宫中，当了汉献帝的贵人。次年，曹操采取非常手段，杀了伏皇后和她所生的两个皇子。安在伏皇后头上的罪名，是建安四年（199年）董贵人被杀的时候，伏皇后心怀畏惧，给她父亲伏完写了一封密信，要伏完想办法诛杀曹操。伏完不敢起事，却将这封密信保留下来，并于十五年之后，被人告发。如此匪夷所思、不可理喻、难以置信的事情，不管天下人信不信，反正曹操自己是信了。建安二十年正月，他便安排曹节当了汉献帝的新皇后。他费尽心思让女儿成为皇后，现在又要亲手将她头上的凤冠取下来，岂不让人笑话？

其三，身体条件不允许他再折腾这么一件大事了。据《三国志》记载，曹操有头风之病，发作起来心乱目眩，要靠神医华佗为他针灸方能缓解。后来华佗因为思乡，以老婆有病为由回到沛国谯县老家（华佗与曹操竟是正宗的老乡）。曹操屡次差人请他不到，经过调查又发现他老婆根本没病，于是将他下狱处死。华佗死了，也就没人能治曹操的病了。建安二十五年（220年）春，关羽的首级送到之后不到三个月，曹操在洛阳去世。

同年冬天，汉献帝便下诏将皇帝位"禅让"给了曹丕。名存实亡的东汉王朝正式宣告结束。

曹丕对汉献帝还算照顾，让他住到河内的山阳，享受一万户的封邑，仍以天子之礼祭祀天地，称为山阳公。山阳公的四个儿子封为列侯，原来的皇后曹节则成了山阳公夫人。据《后汉书》记载，当曹丕派人入宫索取皇帝玺绶的时候，曹节拒不交出。后来逼不得已，她将玉玺扔到地上，哭着说："老天是不会保佑你的！"

山阳公一直活到了魏青龙二年（234年），享年五十四岁。但是，就在汉献帝逊位之后不久，刘备不知从哪里听到了他被曹丕杀害的消息，急不可耐地为他披麻戴孝，举哀发丧，并且煞有介事地给他上了一个"孝愍皇帝"

的谥号，也就是汉愍帝。刘备的忠厚从来都是这样势不可当。

半年之后，刘备接受臣下的请求，自称皇帝，改元章武，建立了三国史上的蜀汉政权。当然，刘备以汉室正统自居，自认为是汉朝皇帝。"蜀汉"或"蜀国"是后人给安上去的。

在曹丕已经篡汉称帝的情况下，刘备以延续汉朝为名称帝，于情于理，都无可指责。甚至可以这样说，曹丕给了刘备一个不得不称帝的理由。然而，打内心深处讲，刘备何尝不想当皇帝？不用太多猜测，从他给两个儿子取的名字就能窥知他的心思：养子刘封，嫡子刘禅，加起来就是"封禅"。封禅是中国古代帝王的特权，如果说刘备不想当皇帝，任谁都不信。

孙权方面，对于曹丕和刘备的先后称帝，表现得相当淡定。他只是给曹丕遣使致贺，自称藩属。同时，他抓紧时间修筑了武昌城，并告诫臣下要"存不忘亡，安必虑危"，提高警戒，随时准备应对狂风暴雨的袭击。

魏黄初二年、蜀章武元年（221年）十一月，曹丕派人册封孙权为吴王。据《三国志》注引《江表传》，当时江东群臣大多认为孙权不应该接受曹丕的册封。一旦接受，就等于承认吴王是魏的诸侯，处处受制于人。他们别出心裁，建议孙权自称"上将军、九州伯"。孙权说："自古以来，没有听说过什么九州伯。当年沛公（刘邦）不也曾经受项羽之封而为汉王吗？这就是一时之计，对我有什么损害？"于是接受了册封，并于次年改元黄武——从魏国的黄初和蜀国的章武中各取一字，真是低调到家了。

孙权对曹丕低头，除了自身的稳重，还有其不得已的原因。

刘备因曹丕而称帝，在祭告天地的文书里写得明白："曹操阻兵安忍，戮杀主后，滔天泯夏，罔顾天显。操子丕，载其凶逆，窃居神器。群臣将士以为社稷堕废，备宜修之，嗣武二祖，龚行天罚。"正是因为曹丕窃取了汉室江山，刘备才必须继承汉统，延续汉高祖、汉光武帝的事业，为上天执行惩罚。按照这个逻辑，刘备称帝之后，应当兴兵北上，讨伐曹丕。可是他却将矛头对准了孙权，急不可耐地于章武元年（221年）七月发动了战争。

　　孙权一面迎战，一面求和。无奈刘备已经丧失理智：丢掉荆州，肉痛；失去关羽，心痛；出兵讨伐孙权之前，张飞又被部下杀害，痛上加痛。在这种情况下，谁都没有办法跟刘备讲道理。赵云劝他："国贼是曹操，非孙权也，且先灭魏，则吴自服……不应置魏，先与吴战。兵势一交，不得卒解也。"他就将赵云打发到江州去督军，压根儿听不进任何反对意见。

　　战争的主动权一开始掌握在刘备手里。蜀军沿江东下，占领了巫县和秭归。但是好景不长，到了黄武元年（222年）闰六月，吴军统帅陆逊抓住战机，在猇亭发动火攻，一举烧掉蜀军四十几座营寨，斩杀蜀军数万人，击败蜀军主力。刘备落荒而逃，一口气逃回了白帝城。

　　当时有人向孙权建议，干脆攻进益州，将刘备消灭。孙权当然想这么做，但是形势不允许，因为三国鼎立的大势已成，曹丕不可能坐视孙权吃掉刘备。同年九月，魏军兵分三路，向吴国发动了进攻。孙权派兵分头抵抗。吴军刚刚与蜀军鏖战一年多，气力不佳，在战场上处于劣势。孙权再一次委曲求全，向曹丕上书请罪。曹丕的答复很干脆："只要你把太子孙登送来当人质，啥事都好说，否则免谈。"

　　早在建安七年，曹操要求孙权遣子入质，就被孙权拒绝。现在曹丕又来跟他要人质，他怎么可能答应？于是战争继续。到了这一年十二月，孙权终于吃不消，厚着脸皮向刘备派出了求和的使者。

　　战争的失败使得刘备恢复了理智，知道恢复孙刘联盟是他唯一正确的选择。但是，有一点是他拉不下面子的：他既然已经自称汉朝皇帝，孙权又如何能够以平等的主体来跟他和谈呢？他或许曾经以汉朝皇帝的身份给孙权写信，孙权置之不理，更使得他心里不爽。

　　于是刘备问孙权的使者郑泉："吴王何以不答吾书，得无以吾正名不宜乎？"意思是，孙权不回我的信，难道是认为我当皇帝名不正言不顺吗？

　　郑泉的回答很有水平："曹操父子凌虐汉室，篡位为帝。您既然是汉室宗亲，有捍卫朝廷的责任，却不拿起武器率先讨伐他们，反而在这个时候给自己建立名号，没有得到天下人的支持。所以我家大王也不会给您回信。"

刘备"甚惭恧"，于是也派人到武昌答聘孙权。双方重归于好，自此再也没有发生过战争。但是，两国真正缔结条约，结成同盟，已经是七年之后的事。而刘备本人，毕竟是元气大伤，于章武三年（223年）四月在永安去世了。

第十章

阿斗的江山

刘备死后，十七岁的刘禅即位。

《三国志》中，称刘备为"先主"，刘禅为"后主"。蜀国就传了父子两代，然后被魏国灭亡。

而在中国历史上，刘禅更以小名"阿斗"而闻名。

扶不起的阿斗，说的就是这位仁兄。

据《三国志》注引《汉晋春秋》，蜀国灭亡后，刘禅被送到洛阳。有一天司马昭设宴招待刘禅，席间表演了蜀地的歌舞。刘禅的手下触景生情，都怆然泪下。刘禅却神态自若，谈笑依然。这副没心没肺的样子，连司马昭都看不下去了，于是问刘禅："你应该很思念蜀地吧？"刘禅便说了一句千古名言："此间乐，不思蜀。"刘禅的老臣郤正听到，觉得实在是不太像话，便告诉刘禅："如果下次再被问到这样的问题，就说'有先人的坟墓在那里，没有一天不想念'，然后把眼睛闭上，摆出一副忧伤的样子。"过了些日子，司马昭大概是想再一次享受智商碾压的乐趣，果然又在大庭广众之下，对刘禅问了同样的问题。刘禅照着郤正教的做，司马昭说："不对啊，你这话我怎么听着像是郤正说的啊？"刘禅马上睁开眼，很惊讶地说："您咋知道？可不就是郤正教我的嘛！"司马昭笑得差点背过气去。

关于刘禅的这一表现，史上有两种不同的解读：其一，这正是他的本色演出，他原本就是个烂泥扶不上墙的傻瓜；其二，他在装疯卖傻，好让司马昭对他放心。无论真傻还是假傻，刘禅能够在洛阳颐养天年，以安乐公的身份安安乐乐地活到六十五岁，全拜这个"傻"字所赐。特殊时期，特殊环境，本来就是"假作真时真亦假"，又有谁能说得清他究竟是蠢出了花样还是大智若愚呢？

父与子

说到刘禅的半疯不傻，不免要谈到他颇为跌宕的人生经历。

据《三国志》记载，刘禅诞生于动荡不安的建安十二年（207年）。那时候刘备寄寓荆州，刘表重病缠身，孙权虎视眈眈，曹操即将南下。刘禅的母亲甘夫人，虽然后来被追封为昭烈皇后，当时的身份却不过是刘备的小妾。当然，由于刘备"数丧嫡室"，甘夫人"常摄内事"，再加上生了个儿子，实际上也就是这个家里的女主人了。

建安十三年，曹操大军南下，刘备一路狂奔，从樊城逃到当阳，身边只带着诸葛亮、张飞等数十骑，将甘夫人和年幼的刘禅丢到了乱军之中。幸得赵云舍身相救，这一对母子才脱离险境，没有被曹操俘虏。

《三国演义》写到这里，有一个非常精彩的情节：赵云拼死冲杀，过了长坂桥，将刘禅安然无恙地交到刘备手里。刘备接过孩子，却扔到地上，说："为汝这孺子，几损我一员大将！"一代枭雄的惺惺作态，跃然纸上。这是小说家的艺术加工，却没有背离真实的刘备的本性。对于刘备来说，兄弟如手足，女人如衣裳，儿子也不过是个包袱而已。赤壁之战后，刘备便娶了孙权的妹妹为妻。至于甘夫人，虽然在乱军之中好不容易捡回一条性命，却又莫名其妙地在这桩婚事之前去世了。

甘夫人之死自然不是为了给孙夫人让路。她本来就只是个小妾，不成为孙刘联姻的障碍。但是，孙夫人嫁过来之后，和刘备同床异梦，甚至另外筑城而居，自带男女护卫，戒备森严，刘备想和她亲近一下都提心吊胆。在这样一种情况下，孙夫人却成了刘禅的监护人，将刘禅带到她的"夫人城"中居住，这件事难免给人留下想象的空间。

如前所述，孙夫人乃是孙权交给刘备的人质，而刘禅又是刘备交给孙夫人的人质。这是一个连环扣，只有双方都插上钥匙，锁才能解开。需要复杂的头脑才能设计出如此巧妙的机关，在温情脉脉的外表下，双方尔虞我诈、剑拔弩张甚至是一触即发的紧张关系被掩盖得严严实实，目的是让共同的敌人曹操觉得无懈可击。孙权和刘备的谋士们想必是绞尽脑汁才想出这么一个互相制约的办法吧。

由此推测甘夫人的死因，难免让人害怕，因为将刘禅放入这个连环扣中的前提是：他失去了母亲。否则，有什么理由将一个还不会走路的孩子从母亲怀里抢走，交给一个陌生女人去照顾呢？

可怜的刘禅就是在这样一种"爹不疼、娘不爱"（亲娘甘夫人去世，继母孙夫人想必对他也不会太好）的环境中度过了他的幼年时期。与其说他是刘备的儿子，不如说他是刘备的棋子，而且是随时可以抛弃的棋子。

建安十六年，刘备率军入川，去窃取刘璋的地盘。为了让孙权放心，他将孙夫人和刘禅留在了荆州。孙权突然变卦，下令让孙夫人带着刘禅回江东。于是有了《三国演义》中"赵云截江救阿斗"这一出戏，史实也确实如此：赵云和张飞及时采取行动，在江边将刘禅截下，只放孙夫人回江东。

假如刘禅被孙夫人带走，孙权能不能凭借他来制约刘备其实是个未知数。根据刘备在多次逃亡中的表现，可以肯定的是，这个人只要到了紧急关头，肯定是只顾自己逃生而不顾家人性命的。这也可以理解，他大半辈子都过着朝不保夕的日子，太多的亲情只会降低他求生的本能，甚至像吕布一样早就被人打倒。他有女人，却不能眷恋缠绵；他有儿子，却无暇给予父爱。他一直在刀口上舔血为生，内心自然变得刚硬。

刘备入川之后，行情看涨，先是鸠占鹊巢，夺取了刘璋的江山；接着北伐汉中，占有了整个益州。建安二十四年，刘备当了汉中王；两年后，他又当了蜀汉的皇帝。随着刘备的生活越来越安定，身份越来越高贵，刘禅的境遇也完全改变了。

他先是被立为汉中王太子，接着又成为蜀汉的皇太子。

顺便说一下，刘备的儿子并不多。据《三国志》记载，他在荆州的时候，尚未有子嗣。刘备甚至认了一个养子，也就是刘封。建安十二年，刘禅出生的时候，刘备已经四十六岁，可谓老来得子。到了益州之后，刘备又和不知名的女人生了两个儿子，一个叫刘永，一个叫刘理。毫无疑问，在这三个儿子里面，刘禅是最有资格成为太子的——由于史料没有明确记载，刘备称汉中王的时候，刘永、刘理是否已经出生都未可知。就算是已经出生了，也不过是两个娃娃，而刘备已经五十八岁高龄，按照国赖长君的原则，刘禅是继承大统的必然之选。

刘备的心态也变了。他原来居无定所，一点儿也不在意儿子；现在坐拥一州，自然而然地将儿子看得重了。这也是中国亘古不变的政治逻辑：打江山是为了坐江山，坐江山是为了让子子孙孙都坐下去，而且是坐得越久越好。刘备既然做了皇帝，就难免要考虑身后之事了。

章武三年（223年），刘备在永安去世，令诸葛亮辅佐刘禅继承皇位。

据《三国志》注引《诸葛亮集》，刘备留给刘禅的遗诏可谓情深意长，既充满老父亲对儿子的舐犊之情，又饱含先皇对嗣君的殷切期望。摘其重点，主要有三：

其一，"人五十不称夭，年已六十有余，何所复恨，不复自伤，但以卿兄弟为念"，能够活到六十多岁，刘备已经很满足，唯一放不下的，就是刘禅和他的两个兄弟。

其二，"射君到，说丞相叹卿智量甚大，增修过于所望，审能如此，吾复何忧！"这里透露了一个重要的信息：刘禅绝对不是一个傻瓜。诸葛亮甚至认为，刘禅有大智慧，学习进步也很快。刘备听到这样的话，由衷高兴。

当着父亲夸儿子，有可能是一种讨好。但是，知子莫若父。站在刘备的角度，他既然要将国家交给刘禅，最起码对刘禅是比较放心的。换句话说，刘禅的智商也罢，品德也罢，至少是中人之资，不会太过低下。

其三，"惟贤惟德，能服于人"，这是在教刘禅君人之道：要想统治好一个国家，最重要是统治者自身要具有能力和品德。

关于品德修养方面，刘备提出："勿以恶小而为之，勿以善小而不为。"而且自我批评:"汝父德薄,勿效之。"

关于能力修养方面,刘备给儿子开了一个书单,包括汉书、礼记、诸子、六韬、商君书等,并要求诸葛亮亲自给刘禅讲授申不害、韩非子、管仲等人的著作。这是刘备的痛定思痛——他自己是个不爱读书的人,马上打天下的成绩马马虎虎,马下治国家的成绩不值一提。猇亭的惨败更是因为他在错误的时间、错误的地点,对错误的敌人发动了错误的战争。说到底,这都是因为读书太少啊!

刘备对于后事的安排,应该说没有问题,甚至是比较完美的——嗣君刘禅,时年十七岁,心智已经成熟,既不蠢也不坏,在刘备的三个儿子中,是最合适的人选。辅政大臣诸葛亮,不但忠心耿耿,人品无可挑剔,而且足智多谋,具有丰富的从政经验。刘备还特别交代儿子,在他死后,"汝兄弟父事丞相",这分明是当年周武王将周成王托付给周公的做法了。

问题是,这样一个完美的安排,到头来为什么会造就一个"扶不起的阿斗",以致蜀国二世而亡呢?

这个问题,还得从诸葛亮身上说起。

君与臣

刘备临终前将刘禅托付给诸葛亮,说过这样一句话:"君才十倍曹丕,必能安国,终定大事。若嗣子可辅,辅之;如其不才,君可自取。"

诸葛亮有才,那是肯定的。

刘备信任诸葛亮,也是可以肯定的,否则也不会托孤给他。但是信任之中,又难免夹杂着一丝不信任的味道。

刘禅可以辅佐就辅佐,实在是不成器就取而代之,按照封建社会的伦理,如果诸葛亮真这么做了,就叫作谋朝篡位,罪大恶极。

曹丕正是因为取汉献帝而代之,才被刘备骂得狗血淋头。现在刘备却说诸葛亮可以做这样的事，岂不是暗指诸葛亮有这样的心思？

细细想来，"君才十倍曹丕"，其实也是有所暗示的：曹丕就那点本事，尚能谋朝篡位；你比曹丕厉害多了，难道就不想过过当皇帝的瘾？

也有人解释，这种"君可自取"的托付，只不过是当时较为流行的一种夸张说法，并没有实际意义。据《三国志》注引《吴历》，孙策临终之前也曾对张昭说过："若仲谋（孙权）不任事者，君便自取之。"又据《三国志》注引《魏书》，刘表临终之前也曾对刘备说："我儿不才，而诸将并零落，我死之后，卿便摄荆州。"由此可见，这种话也就像"改天请你吃饭"一样，纯属客套，不可当真。

但是，从刘备对诸葛亮的工作安排来看，君臣之间的关系绝对不像《三国演义》写的那样亲密无间。

荆州时期，刘备给诸葛亮的职务只是军师中郎将，远比关羽、张飞低，甚至也比赵云低。

刘备攻进成都，占领益州，才给诸葛亮封了一个军师将军，加上一个"署左将军府事"。

前面说过，这个军师将军，地位比糜竺的安汉将军还低。"署左将军府事"倒是实权在握，因为刘备当时的官职是左将军，署理左将军府就是为刘备打理军国大事，相当于他的秘书长。刘备要诸葛亮办事，但是又不肯给诸葛亮太高的职务，用的还是汉武帝那一套"以下治上"的御人之术。

换句话说，刘备对诸葛亮不是心无芥蒂，而是颇费心机。

相比之下，刘备对法正反而更为看重。入主成都之后，法正被封为蜀郡太守、扬武将军，"外统都畿，内为谋主"，里里外外一把手，地位远在诸葛亮这个秘书长之上。刘备当了汉中王，法正又被任命为尚书令、护军将军。汉朝的体制，尚书台就是皇帝的办公厅，尚书令就是中办主任。法正在刘备心目中的地位有多重要，由此可见一斑。反观诸葛亮，职务没有任何变化，还是军师将军，而且连"署左将军府事"也没有了。因为左将军之职已经转让给了马超，诸葛亮不可能去给马超当管家。

法正很有本事，缺点也很明显，就是个人感情色情太重，爱憎过于分明。他喜欢的人，一定会全力去照顾；他讨厌的人，一定会想办法去打击。他大权在握之后，便大肆报复原来得罪过他的人，并且擅自杀死了其中的几人。有人向诸葛亮反映法正的所作所为，希望诸葛亮启奏刘备，杀一杀法正的威风。诸葛亮的回答是："主公之所以能有今天，全是法正的功劳，我又如何能够禁止法正快意恩仇？"

说穿了，诸葛亮知道刘备更信任法正，由他去说法正的不是，叫作"以疏间亲"，只会引起刘备的反感。

建安二十五年，法正去世，刘备"为之流涕者累日"。章武元年，刘备东征孙权。群臣苦苦相劝，刘备一概不听。猇亭战败后，诸葛亮不无心酸地对别人说："如果法孝直（法正字孝直）还活着就好了，主公肯听他的话，他一定能够劝阻主公。"

法正如果不死，刘备托付后事的时候，恐怕就不是托给诸葛亮，而是托给法正了。

回想建安十二年（207年），刘备初见诸葛亮时，确实是发出过"孤之有孔明，犹鱼之有水"的感慨。这种鱼水之情为何会迅速减淡，以至于法正后来居上，横刀夺爱呢？大胆揣测，并非诸葛亮的忠诚值得怀疑，而是"盛名之下，其实难副"。

诸葛亮和庞统未出山之前，广告打得很响亮。卧龙、凤雏，一听就令人神往，仿佛得到他们，就能纵横天下。然而，得到诸葛亮之后，刘备并没有一飞冲天，反而被曹操从樊城追杀到当阳，差点要逃到岭南去苟全性命于乱世。孙刘联盟，共抗曹操，也不是诸葛亮的功劳，而是孙权派鲁肃主动找上门来的。火烧赤壁，那是周瑜的战绩。赤壁之战后，刘备局促于荆州南部，北畏曹操，东惧孙权，进退维谷，诸葛亮也没有拿出破局之策。当然，这并不说明诸葛亮没有本事。在当时那种形势下，换了谁来当军师，恐怕也不会比诸葛亮做得更好。问题是，刘备对诸葛亮的期望值太高了。希望越大，失望越大。而法正恰好就在这个时候出现，白白将一个益州送给了刘备，让刘备一下子脱贫致富，获得了广阔的战略空间，"翻然翱翔，不可复制"。这也难怪刘备会移情别恋，心有他属了。

　　法正死后，刘备才又将心思放回诸葛亮身上。他自称皇帝，诸葛亮便当了丞相。张飞被害之后，刘备又将他虚挂的司隶校尉一职派给了诸葛亮。但是，到了永安托孤的时候，刘备还是留了一手。他将刘禅托付给诸葛亮，又命"尚书令李严为副"，等于是同时任命了两位"顾命大臣"。

　　李严是南阳人，原本是刘表的属下。曹操征伐荆州的时候，李严来到益州，被刘璋任为成都令。建安十八年，刘备讨伐刘璋，李严在绵竹临阵起义，投降了刘备。李严在"三刘"手下都干过，虽然不能说是三姓家奴，但在大节上总是有所欠缺的。然而，李严又确实是个有能力的人，年轻的时候就"以才干称"，在刘表、刘璋手下都"有能名"。刘备既看中了李严的才干，也看中了李严的人脉——刘备在益州立国，臣工来自五湖四海，归纳起来主要有三种人：一是来到荆州之前就跟着他的，包括关羽、张飞、赵云、麋竺、孙乾等，可以称为"老兄弟"；二是在荆州招收的，包括诸葛亮、伊籍、马良、向朗、蒋琬、魏延等，不妨称为"荆州人"；三是原来刘璋的部下，包括法正、黄权、许靖、董和、吴壹、吴班等，不妨称为"益州人"。作为统治者，必须摆平三种人之间的关系。由于"老兄弟"已经逐渐凋零，所以更重要的是协调"荆州人"和"益州人"。而李严既有在荆州工作的经历，又有在益州工作的经历，和这两种人打交道都不难。因此，早在章武二年，刘备便将李严调到身边，让他担任了尚书令。永安托孤，又"以（李）严为中都护，统内外军事，留镇永安"。

　　换句话说，刘备虽然将国家大事托付给了诸葛亮，却又将军事大权交给了李严，这就明显是对诸葛亮的提防和制约了。而且，刘备的这一安排，显然还包含了这样一个信息：他认为诸葛亮并不善于带兵打仗。

知臣莫若君。从后来发生的事情看，刘备看人还是比较准的。比如说，他认为马谡不堪大用，诸葛亮不听，还是要重用马谡，结果痛失街亭。

关于诸葛亮的军事才能，虽然《三国演义》里将他写得神乎其神，仿佛前无古人，后无来者，天下地上，只此一人，但是实际上，无论是作为刘备的军师，还是后来独当一面，诸葛亮并没有多少骄人的战绩。也许《三国志》的作者陈寿说得对，诸葛亮治国，有管仲、萧何之才；论及带兵打仗，却是"应变将略，非其所长"。

不幸的是，诸葛亮偏偏是个爱打仗的人。

诸葛一生唯谨慎

章武三年（223年）四月，刘备在永安去世。五月，刘禅在成都即位，改元建兴，封诸葛亮为武乡侯，开府治事，领益州牧。

前面说过，东汉是没有丞相的。三公中的司徒就是原来的丞相。是曹操恢复了丞相，废除了三公制度。曹丕称帝后，又废除了丞相，恢复三公制度。其实，丞相也罢，大将军也罢，三公也罢，都可以视为虚职。只有开府治事，也就是开设了衙门，建立了机构，配置了僚属，正儿八经地处理军国大事，才算是有了实权。

诸葛亮有了实权，便开始雄心勃勃地实施自己的抱负。他的抱负是什么？就是《出师表》里写的，"攘除奸凶，兴复汉室，还于旧都"。为此，他的第一步是与孙权搞好关系，建立汉（蜀）吴同盟，彻底解除东方的威胁；第二步是"五月渡泸，深入不毛"，平定南方少数民族的叛乱，解决后顾之忧；第三步，便是兴兵北伐了。

建兴五年（227年），诸葛亮离开成都，率军入驻汉中，将汉中作为北伐中原的前进基地。

建兴六年（228年），诸葛亮声东击西，命赵云、邓芝设疑兵吸引魏国重兵，自己率领蜀军主力进攻祁山。祁山附近的南安、天水、安定三郡军民响应诸葛亮的号召，反魏降蜀，引发关中震动。看似形势一片大好的时候，蜀军前锋马谡在街亭战败；赵云的偏师也因魏军过于强大，失利于箕谷。诸葛亮为了避免被魏军夹击，果断收兵回汉中，第一次北伐宣告失败。

同年冬天，诸葛亮趁魏国与吴国交战，出兵散关，包围陈仓，却遭到郝昭阻击，攻而不克，"粮尽而还"。

建兴七年（229年），诸葛亮派陈式进攻武都、阴平二郡。魏国的雍州刺史郭淮带兵来救，诸葛亮亲自率军拦截。郭淮主动退却，诸葛亮"遂得二郡"，小胜一局。

建兴八年（230年），魏国发动反击，兵分四路进攻汉中。诸葛亮驻军于城固、赤坂，准备迎战。结果一场大雨下了三十余天，魏军无功而返。

同年，诸葛亮派魏延、吴壹深入羌中，在阳溪打败魏将费曜、郭淮。

建兴九年（231年），诸葛亮再度进攻祁山，大败司马懿，射杀魏军悍将张郃。诸葛亮本想乘胜追击，不料因为大雨，后方粮草供应不上，只得班师回朝。

建兴十二年（234年），诸葛亮经过三年修整，发动了最后一次北伐。魏国还是以司马懿为大将，与诸葛亮在五丈原对峙。诸葛亮多次派人挑战，司马懿始终坚守不出。八月，诸葛亮在军中病逝。

《三国演义》写诸葛亮六出祁山，实际上只有两次。但是，自建兴六年至建兴十二年，诸葛亮先后七次对魏国用兵（包括防守反击），最后将自己累死，却是不争的事实。平均一年一战，取得的成绩是什么呢？

除了几次战术上的胜利，攻占了为数不多的土地，战略成果几乎为零：汉中还是前进基地，魏国在曹操年代划定的陈仓防线从来没有被突破过。而蜀国为此付出的代价却是惨重的：连年征战使得益州由刘璋年代"民殷国富"（语出《隆中对》）的天府之国，变成了刘禅年代"民穷兵疲"（语出《后出师表》）的凋零之州。"攘除奸凶，兴复汉室，还于旧都"的理想，在一次又一次的徒劳无功中，逐渐变成了不可能实现的空想。

这就让人不得不产生一个疑问：诸葛亮究竟会带兵打仗吗？

回答是肯定的，同时又是否定的。

先说肯定的。诸葛亮治军的才能有口皆碑。裴松之注《三国志》，引用袁淮的话："其用兵也，止如山，进退如风。"诸葛亮指挥部队在战场上拼杀，并不输于任何人。司马懿作为魏国最有才能的军事指挥官，遇到诸葛亮也只能坚壁深垒，避其锋芒。司马懿如此，其他人就更不用说。只要手里有相当数量的部队，并且有充分的后勤保障，诸葛亮在战场上可以说是罕逢敌手。从史料上看，诸葛亮用兵很符合《孙子兵法》中提出的一个观点："善战者，立于不败之地，而不失敌之败也。"也就是说，诸葛亮带兵打仗，作风严谨，一丝不苟，让敌人无懈可击，确保自己立于不败之地。敌人一旦出现漏洞，他就抓住机会发动进攻，获取胜利。

然而，打仗是一门博弈的艺术。过度追求"不败"，其实也就导致"难胜"。诸葛亮在汉中谋划北伐方略，每一次都是剑指西北，将进攻的方向定在魏国的雍州一带。魏延曾多次提出要带兵万人，与诸葛亮分兵出击，再到潼关会合，诸葛亮都不同意。据《三国志》注引《魏略》，有一次魏延甚至明确提出，只要给他精兵五千，"直从褒中出，循秦岭而东，当子午而北，不过十日，可到长安"，长安易手，则前线魏军必然崩溃。蜀军主力从斜谷杀到长安，也不过二十日。这样的话，诸葛亮便可占领关中，对魏国形成压倒性的优势。从当时的情况来看，魏延的建议不失为打破僵局的一条好计。诸葛亮却认为风险太大，"不如安从坦道，可以平取陇右，十全必克而无虞"，拒绝采纳魏延的建议。

李贽说得好，"诸葛一生唯谨慎"。治理国家，谨慎当然是好事；疆场争锋，却从来没有什么"十全必克"的机会等着谁。毕竟，诸葛亮的对手司马懿、郭淮等人也都不是吃素的，偶尔露出个破绽，很快就会弥补。而且，司马懿越打越精，越来越明白诸葛亮的长处与短板。"安从坦道"，不愿冒险，就是诸葛亮最大的短板。假如让诸葛亮来替曹操指挥官渡之战，他八成是不会去偷袭乌巢的。司马懿与诸葛亮兵来将往，你攻我守，诸葛亮偶尔能占点便宜，在大局上却对司马懿无可奈何。过于谨慎的性格使得诸葛亮当年在荆州不能为刘备破局；事隔多年，在汉中也不能为自己破局。北伐中原的大业，从一开始就变成了魏国与蜀国之间的内力比拼，而蜀国的内力显然大不如魏国——关于这一点，诸葛亮本人恐怕也是心知肚明的。

《孙子兵法》开篇就说："兵者，国之大事，死生之地，存亡之道，不可不察也。"对于任何一个国家来说，战争都是关系到生死存亡的大事，必须慎之又慎，小心对待。对于强国如此，对于弱国更是如此。有意思的是，诸葛亮在战场上表现得极其谨慎，对于发动战争却是毫不犹豫，不管条件成不成熟，他都要开战。

其实，当初在"隆中对"中，诸葛亮提出的计划相当理性："若跨有荆益，保其岩阻，西和诸戎，南抚夷越，外结好孙权，内修政理；天下有变，则命一上将将荆州之军以向宛、洛，将军身率益州之众出于秦川，百姓孰敢不箪食壶浆以迎将军者乎？"也就是说，即使是"跨有荆益"成为现实，刘备集团首要的任务还是自保。要等到"天下有变"，再兵分两路，北伐曹氏政权。可是到了刘禅年代，荆州已经归了孙权，蜀国只有益州，天下也没有发生变化，条件明显不成熟，诸葛亮却一改初衷，以一种"知其不可为而为之"的精神，一而再、再而三地向魏国发动了进攻。他为什么要这么做？

诸葛亮发动战争的逻辑写在了《后出师表》里。在这封他给刘禅的奏折中，针对当时朝野之间反对北伐的声音，诸葛亮提出了他的六个"不解"：

第一，汉高祖英明神武，谋士众多，却多次亲临险境，甚至身受创伤，才转危为安，获得天下。而今陛下的才智不如汉高祖，我又不如张良、陈平，却想坐在家里从长计议而取得胜利，让人难以理解。

第二，刘繇身为扬州刺史，王朗身为会稽太守，高谈阔论，无人能及，却"今岁不战，明年不征"，坐视孙策壮大，兼并江东，让人难以理解。

第三，曹操用兵如神，却在南阳差点死于张绣之手，在乌巢以身涉险，在潼关几乎被马超杀死，然后才占有北方，建立伪政权。我的本领不如曹操，却想安安稳稳平定天下，让人难以理解。

第四，先帝常称赞曹操能干，曹操却还是常有失败。我远比曹操愚钝，为什么要求我每战必胜？让人难以理解。

第五，发动战争至今，我们已经丧失了赵云、阳群等猛将七十余人，精锐的骑兵一千余人，这都是几十年间纠集的各地精兵强将，不是益州一州所有。再这样下去，几年之后，这些精兵强将就损失三分之二了。到时候，再拿什么去进攻敌人？让人难以理解。

第六，现在国家已经是"民穷兵疲"，但是北伐大业不能停止。既然不能停止，却又不及早图谋，而想凭借一州之地与魏国抗衡，让人难以理解。

总结诸葛亮的逻辑，最基本的出发点就是，魏国一定要打，不打是不行的。为什么？这是刘备交给他的任务："先帝虑汉、贼不两立，王业不偏安，故托臣以讨贼也。"

受人之托，忠人之事，倒也无可指责。可是，战争毕竟是大事，就算是心怀天下，也要看准了时机再打，为什么诸葛亮那么急切呢？这就要说到他的第二层逻辑：迟打不如早打。现在打，蜀国还有一些家底；再过些年，这些家底就耗光了，没得玩了。

这层逻辑是大有问题的。一个国家的军事实力来自它的经济，来自它的人民。经济发展了，人口增加了，就可以训练更多的部队，培养更多的将领。为什么诸葛亮觉得，赵云死了就没人可替代，一千多精锐骑兵失去就永远失去了呢？既然是治理一个国家，就要有长远的发展眼光，培养生生不息的力量，怎么能够只盯着眼前这些人，感觉就像是一锤子买卖呢？

由此进入诸葛亮的第三层逻辑：魏强蜀弱，魏国只会越来越强大，蜀国怎么也跟不上魏国的发展速度。问题如果不在现在解决，以后就再也解决不了。所以，现在就算是冒险，也要把战争进行到底。

抛开老百姓的感受不说，光从复兴汉室这个伟大理想而言，这个逻辑基本说得过去。问题是，诸葛亮在战场上偏偏又不是个肯冒险的人。他的事业以大冒险开局，真正需要冒险的时候却又总想走康庄的平安大道。而且，他自己不冒险，也不许别人冒险。

所以，闭环了。

蜀中无大将

回过头来再问一个问题：蜀国占有的地盘、拥有的资源，足不足以和魏国、吴国争夺天下？

理论上是可以的。

当年刘邦仅是据有汉中，人马不过数万，就能明修栈道，暗度陈仓，侵占关中，进而跟项羽逐鹿中原。现在蜀国占有整个益州，魏国也不见得比项羽更强，为什么诸葛亮前前后后打了七年，始终没能将战线推过陈仓，只在汉中附近徘徊呢？

这个问题，倒是可以借用刘邦的一句话来回答。

据《史记》记载，刘邦取得天下后，有一次大宴群臣，说到他之所以能够打败项羽，刘邦说了三个"不如"："运筹帷幄，决胜千里，我不如张良；镇守国家，安抚百姓，提供后勤保障，我不如萧何；带兵百万，攻城略地，我不如韩信。这三位都是当世人杰，我能够用他们，所以我取得了天下。项羽只有一个范增，又不能用他，所以他被我打败了。"

刘邦取得天下，其实不只是张良、萧何、韩信的功劳，陈平、曹参、夏侯婴、樊哙等一大批文臣武将都功不可没。敢用人、能用人、会用人，是刘邦能够以弱胜强、打败项羽的主要原因。反观蜀国，运筹帷幄的是诸葛亮，治国理政的是诸葛亮，带兵出征的还是诸葛亮，全是一个人！

蜀国没人吗？当然不是。

至少刘备临终托孤，就托了两个人。诸葛亮之外，还有李严。而且分工很明确：诸葛亮是丞相，抓全面工作；李严为中都护，负责军事。刘备做此安排，并非认为李严在军事上强于诸葛亮，而是刘备已经预料到，如果让诸葛亮负责军事，他会不遗余力推动北伐，去实现"隆中对"的目标的。这个目标的设定没问题，"汉、贼不两立"也是刘备亲口说的。但是，在这个宏伟的目标下面，刘备更多是面对现实，过好当下的日子，确保子孙后代的荣华富贵。至于何时实现目标，那就只能等待"天下有变"了。

这话如果说得还不够明白，那就借用明清大儒王夫之的一句话，刘备复兴汉室的初心"乃分荆得益而忘之矣"，在分到荆州、得到益州之后就忘掉啦！

刘备想不到的是，等到他一闭眼，刘禅当了皇帝，诸葛亮开府治事，就把李严摆到一边凉快去了。"政事无巨细，咸决于（诸葛）亮。"军国大事，千头万绪，一个人管得过来吗？李严好歹也是个"副顾命大臣"，为什么不分一些工作给李严去做呢？

李严如果没有能力就算了，偏偏李严很能干，这是诸葛亮本人也承认的。《三国志》记载，诸葛亮写给孟达的信中提道："部分如流，趋舍罔滞，正方性也。"意思是，安排处理政务有如行云流水，决定取舍毫不迟疑，这就是正方（李严字正方）的优点。既然如此，李严在蜀国的政治生活中，应该也占有很重要的地位，但是诸葛亮不允许。

诸葛亮不但是丞相，还兼任了益州牧，一竿子插到底，从中央一直管到地方。李严提出，以江州为中心划出五个郡，新设一个巴州，由他来当刺史，被诸葛亮拒绝。

诸葛亮开府治事，有自己的一套班子。李严提出，他作为"副顾命大臣"，也应该开府治事，这样才能开展工作嘛！以魏国为例，曹丕死后，辅佐曹叡的四位"顾命大臣"，曹真、陈群、曹休、司马懿都是开府治事的。为什么李严就不能开府治事，来给诸葛亮分担一些工作呢？诸葛亮对此的回应是提拔李严的儿子李丰当了江州都督，开府治事免谈！总之就是不放权。

李严一气之下，写了封信给诸葛亮，劝他"宜受九锡，进爵称王"。明眼人一看就知这是气话，也是在讽刺诸葛亮："你既然把权力都抓在自己手里，跟曹操也差不多了（曹操也是以丞相的身份开府治事，兼领冀州牧），不如干脆学他称王吧！"这把软刀子刺得诸葛亮相当难受，赶紧回信说："如果灭了魏国，杀了曹叡，和大家一起受封赏，'虽十命可受，况于九邪'。"这其实也在告诉李严："我之所以要把权力抓在手里，只为了一件事，那就是消灭魏国，复兴汉室。为了这个目标，我可以承受各种诋毁，你不要拿这些皮里阳秋的话来激我。"

就这样，诸葛亮一直把李严压制到建兴九年。这一年，诸葛亮再度兵出祁山，命李严督运粮草。由于连日大雨，运输受到影响，李严派参军狐忠、督军成藩到军中说明情况，请诸葛亮回师。诸葛亮回来后，李严却又故作惊讶："军粮还很充足，为什么要回来啊？"不仅如此，他还上表刘禅，说诸葛亮撤军是为了引诱魏军出来作战。诸葛亮办事最大的特点就是谨慎，他将李严前后给他写的信都拿出来，证明撤军是李严提出来的。铁证如山，李严只好认错。于是诸葛亮表奏刘禅，将李严废为庶民，迁居梓潼。

《三国志》写到这里，说李严前后不一的举动是"欲以解己不办之责，显亮不进之愆"，也就是推卸自己督办不力的责任，表明诸葛亮不进军的罪责。问题是，李严既然要"搞搞震"，为什么还要给诸葛亮留下铁证呢？这个错误犯得太低级了，以至于后人觉得难以置信，由此而发表的阴谋论在此不一一罗列。值得一提的是，诸葛亮要求废黜李严的奏折上，联署者竟有刘琰、魏延、吴班、杨仪、邓芝、刘巴、费祎、姜维等二十余人，这种群起而攻之的搞法，让人感到有一丝政治斗争的味道。

如果说，为了北伐大业，扳倒李严是必须的，那么扳倒李严之后，诸葛亮大权独揽，再无掣肘，为什么不大胆起用人才，将他们派到重要岗位上去为自己分忧呢？比如说，魏延明明有统帅之才，在北伐过程中，魏延多次提出，只要给他一万人马，他就可以与诸葛亮分头并进，深入魏国腹地。魏延的这一建议并非突发奇想，乃是参照"韩信故事"：楚汉战争的时候，刘邦与项羽在荥阳对峙，打得难分难解；刘邦派韩信率一支部队北上，攻魏破赵，开辟第二战场，不但获得广阔的土地与丰富的资源，也对项羽的侧翼构成严重威胁，为刘邦最终赢得战争的胜利奠定了基础。但是，诸葛亮"制而不许"，从来不给魏延这个机会，以致魏延常"叹恨己才用之不尽"。要知道，早在刘备年代，魏延就是一个方面军的统帅，当过"督汉中镇远将军，领汉中太守"，独当一面，扼守益州门户，号称能抵挡曹操十万大军。为什么到了诸葛亮手里，他就不能分兵别进，去创立新功呢？

有人才而不能用，用人之才又不能尽用，根本原因在于"政事无巨细，咸决于亮"。在诸葛亮的字典里没有"放权"二字。他既不会放权给李严，也不会放权给魏延。他既当丞相管中央，又当益州牧管地方，还当总指挥管前线，事必躬亲，不让别人插手，最后的结果是累死了自己，还打不出汉中。

相比之下，与诸葛亮执政的同时期，魏国四位开府治事的"顾命大臣"除陈群外，曹真、曹休、司马懿都有督军作战的经历。另外，魏国还有郭淮、满宠、王凌、毋丘俭等一批军事将领被委以重用，在对蜀、对吴前线独当一面，屡立战功。魏国的人才济济和蜀国的人才凋零，形成了鲜明的对比。"蜀中无大将，廖化当先锋"虽然是调侃的话，却未尝不是诸葛亮治下蜀国的真实状况。

大权独揽、事必躬亲的另外一个后果是，诸葛亮执政的年代，所有人只对他负责。当诸葛亮在五丈原去世后，群龙无首，军令竟然不能统一，发生了杨仪与魏延的火并事件。

据《三国志》记载，建兴十二年秋天，诸葛亮病重，在军中与长史杨仪、司马费祎、护军姜维等人密议，安排退兵事宜，决定由魏延断后，姜维次之；如果魏延不服从命令，大军即刻启程，不必理会。

魏延接到命令，发表了两点反对意见：一是虽然诸葛亮去世，但他魏延还可以继续带兵抗击司马懿，为什么要因为一个人的死就放弃整场战事呢？二是他作为前军师、征西将军，地位远在杨仪之上，凭什么由杨仪来安排他的工作，命令他断后？

杨仪不理会魏延的抱怨，径自率军回朝。魏延大怒，抢先带兵南归。两个人都上书朝廷，称对方为叛贼。双方刀兵相见，魏延失败，为马岱所杀。

关于这件事情，虽然当时的蜀汉朝廷将魏延定性为背叛，但是陈寿在《三国志》中已有较为公允的评论："原延意不北降魏而南还者，但欲除杀仪等。"如果魏延要背叛，那就不会带兵南下而是北上投降司马懿了，他的目的仅仅是铲除素来与他意见不合的杨仪罢了。

既然魏延无反心，诸葛亮的临终安排便大有问题：统帅病重，临时指挥权理应交给军中第二号人物，而不是统帅身边的工作人员（杨仪身为长史，相当于诸葛亮的秘书长）；商议撤军事宜，更不应该将第二号人物排除在外，硬生生地塞给他一个"你爱听就听，不听拉倒"的命令。

如此就产生了另外一种解读：诸葛亮临终前，并没有将军权交给杨仪，也没有下达撤军的命令。他压根儿没有来得及安排后事就去世了，《三国志》中记载的诸葛遗命只不过是杨仪心怀不轨，假传将令罢了。这种解读又说明了另外一个问题，那就是前面说到的，所有人只对诸葛亮负责，诸葛亮一死，权力便出现真空，全军陷入群龙无首的状态。试想，如果魏延有足够的权威，能够顺理成章地接过指挥权，又哪里轮得到杨仪来兴风作浪呢？

又据《三国志》记载，诸葛亮死后，杨仪满以为他可以上位，没想到诸葛亮早有密折上奏刘禅，指定蒋琬为接班人。杨仪一怒之下，到处发表怨言，以至于说出"早知道这样，我还不如在丞相去世的时候就举军投降魏国好了"这样大逆不道的话。建兴十三年，杨仪走了李严的老路，被废为庶民。但他还不服气，仍旧不停地"上书诽谤，辞指激切"，结果下了大狱，在狱中自杀。

世道人情皆有常

关于诸葛亮的用兵之术、用人之道，史上褒贬不一，颇多争论。但是有一点，几乎所有人都不会存有异议，那就是诸葛亮的私德无可挑剔，人格魅力难以抵挡。

《三国志》描述诸葛亮在民间的地位："至今梁、益之民，咨述亮者，言犹在耳，虽甘棠之咏召公，郑人之歌子产，无以远譬也。"到了晋朝的时候，益州、梁州一带的百姓仍在怀念诸葛亮的恩情，讲述他的故事，有如周人歌颂召公，郑人歌颂子产。

其实，自打建安十六年（211年）刘备入川以来，益州的百姓过得并不轻松。先是刘备进攻刘璋，抢夺政权，战争打了两年；接着刘备与曹操争夺汉中，进位为汉中王，前后历时三年多；刘备称帝后，立即讨伐孙权，又打了两年仗，结果是劳民伤财，丧师辱国。刘禅即位后，诸葛亮先是对少数民族用兵，平定南中；然后自建兴六年至建兴十二年，七次北伐，对魏国作战。短短二十多年间，大规模的战争不下十次。战争不仅会死人，而且会严重影响老百姓的生活。十万人作战，为之提供军备、粮草、后勤运输的人员往往多达几十万，差不多整个国家都为之动荡不安。从史料的记载看，诸葛亮执政期间，虽然也有"务农殖谷，闭关息民"的记录，但是战争毕竟是主线，休养生息的时间不长，具体的措施和成果更是欠奉。整个蜀国其实就是一座为北伐提供服务的大军营。老百姓的日子过得好不好，不用在史料中寻找蛛丝马迹，只要看看战争的记录便可想而知了。

想要提高这座"军营"的运转效率，必须采取非常手段。陈寿评价诸葛亮："终于邦域之内，咸畏而爱之，刑政虽峻而无怨者，以其用心平而劝诫明也。"整个蜀国境内，人人敬畏诸葛亮又爱戴诸葛亮，刑法和政令虽然严厉却没有人抱怨，这都是因为他用心公平且赏罚严明。这一段话虽然是赞美诸葛亮，却也透露了一些负面信息：蜀国政府对百姓的控制相当严厉，赋税也是很重的。在这种情况下，益州的百姓爱诸葛亮，又是爱什么呢？

第一，爱他的情怀。政治人物有情怀，总是令人着迷。诸葛亮的情怀就是士大夫的家国情怀。他出身望族，素有修身、齐家、治国、平天下的理想；又曾饱尝战乱之苦，对于复兴汉室、重建秩序，有着矢志不渝的追求。刘备枭雄之性，只想在这个乱世中出人头地，偶安一隅便大为满足；诸葛亮则始终不忘初心，将复兴汉室的重担扛到了肩上。他寄身于刘备，格局却高于刘备。"鞠躬尽瘁，死而后已"的精神，不只是感动了蜀国的士民，也贯穿了此后两千年的历史，让无数有志之士热血沸腾。而且，每一次北伐，诸葛亮都不辞劳苦地亲临前线指挥，虽有专权之嫌，但也表明了一种态度：他绝非坐而论道的政客，而是身体力行的政治家。他驱使百姓去为了一个难以实现的理想而奋斗，自己绝不会置身事外。

第二，爱他的无私。诸葛亮执政时期，确实处罚了不少人，有人被废黜，有人被下狱，有人甚至丢掉了性命。但是，他做这些事情，无论如何不是为了一己私利，更不是为了打击报复某人，而是为了他认为正确的事业扫除障碍。关于这一点，即便是那些被他处罚过的人，恐怕也是认同的。

李严被废为平民，他的儿子李丰并没有受到太大牵连，继续在朝为官。诸葛亮还通过李丰对李严加以劝慰，希望他改过自新，东山再起。诸葛亮死后不久，李严就郁积而死，因为他知道，诸葛亮在世，他或许还有重新被启用的机会；诸葛亮死了，就不会再有人记得他，他的政治生命永久地终结了。

武陵人廖立，自视甚高，以为自己的能力堪当诸葛亮的副手，却只当过巴郡太守、侍中、长水校尉等职，因而愤愤不平，出言不逊，甚至公然讥讽刘备、关羽、向朗等人，被诸葛亮废为平民，流放汶山郡。听到诸葛亮去世的消息，廖立垂泪而叹，说："吾终为左衽矣！"意思是，他只能一辈子在这蛮荒之地待着了。

诸葛亮斩马谡一事更能说明他公忠体国，绝无杂念。马谡是马良的弟弟，才气十足，见识过人，深受诸葛亮信任。建兴六年北伐，诸葛亮力排众议，弃宿将魏延、吴壹等人不用，任命马谡为先锋，督率各军前进。马谡却违背军事常识，也不听属下规劝，将军队部署在远离水源的山上，结果为魏将张郃所败，导致诸葛亮全军撤退。事后，诸葛亮下令"戮谡以谢众"，也就是杀了马谡以平众议。不仅如此，诸葛亮还上书刘禅，承认用人失误，自贬三级，降职为右将军，仍"行丞相事"。直到建兴七年，诸葛亮派陈式攻取武都、阴平二郡，才又官复原职。

如前所述，诸葛亮的用人确实有问题。不只是用错了马谡，李严、魏延、杨仪等人也都没用好。但是，出了问题，犯了错误，他没有推卸责任，而是勇于检讨，自罚三级。光是这种姿态就令绝大多数领导者自愧不如，也令诸葛亮在众人心中的地位变得无比崇高。

第三，爱他的清廉。诸葛亮在世之日，曾经上书刘禅，自报财产："成都有桑八百株，薄田十五顷，子弟衣食，自有余饶。至于臣在外任，无别调度，随身衣食，悉仰于官，不别治生，以长尺寸。若臣死之日，不使内有余帛，外有赢财，以负陛下。"诸葛亮死后，家产也确实如其所言。话说回来，建安十九年，刘备占有益州，曾经一次性赏给诸葛亮、法正、关羽、张飞每人黄金五百斤、白银千斤、铜钱五千万、锦缎千匹；蜀汉建立后，诸葛亮身为丞相，工资收入也不低，他本人在给李严的信中就曾说自己"位极人臣，禄赐百亿"。这些钱都到哪里去了呢？只有一种可能，那就是在开府治事和北伐的过程中为国家花掉了。在诸葛亮的带领下，蜀国的官员大多清正廉洁，蒋琬、费祎、董允等接班人也谨守俭约之道，不蓄私财，一心奉公，在百姓中有口皆碑。

诸葛亮有千般好，百姓也爱诸葛亮，却不能掩盖一个事实：连年的战争造成益州的人口锐减。据《三国志》注引《蜀记》，蜀国灭亡的时候，户数不过二十八万，总人口只有九十万；而军队有十万余人，官吏又有四万。蜀国人民过的什么样的日子，从这几个数字就可以看出来。

据《三国志》注引《魏略》，在诸葛亮第一次北伐失败后，曹叡曾以诏书的形式昭告天下，批评诸葛亮"外慕立孤之名，而内贪专擅之实"，发动战争是"侮易益土，虐用其民"。同时，曹叡又标榜自己："自朕即位，三边无事，犹哀怜天下数遭兵革，且欲养四海之耆老，长后生之孤幼，先移风于礼乐，次讲武于农隙，置亮画外，未以为虞。"来自曹叡的批评，当然不可能公正；曹叡的自我标榜又有言过其实之嫌。但是，将民生问题摆在第一位，将礼乐教化置于武力征服之前，不轻易挑起战事，曹叡的逻辑没有问题。对于老百姓来说，吃饱穿暖、安居乐业才是最重要的需求。诸葛亮多次北伐而不胜，"隆中对"预想的"百姓孰敢不箪食壶浆以迎将军"的场面并没有出现（除了凉州几郡曾经"起义"外），也说明魏国的士民，对于该选择什么样的生活，心里也是有一杆秤的。

是非成败谁为主

回过头来再说刘禅。

刘禅即位的时候十七岁，根据刘备的遗嘱，诸葛亮和李严成为"顾命大臣"。十七岁这个年龄，说大不大，说小不小，即使不能独立治国，至少也是可以在老臣的辅佐下处理政务了。可实际情况是，事无巨细，诸葛亮都管了，李严只能靠边站，刘禅更是插不上手。诸葛亮这一管，就从建兴元年管到了建兴十二年。等到诸葛亮去世的时候，刘禅都快三十而立了。这么多年来，他想不想亲政？当然想。从蜀汉政权的长治久安来考虑，他也应该出来治国理政，一边学习，一边成长。可是诸葛亮根本不给他这个机会，而且派郭攸之、费祎、董允等人将他看得死死的，美其名曰"亲贤臣，远小人"。

人性很复杂，谁是贤臣，谁是小人，从来没有泾渭分明的标准。退一万步说，就算是小人，也有小人的用途。陈平声名狼藉，刘邦却依赖他夺取天下；法正睚眦必报，刘备却凭借他"翻然翱翔"。如果只要是小人就弃之不用，刘邦恐怕出不了汉中，刘备也得不到汉中。诸葛亮对刘禅提这样的要求，无非就是将他与臣工隔绝起来，只让他听"贤臣"的话，不让他与"小人"有接触的机会。而"贤臣"都是诸葛亮安排的，自然是为诸葛亮说话。这样一来，刘禅便彻底失去了质疑诸葛亮的可能性，更无从干涉诸葛亮的行动。他高高在上，与世隔绝，甚至没有出宫的权利。根据《三国志》的记录，直到建兴十四年（236年）四月，诸葛亮死后一年多，刘禅才"登观阪，看汶水之流，旬日还成都"，出宫进行了一次为期十天的暮春之游。曹叡批评诸葛亮"外慕立孤之名，而内贪专擅之实"，说得虽然刻薄，未尝没有说到刘禅的伤心之处。

用现在的话来说，刘禅真是太乖了。诸葛亮给他一个温室，他就老老实实待在里面，不敢越雷池半步。他为什么这么乖？一方面是幼年的经历养成了他乖巧的性格。从出生开始，他就处于被抛弃的状态，既缺乏父爱，也缺乏母爱。俗话说得好，三岁看到老。在他性格形成的关键时期，他是孙夫人手上的人质。以孙夫人刚烈的性格，以及她和刘备之间的紧张关系，想必对这个名义上的儿子不会有什么好感。当同龄人还在父母怀里撒娇的时候，他却要面对孙夫人那张冰冷的脸。他只能乖乖听话，看着大人的脸色索取一点爱怜。幼年的阴影影响了他成年的思维，即便是当了皇帝，面对诸葛亮这样强势的"顾命大臣"，他也只能乖乖听话，唯命是从。

另一方面讲，诸葛亮虽然专权，却没有私心，这是可以肯定的。他只是认为，刘禅如果亲政，会影响他的北伐大业。为了北伐，诸葛亮必须将所有权力都抓在手里，不容他人染指。让我们通过历史逻辑来分析一下刘禅的郁闷：如果诸葛亮是王莽、董卓、曹操一类的人物，他或许还能拼死一搏（假如他不是那么乖巧的话），看能不能将权力抢回来。偏偏诸葛亮是个很高尚的人，为了高尚的事业鞠躬尽瘁，死而后已。刘禅如果向诸葛亮夺权，倒是个大逆不道的昏君了，成功了遭人唾骂，失败了更是万劫不复。

在诸葛亮的光环下，他只能关起宫门，日复一日地和宫女们玩着无聊的游戏。

但是，如果认为他对诸葛亮心服口服，没有一点儿意见，那就大错特错了。据《三国志》注引《襄阳记》：诸葛亮去世后，各地都提出申请，要为诸葛亮立庙，朝廷却不批准。于是又有人提出，可以在成都为诸葛亮立庙，以纪念他的功勋，结果是"后主不从"，刘禅不答应。步兵校尉习隆、中书郎向充等人上书刘禅，给他讲了一番大道理，说明给诸葛亮立庙的必要性，但是不要求立在成都，改而立在诸葛亮墓的附近。同时规定，蜀国士民要缅怀诸葛亮，必须到庙里去祭祀，"断其私祀"，也就是不许私下祭祀。刘禅这才同意了。

诸葛亮墓在哪？在汉中的定军山脚下，离成都有一千多里。以当时的交通条件，有几个人能够跑到那里去祭拜诸葛亮？说白了，这就是给民间的一个安慰，表明国家还是很重视诸葛亮的。这是纯政治性的措施，没有任何感情色彩——如果有，也是灰色的，它代表的是刘禅对诸葛亮的疏离，甚至是厌恶。

从十七岁到二十九岁，在人生的最好年龄，刘禅与世隔绝，无所事事。他的身份被定格了，谁都知道他不过是一个傀儡。诸葛亮去世前，还指定了接班人继续在幕后操纵这个傀儡。幸好，蒋琬、费祎、董允等人都不太爱折腾，也不喜欢打仗，刘禅获得了一点儿自己的空间。据《三国志》注引《魏略》，到了延熙九年（246年），蒋琬去世后，刘禅便"自摄国政"，走上了亲政之路。但是亲政并不容易，在宫中荒废了那么多年，刘禅与他的臣工之间已经产生了一道难以逾越的鸿沟。换而言之，诸葛亮遗留下来的一整套行政体系还在有效地运作，从中央到地方，各级官僚都没有把刘禅这个皇帝太当一回事。

诸葛亮不仅指定了接班人，还培养了一位关门弟子。他叫姜维，字伯约，原本是魏国天水郡的参军，建兴二年降蜀，时年二十七岁。诸葛亮对姜维情有独钟，以为他"忠勤时事，思虑精密"，远超李邵、马良之流，一来就给他封了仓曹掾，加奉义将军，两年内又升任中监军、征西将军，可谓坐火箭提拔。诸葛亮将治国的重任交给蒋琬等人，却将北伐的事业托付给姜维。费祎执政期间，姜维已经是卫将军，与费祎共录尚书事。他一再提出北伐的要求，遭到费祎拒绝。到了延熙十六年（253年），费祎意外被人刺杀，姜维获得了不受限制的权力。当年，他就带着几万人出兵魏国的南安郡，"粮尽而还"。

此后数年，姜维年年北伐，劳民伤财，却又徒劳无功。延熙十九年（256年），姜维在段谷为魏将邓艾所败，蜀军死伤惨重，"众庶由是怨讟"，姜维不得不学诸葛亮，自贬为后将军，行大将军事。但是，北伐大计依然没有停止。延熙二十年（257年），魏国的征东大将军诸葛诞在寿春起兵讨伐大将军司马昭，司马昭抽调各地人马前去平叛，姜维趁机率军出骆谷，打到离长安只有两三百里的长城（地名，非万里长城），这已经是他能够到达的极限。景耀元年（258年），诸葛诞失败的消息传来，姜维立即撤军。

也就是从这一年开始，姜维竟然消停了，蜀国的百姓得以过了几年安稳的日子。究其原因，却是刘禅"雄起"了。他用一个名叫黄皓的宦官来对付姜维，搞得姜维心灰意懒。

宦官干政乃是东汉乱局的主要根源之一。刘禅信任黄皓，并让黄皓逐步干预政事，可以说是犯了为政的大忌。诸葛亮一再告诫他要"亲贤臣，远小人"，他却偏偏要和小人搞在一起。从刘禅内心深处讲，这何尝不是对诸葛亮的一种叛逆？

事实上，让黄皓干预政事也不是刘禅一个人就可以说了算的。"贤臣"不支持，"小人"永远上不了台。董允死后，有个叫陈祗的人继任侍中。此人不知出于什么目的，和黄皓勾搭上了。两个人"互相表里"，结成了政治同盟。于是，"（黄）皓始预政事"，而且一发不可收拾。

必须说清楚的是，蜀国的黄皓干政和东汉的宦官干政完全不是同一个量级。后者是系统性的腐烂，前者则只是一个宦官得到皇帝的宠信，逾越身份参与了国家政治。确切地说，是刘禅通过陈祗和黄皓的手，尝到了一些权力的滋味。如果由他本人来操刀，他是永远不可能从"贤臣"们那里分到一杯羹的。因此，刘禅对陈祗相当感激。景耀元年陈祗去世的时候，刘禅大为痛惜，下诏说："（陈）祗统职一纪，柔嘉惟则，干肃有章，和义利物，庶绩允明。命不融远，朕用悼焉。夫存有令问，则亡加美谥，谥曰忠侯。"

陈祗死后，刘禅更加依赖黄皓，将其从黄门令提升为中常侍、奉车都尉。即便如此，黄皓也从来没有获得过像十常侍那样的权力。景耀五年（262年），刘禅听从黄皓建议，想召回姜维，夺其兵权。姜维听到风声，以攻为守，跑回来面见刘禅，以黄皓"恣擅"为由，请求刘禅处死黄皓。刘禅当然不同意，姜维"见（黄）皓枝附叶连，惧于失言，逊辞而出"，而且一出来就不敢再回成都，跑到沓中去屯兵种麦。

姜维当然不是怕黄皓。所谓黄皓"枝附叶连"，其实是指当时主张夺回姜维兵权的，还有董允的儿子董厥、诸葛亮的儿子诸葛瞻。这两个重量级的人物都站在黄皓一边，姜维岂能不害怕？这也说明，刘禅和朝中一些大臣在对姜维这件事上的看法是一致的：任由姜维这样折腾下去，蜀国很快会完蛋。

但是已经晚了。第二年，魏国发动了灭蜀之战。魏军兵分三路，大举入侵，姜维且战且退，据守剑阁，与钟会率领的魏军主力相持不下。另一支魏军则在邓艾的率领下，通过阴平险道直取成都。刘禅接受光禄大夫谯周的建议，开城投降邓艾，并诏令姜维也向魏军投降。刘备建立的蜀汉政权，成为三国中最早灭亡的一家。

《三国志》写到这里，说黄皓"操弄威柄，终至覆国"。将蜀国的灭亡归罪于黄皓，委实是太抬举他了。黄皓有他的责任，那就是当魏国大军出动的时候，姜维得到情报，曾经上书刘禅，提出要派张翼和廖化分别把守阳安关口和阴平桥头，防患于未然。黄皓信以为真，要刘禅不搭理姜维，以致整个朝廷中没有人知道魏军就要打过来了。但是，这并没有影响战局。蜀国的军权还是掌握在姜维手里，仗是姜维打的，与黄皓无关。而且，正是因为姜维不停地打仗，将蜀国的国力都打空了，民心都打散了，魏军才能够长驱直入，直抵剑阁。就算邓艾没有另出奇兵，袭取成都，从双方的实力对比来看，蜀国的灭亡也是迟早的事。

正如黎东方先生所说："黄皓之坏，没有坏到了该负亡国责任的程度。"那么该怪谁？黎东方先生认为：第一是怪刘禅本人，第二是怪谯周。笔者倒是觉得，关于蜀国的一切，其实与刘禅没太大关系。自始至终，刘禅都没有真正进入过权力的核心，也没有左右过国家的政局。他或许不够聪明，但未必是傻瓜。当他在投降诏书上盖上玉玺的一刹那，他可能在想：至少这一次，朕是做了主的。

第十一章

曹丕的怨憎会

中国历史上，曹丕是一个不太讨人喜欢的角色，主要是因为曹植那首著名的《七步诗》。这首诗有几个版本，其中流传最广的是："煮豆燃豆萁，豆在釜中泣。本是同根生，相煎何太急？"

哥哥嫉妒弟弟太聪明，处心积虑要杀害弟弟；弟弟被逼无奈，发出"相煎何太急"的哭诉——谁看了都会本能地对曹丕产生反感。就算曹丕的文章写得再好，也难以弥补他在人性上的失分。

当然，曹植七步成诗的故事并不见于正史，也许只是传说。但是，曹丕对他的兄弟刻薄寡恩，甚至必欲除之而后快，却是不争的事实。

这其实也是中国封建制度的尴尬之处：它以亲情伦理为根基，主张父慈子孝、兄友弟恭；但是读遍二十四史，兄弟相煎层出不穷，同室操戈俯拾皆是。

只要生在帝王家，兄弟往往是仇敌。

对于曹丕来说，兄弟之间这种你死我活的竞争，几乎是从娘肚子里就已经开始了。

曹丕的命，孙权的命

相比刘备的后代凋零，曹操可以说是多子多福。

根据《三国志》记载，曹操先后与十三个女人生了二十五个儿子。

单是正室卞夫人就给曹操生了四个儿子。除第四子曹熊早年夭亡外，其余三位均非等闲之辈——长子曹丕、三子曹植，才思敏捷，文采飞扬，与曹操合称"三曹"，是建安文学的代表人物。次子曹彰能征善战，武勇超群，被曹操自豪地称为"黄须儿"。

儿子多了，自有烦恼，尤其是在考虑该由谁来当太子的时候，曹操左右为难，犯了选择困难症。

一开始，这件事情还比较简单。曹操的原配刘夫人给他生了长子曹昂。按照嫡长子继承制，曹昂是曹操的法定继承人。可是，刘夫人去世得早，曹昂也于建安二年在征讨张绣的过程中，为保护曹操命殒宛城。

曹操的第二位正室丁夫人没有生育，视曹昂为己出。曹昂死后，丁夫人怪罪于曹操，"哭泣无节"，最终被曹操用一纸休书送回娘家。

卞夫人是曹操的第三位正室，也是最后一位正室。理论上讲，既然曹昂已经去世，曹丕作为卞夫人的长子，应该是曹操的第一继承人。

可是，随着曹操的事业越做越大，家底越来越厚，他在考虑身后之事的时候，想法开始多起来。

这也可以理解：如果家业只是一座宅院，几亩农田，交给哪个儿子去打理都无所谓；现今家业是一个国家、半个天下，那就要考虑继承人的智商、情商、学识、品德、手段等各方面因素，优中选优了。

有选择就会有竞争，有竞争就会有各种各样的奇谋技巧、明枪暗箭、尔虞我诈、结党营私。可想而知，曹丕虽然最后胜出，这一路走来却是如履薄冰，步步惊心。

他不但要跟同为嫡子的胞弟竞争，还要提防众多庶弟的逆袭。事实上，有一位环夫人所生的庶弟曹冲，因为天资聪颖、宅心仁厚，深得曹操欢心。曹操不止一次与大臣们谈起，将来要传位于曹冲。可惜的是，曹冲体弱多病，年仅十三岁就去世了。时值建安十三年，曹操在赤壁战败。双重的打击使得他心情极度沮丧，甚至曹丕来安慰他的时候，他只是冷冷地说了一句："此我之不幸，而汝曹之幸也。"

得多尖酸刻薄才能说出这样的话？它完全抹杀了曹丕作为儿子对老父亲的关心、作为兄长对亡弟的哀悼，仿佛曹丕只是一头攫取权力的野兽，丝毫没有人情味。曹丕听到这句话，恐怕是心如刀割吧！而且，"汝曹之幸"并非"汝之幸"，又包含了这样一层意思：别以为曹冲死了，你就能上位，你不过是老夫众多儿子中的一个，究竟谁能继承家业还未可知呢！

当然，若以才情而论，"汝曹"之中，真正能够对曹丕构成威胁的，寥寥无几。

确切地说，只有曹植一个。

曹彰也深得曹操喜爱。但是曹彰不爱读书，只喜欢披坚执锐，冲锋陷阵。曹操曾批评他"此一夫之用，何足贵也"，未将其列入嗣君的候选人之列。

曹植则无论文采还是学识，都堪与曹丕相当，甚至有过之而无不及。曹操对曹植的喜爱亦有甚于曹丕。建安十九年，曹操南征孙权，令曹植镇守邺城，特别交代："吾昔为顿邱令，年二十三。思此时所行，无悔于今。今汝年亦二十三矣，可不勉与！"拿自己年轻时候的得意之事与曹植的今天相比，可谓意味深长，寄予厚望，大有"好好干，江山迟早是你的"之意。按照《三国志》的记载，曹植"几为太子者数矣"。建安十九年这次，可能是他最接近成功的一次。

在如此激烈的竞争下，曹丕是如何克敌制胜，最终成为曹操的继承人的呢？

首先必须搞清楚的是，曹操这个人的性格非常矛盾。他是天字第一号奸雄，搞了一辈子阴谋。他手下的几大谋士，荀彧、荀攸、郭嘉、程昱、贾诩等，个个都是搞阴谋诡计的大师。曹操欣赏他们的奸诈，也信任他们的忠诚，君臣之间如鱼得水，远胜刘备和诸葛亮。可是，在对待儿子的问题上，他的价值取向又变了，生怕儿子对他耍什么心机，总想儿子像一张白纸一样单纯。他死死地盯着儿子在跟什么人交往，说了什么话，做了什么事，只要稍有风吹草动，便疑心大起。他不担心谋士们算计他的江山，却担心儿子们觊觎他的家业，防儿之心，甚于防贼。曹冲死时，他对曹丕说的那句话，道尽了他对儿子的成见。在曹操眼里，儿子是有原罪的，他们来到这个世界上，就是为了拼抢他那份价值不菲的家业。虽说这份家业始终要交到儿子手上，但是他希望，如果他不开口，谁都不能主动要。他就不想想，面对这份家业不动心，不想方设法去争取继承权，只是心如止水地等着他来发话，这还是他阿瞒的亲生儿子吗？

做曹操的儿子很难。不善于表现吧，完全不入他的法眼；善于表现吧，又会令他反感。曹丕一开始恐怕没有抓住曹操这种矛盾的心理，因而进退失据，左右彷徨，直到有位高人给他指出了一条明路。

此人就是贾诩。当曹丕感到曹植的威胁越来越大，向贾诩请教如何"自固"的时候，贾诩的回答是："愿将军恢崇德度，躬素士之业，朝夕孜孜，不违子道，如此而已。"意思是，你什么都不用做，低调做人，踏实做事，勤勤恳恳，孝顺父母，那就可以啦！

贾诩真是人精，他把曹操研究透了。论心机，谁能玩得过曹操？只怕你还没开口，曹操就猜到了你的心事。所以，要讨好曹操，最好的办法是谨守本分，不玩任何技巧。曹丕听从贾诩的建议，"深自砥砺"，做好自己的事，不求出位的表现。曹操看在眼里，虽然什么都没说，但是暗自给曹丕加了一分。

从另外一个角度讲，贾诩也把曹丕研究透了。他之所以给曹丕提这个建议，乃是对症下药——曹丕最大的问题，最让曹操反感的，就是追求出位，过于造作。据《三国志》注引《魏略》，张绣投降后，曹操对其甚为信任，并委以重用。曹丕当时不过是十几岁的孩子，却屡次在大庭广众之下指着张绣破口大骂：你杀了我兄长，还有脸面坐在这里喝酒！搞得张绣灰头土脸，无地自容。

曹昂之死确实可以怪罪到张绣头上。可是追究责任，主要还是怪曹操太过荒唐。再说，正如曹冲之死是"汝曹之幸"，曹昂之死何尝不是曹丕之幸？这是天底下人都看得明明白白的。曹丕应该感谢张绣才对！即便不好表现出来，大可以没事偷着乐，又何必来这一手？退一万步说，就算曹丕真的和曹昂兄弟情深，对曹昂之死深感悲痛，既然曹操都已经原谅了张绣，他也没必要揪着张绣不放。揪张绣还不如揪贾诩，因为主意都是贾诩拿的，他怎么反倒是和贾诩亲近起来了呢？所以，曹丕骂张绣完全就是一种表演，是想让大伙儿看到（更重要是让曹操看到），他没有为曹昂之死而高兴。曹丕没有想到的是，这种表演在曹操面前简直是三岁小孩的把戏。他表演得越卖力，曹操越是反感。当曹操说曹冲之死是"汝曹之幸"的时候，会不会是想到了曹丕的上一次表演，干脆"一剑封喉"，不让他有表演的机会呢？

很有可能！

作为旁观者，贾诩将父子俩的心理都看透了，所以他给曹丕开的药方是"无为"。无为即是有为，曹丕服了这剂神药，逐渐挽回了颓势。从内心深处讲，他是很感谢贾诩的。而且，当曹操下定决心要确立太子的时候，又是贾诩的一记"神助攻"，帮助曹丕顺利夺魁。

据《三国志》记载，当时曹操私下问贾诩，究竟谁最适合当太子，贾诩的回应是"默然不对"。曹操说："我在问你话呢，你怎么不回答？"贾诩说："我刚刚想起一件事，所以没有回答。"曹操就问他想什么事，贾诩说："思袁本初、刘景升父子也。"曹操大笑，于是决定立曹丕为太子。

在立储这件事上，帮曹丕说话的人有不少，有的说曹丕有德，有的说曹丕有才，有的说立嫡以长是天经地义。但是最终对曹操产生决定性影响的，还是贾诩这句话。为什么？如前所言，曹操的疑心太重，不管是替曹丕说话还是替曹植说话，他都会打个问号，怀疑对方是不是抱着私人目的，甚至进而怀疑这个人的忠诚。所以聪明的人绝对不会在这个问题上表态，表态就是自找麻烦，主动表态更是送人头上门。贾诩对曹操太了解了，所以他要帮曹丕说话，采取的是欲擒故纵的手段，先把曹操的胃口吊起来了，才隐晦地说出：袁绍和刘表这两位可都是废长立幼，导致政权分崩离析，最终被您占了大便宜哦！

这完全是站在曹操的立场上考虑问题，没有任何私心杂念。贾诩甚至也没有摆出自己的观点，只是说出自己的担忧，将思考的余地留给了曹操。这是唯一能够说服曹操的方式，所以贾诩成功了。因为这件事，曹丕对贾诩感恩戴德。等到他当了皇帝，废丞相，复三公，立即任命贾诩为太尉，位列三公之首。

接下来是题外话了。

据《三国志》注引《荀勖别传》，晋武帝司马炎时期，司徒出现空缺，司马炎问荀勖谁合适担任，荀勖说："三公是众望所归，绝对不可选错了人。当年魏文帝用贾诩为太尉，可是被孙权笑话了一番的哦！"

孙权笑什么？当然不是笑贾诩没有能力当太尉，以贾诩的才能，当什么官都可以；也不是笑贾诩品德差，乱世之中，像贾诩这样的人品绝对不是最差的。孙权笑的，一是曹丕做得太露骨，二是自己命太好。

在曹丕通往皇位的道路上，贾诩实际上帮了他三次忙：第一次是在宛城为张绣出谋划策，杀了曹昂；第二次是建议曹丕低调做人，无为而为；第三次是临门一脚，让曹操下定决心立曹丕为太子。其中最关键的还是第一次——曹昂如果不死，后面的事都免谈。曹丕前面骂张绣是假，后面感谢贾诩是真；前面是惺惺作态，后面是真情流露。世人看了，难免笑话。

反观孙权，也是因为兄长过早去世才南面称孤。可是和曹丕不同的是，他不需要感谢任何人。孙权的江山是孙策主动传给他的，得来全不费功夫。他也不需要做什么露骨的事情来报答谁，总不能给那个许贡的门客封个什么官吧？孙权正是看穿了曹丕的心思，所以才笑。他笑的不是贾诩，而是曹丕。他是没事偷着乐，笑自己命好。

聪明总被聪明误

除了贾诩，曹丕身边还有一位高参，他叫吴质。据《三国志》注引《世语》，有一次曹操出征，曹丕和曹植都到路边送行。曹植文思飞扬，"称述功德，发言有章"，大家听了都觉得了不起，曹操也很高兴。曹丕看到这番情景，怅然若失。他也想说几句漂亮话讨好曹操，但是搜肠刮肚，总觉得不如曹植。这时候吴质附在他耳边说了一句话："王当行，流涕可也。"这句话其实也就是贾诩教给曹丕的"朝夕孜孜，不违子道，如此而已"，只不过贾诩没有教得那么具体，没告诉他：给曹操送行的时候，哭就是了。曹丕恍然大悟，演戏又是他的特长，情绪来得很快，当场"泣而拜"，哭得稀里哗啦，搞得曹操和大伙儿都很感动，反倒觉得曹植语言浮华，不及曹丕有诚意。

曹丕有人出主意，曹植也有人助拳。曹植最主要的谋士是杨修。这倒是个聪明人，可惜聪明过了头。曹植也是聪明人，两个聪明人搞到一起，产生的效果是"正正得负"，这恐怕是他们自己没有想到的。

杨修是杨彪的儿子。弘农杨家乃是海内数一数二的世家大族，比汝南袁家也就差那么一点点。杨彪学问高深，为人正直，在东汉末年的朝廷重臣中，也是出类拔萃的人物。凉州军阀把控朝廷时期，杨彪左右斡旋，想方设法维护天子的尊严。汉献帝东迁过程中，杨彪历尽艰险，拼死相护，差点儿丢掉性命，可以说是汉朝的大忠臣。

可这位大忠臣却是曹操的眼中钉。两人之间的种种恩怨，前面已经写到，在此不赘。建安二年，曹操诬陷杨彪勾结袁术图谋废掉汉献帝，将其下狱，欲治死罪。后因孔融极力相救，曹操的亲信满宠也认为杨彪罪证不足，曹操才放其一条生路。此后杨彪也认清了形势，知道汉室不可再兴，于是称病不朝，过起了退隐生活。

杨彪因为得罪曹操而告别庙堂，杨修却在曹操手下干得风生水起。建安年间，杨修举孝廉，除郎中，当到了丞相主簿。这是个地位不高但极其重要的职务，也可以说是曹操的高级秘书，掌握了许多核心机密。从这一点上看，曹操倒确实是唯才是举，而且是用人不疑。但是不要忘了，曹操终究是个疑心很重的人。无论对谁，"疑"是绝对的，"不疑"是相对的。杨修的家庭背景已经决定曹操不可能对他太放心，而他的聪明外露，又让曹操暗中忌惮。

据《后汉书》记载，杨修在丞相府当差，经常跑出去跟曹植商量事情。这又不好请假，于是每次要外出的时候，他都事先猜测曹操会问什么事，写出答案，交代手下："上边问起来，依次回答。"搞了几次之后，曹操就奇怪了，派人去调查。搞清楚内情后，他不禁大为恼怒。为什么？一是杨修私自与曹植交往，犯了大忌；二是自己的心思都被杨修猜透了，这多可怕！领导最忌惮的就是这样的下属，未卜先知便也罢了，还要告诉别人，搞得领导像傻瓜似的。

领导的心思不是不能猜测。猜对了，只是小聪明；看破不说破，才是大智慧。官渡之战中，曹操攻取白马后返回，袁绍派兵渡河追击。袁军人多势众，曹操手下众将都劝曹操赶紧回营。荀攸说："现在正是破敌的大好时机，说什么回去呢！"曹操听了这句话，和荀攸相视一笑，下令丢掉辎重引诱敌军，趁敌军争抢物资的时候发动突袭，大获全胜，斩杀袁绍的悍将文丑。曹操这一笑大有深意，他心里早就下定决心要歼灭这股袁军，而且怎么消灭都想好了。荀攸和他心意相通，也猜到了他的计划，但荀攸就是不说出来，只是表示这仗一定要打。如果说出来，就显得他和曹操一样聪明，抢了曹操的风头，反倒是不聪明了。

又据《三国志》记载，荀攸跟随曹操东征西讨，经常在中军大帐中密谋，但是密谋的内容从来不曾对人说起，哪怕是对自己家里人也讳莫如深。曹操打败袁绍，平定河北，荀攸出了很多点子。袁谭派辛毗来请降，曹操问群臣意见，大伙儿多认为应该先讨伐刘表，荀攸则认为应该先消灭袁氏残余势力，可以一方面接受袁谭的投降，一方面继续进兵河北。战争胜利后，荀攸的表弟问起这件事，荀攸只是回答："王师自往平之，吾何知焉？"从此再无人敢向他打探所谓的高层内情。

相比荀攸的谨小慎微，杨修简直是狂放不羁。据《后汉书》记载，曹操跟刘备争夺汉中的时候，战争打得很艰苦，进退两难。有一天部下向他请示军中口令，他随口说了一个"鸡肋"。杨修听到，立即收拾行李，准备回家。别人问他为什么，他说："鸡肋这东西，食之无味，弃之可惜，大王是想放弃汉中了。"果然，曹操很快下达了撤军的命令。军中大事，令行禁止，就算猜到了统帅的心思，也绝无理由泄露机密。杨修得意于自己的聪明，却不知道正是这聪明给自己埋下了杀身之祸。而曹植找杨修为自己出主意，也是聪明反被聪明误。

据《三国志》注引《世语》，有一次曹操令曹丕、曹植各自从邺城出去办事，走的是不同的城门，但是又密令两座城门的守卫不得放行，以此考验两个儿子的应变能力。曹丕被拦下来，听说是曹操的旨意，不敢造次，打道回府。曹植这边，杨修早料到有此事："您是奉王命办事，如果被守卫拦下，可以斩杀他。"曹植照办，成功出城。杨修以为曹操是在考兄弟俩谁有胆魄，因为曹操年轻的时候就非常有胆魄，敢于突破常规。杨修没想到，曹操最讨厌的是别人猜中自己的心思。换句话说，这个题目是个坑，谁答对了谁失分。曹植的小聪明，输给了曹丕的大智若愚。

《世语》还记载，曹丕也想拉拢杨修，看到杨修为曹植所用，未免担忧。当上太子后，他还常常找吴质商量对策，但是又怕两个人频繁见面引起曹操的怀疑。有一次，曹丕要吴质坐进一个竹筐，偷偷运到自己府上，恰巧被杨修发现，杨修马上去报告曹操。曹操将信将疑，曹丕却大为紧张，问吴质怎么办。吴质说这有什么好怕的，明天再运个筐进来，里面装满绸缎就是了。曹丕依计而行，第二天又命人用车载了一个竹筐进府。杨修早派人盯着，又去打小报告，曹操马上派人来查，结果只找到一筐绸缎。曹操"由是疑焉"，怀疑杨修与曹植在陷害曹丕。

建安二十四年，曹操从汉中撤军后不久，就以"漏泄言教，交关诸侯"的罪名，杀了杨修。这时候，曹丕已经当了两年太子。杨修之死，宣告曹植在继承权的竞争中彻底失败，再也没有翻盘的机会。

《后汉书》记载，杨修被杀之后，有一次曹操见到杨彪，惊问："您为什么这么消瘦？"杨彪回答："愧无日磾先见之明，犹怀老牛舐犊之爱。"

金日磾是汉武帝亲信的大臣，他的两个儿子也受到汉武帝的喜爱，常在宫中陪侍左右。这两个儿子长大，行为不谨，在殿下与宫女嬉戏。金日磾看到，十分厌恶，认为这是淫乱宫廷，就杀了其中的老大。汉武帝知道后大怒，金日磾叩首谢罪，说了自己杀儿子的原因。汉武帝"甚哀，为之泣"，但是更加尊重金日磾。

杨修自恃聪明，行为不谨，而且介入曹丕、曹植兄弟的嗣君之争，犯了从政的大忌。杨彪作为父亲，一方面自责没有管教好儿子，另一方面又为儿子的死而感到悲伤，这是人之常情。曹操听了也不禁"为之改容"。他或许已经意识到，自从曹家走上权力的巅峰，父慈子孝、兄友弟恭这种其乐融融的家庭生活就已经彻底地离他们远去，剩下的只有赤裸裸的尔虞我诈和争权夺利了。

亲人也可能反目成仇

曹操去世后，曹丕顺利上位，成为中国北方的统治者。对于他来说，从曹操的儿子变成曹操的继承人，是一个漫长而且艰难的过程。

事实上，即便到了这场长跑的最后一刻，还是有人给曹丕制造了一点儿麻烦。此人就是曹丕一母同生的二弟曹彰。

曹彰并不在曹丕的竞争者之列，曹操也从来无意将江山传给这个只爱带兵打仗的儿子。刘备占领汉中后，曹彰手握重兵，奉命镇守长安。建安二十五年，曹操临终前，命人宣曹彰回洛阳见最后一面，未及赶到，曹操已死。当时曹丕尚在邺城，于是曹彰问主办丧事的贾逵，曹操遗留下来的玺绶在哪。贾逵正色告诫："太子在邺，国有储副。先王玺绶，非君侯所宜问也。"

玺绶是权力的象征。问玺绶何在，大有问鼎之意。只不过曹彰这一问，并不是为了他自己，而是为了三弟曹植。

据《三国志》注引《魏略》，曹彰回到洛阳，曾对曹植说："先王召我回来，是想要立你为君。"曹植如果点头说"是"，事情还真不好说会怎样发展，毕竟兄弟俩联合起来，实力不可小觑。更重要的是，曹彰手上有兵，而且是身经百战的精兵。幸好曹植保持了理智，说："不可，不见袁氏兄弟乎？"以袁绍的儿子们为戒，制止了曹彰的鲁莽行为。然而，曹彰似乎并不服气。或许他对曹丕这个善于惺惺作态的大哥历来没有好感。曹操的葬礼举行之后，曹彰也不跟曹丕打招呼，自个儿回去了。

曹丕沉得住气，不但没有跟曹彰计较，反而下诏说曹彰南征北战，居功至伟，在原有封邑的基础上加封五千户，共计万户。黄初二年（221年），又封曹彰为公。黄初三年，又立曹彰为任城王。但是，到了黄初四年，曹彰第一次进京朝见曹丕，就不明不白地死在了自己的宅邸里。

关于曹彰的死因，《三国志》中并无记载，《世说新语》里却写得明白：魏文帝忌弟任城王骁壮，因在卞太后阁共围棋，并啖枣。文帝以毒置诸枣蒂中，自选可食者而进。王弗悟，遂杂进之。既中毒，太后索水救之。帝预敕左右毁瓶罐，太后徒跣趋井，无以汲，须臾遂卒。复欲害东阿（指曹植，后来被封为东阿王），太后曰："汝已杀我任城，不得复杀我东阿！"

依人之常情，曹丕在自己的母亲眼前毒死曹彰，可能性很小。但是，曹彰以壮年之身，迟不死早不死，偏偏死在朝见曹丕期间，这件事情难免引起人们的怀疑。就连卞太后恐怕也怀疑曹彰是曹丕害死的。情急之下，直接警告曹丕不得再对曹植下手，亦在情理之中。

大概是因为卞太后的极力维护，曹丕终于放过了曹植。但是，死罪可免，活罪难逃。曹操在世的时候，先是封曹植为平原侯，后改封临菑侯，食邑万户。曹丕上位，以"醉酒悖慢"为名，于黄初二年将其贬为安乡侯，又改封鄄城侯。黄初三年，改封鄄城王，爵位上升了，封邑却减至二千五百户。黄初四年，改封雍丘王。曹丕去世后，曹叡即位，于太和元年（227

年）改封曹植为浚仪王，没过多久又迁回雍丘。太和三年，改封东阿王。太和六年，又改封为陈王，食邑三千五百户，因其谥号"思"，史上又称为"陈思王"。自曹操死后，短短十一二年间，曹植八改其封，成为那个年代的搬家专业户。如此折腾不休，除了防止他积蓄力量、图谋作乱，恐怕还有一个重要的原因，那就是存心让他奔波劳累，不能过一天安稳日子。

搬家的间隙，曹植短暂的定居生活也是提心吊胆。曹丕为了提防兄弟们造反，在他们的封地都派驻了所谓的"监国谒者"，时时刻刻严密监视他们的言行，稍有出格，即行惩戒。而且，曹丕制定的法令对诸侯十分严厉苛刻，"寮属皆贾竖下才，兵人给其残老，大数不过二百人"。曹植又被特别关照，所有待遇再减一半。曹丕同时规定，除非皇帝召见，各路诸侯不得来京师，偶尔召见一次，也只能是特别恩赏，"不得以为常"，将他们彻底隔绝于皇权政治之外。曹丕死后，曹植多次上书曹叡，长篇大论，建言献策，希望侄子能够召他进京，共论时事，给他一个为朝廷服务的机会，都被曹叡温言拒绝。在这种境遇下，曹植郁郁寡欢地活到了四十一岁，于太和六年去世。

曹丕所有的兄弟中，唯一有机会进入权力核心的是燕王曹宇，也就是娶了张鲁的女儿的那位王爷。曹宇的年龄大概和曹叡差不多，少年时期曾经和曹叡同住，名为叔侄，实为发小。景初二年（238年），曹叡临终之际，拜曹宇为大将军，托付后事。然而，仅仅四天之后，曹宇就辞官不做；而曹叡也改变心意，接受了他的辞职。个中原因是中书监刘放提醒曹叡："陛下忘先帝诏敕，藩王不得辅政。"既然曹丕有此规定，曹叡便不得不仔细思量；而曹宇更是识趣，赶紧主动提出辞职，由此将辅政大臣的要职让给了曹魏政权的掘墓人——司马懿。此乃后话，暂且按下。

相比对自家兄弟的严苛，曹丕对外人的态度可以说是极富人情。

建安二十五年（220年），曹丕代汉称帝，即废除丞相，复三公之制。最初考虑的太尉人选其实并非贾诩，而是杨彪。曹丕事先派使者带着圣旨去征求杨彪的意见，杨彪直言：自己当过汉朝三公，如果再当魏国三公，脸上不好看。曹丕竟然不生气，改授其为光禄大夫，食禄中二千石，仅次于三公；又赐其延年杖，许其戴着鹿皮冠入朝，待以宾客之礼。杨彪在曹丕的照顾下，优哉游哉地活到了黄初六年，以八十四岁的高龄辞世。考虑到杨修是为曹植争夺嗣君而死，曹丕对杨彪的种种优待，可谓以德报怨。

至于杨修本人，曹丕似乎也不曾记恨。据《三国志》注引《典略》，杨修曾经在一个叫王髦的人那里得到一把宝剑，后来又将它送给了曹丕，曹丕经常将这把剑带在身上。当了皇帝之后，有一次曹丕出宫，突然想起了杨修，下令停车，抚着剑对左右说："这是杨祖德（杨修字祖德）当年所赠的王髦之剑啊，不知道王髦现在在哪里呢？"后来将王髦找到，便赏赐给他一笔钱粮。曹丕睹物思人，甚至爱屋及乌，大有一笑泯恩仇之意。

对待敌人如此，对待自己人就更不用说。曹丕被立为太子时，吴质不过是个县长。曹丕称帝之后，立即宣召吴质进京，拜为振威将军，封列侯，都督幽州、并州军事，权倾一时。曹丕亲善吴质，到了无以复加的地步。据《三国志》注引《吴质别传》，曹丕曾召吴质入宫饮酒欢会，席间令郭皇后出来相见，对吴质说："卿仰谛视之。"让吴质抬起头来，大胆看着郭皇后。这哪里是君臣相会？分明是当年吕布见刘备的做派，乱了规矩。

黄初五年，吴质从河北进京面圣，曹丕又将满朝权贵召至吴质的住所举行宴会。吴质这个人确实有本事，但又确实是个小人。小人得志便猖狂，几杯酒下肚，开始乱来。他见上将军曹真长得肥胖，中领军朱铄长得清瘦，竟然找来几个戏子，令他们插科打诨，说肥道瘦，影射曹朱二人。

曹真是什么人？是曹操的养子。他原本姓秦，其父秦邵在战场上为救曹操而亡。曹操感念秦邵的救命之恩，收养了他的儿子，并改为曹姓，视若己出。曹真长大后，跟随曹操东征西讨，立下赫赫战功。曹丕即位后，曹真又长期领兵镇守西北，是魏国数一数二的军事统帅。曹真与曹家虽然没有血缘关系，但是在感情上，他早就是曹家的一员，与曹仁、曹洪等人同列为宗室重臣。曹真怎受得了这种气？当场怒斥吴质："你这是把我当作部曲将吗？"吴质按剑而起，骂道："曹子丹（曹真字子丹），你不过是砧板上的一块肉，我吴质想吃就吃，你仗了谁的势敢在我这里撒野！"朱铄站起来说："陛下要我们来陪你开心，谁知道是这样！"吴质又回怼："朱铄，你给我坐下！"看到吴质发威，满座这个将军那个将军，包括骠骑将军曹洪都吓坏了，竟然全部乖乖地坐下。朱铄气得以剑砍地，一场酒宴不欢而散。

吴质狂妄到这个地步，丝毫不影响曹丕对他的宠信。曹丕或许正是想借吴质来杀杀曹氏宗亲的威风，让他们不要以为自己姓曹就很了不起吧。曹丕这种扭曲的心理的产生，责任在于曹操。多年以来，曹操在立储的问题上再三摇摆，迟迟不肯给曹丕一个痛快，使得曹丕在担惊受怕中对自己的兄弟产生了一种难以言说的厌恶。对于曹丕来说，兄弟生来就是敌人，亲族就是外人，外人反而更为亲切。在这种以亲为仇的心理影响下，魏国从它建立的第一天起，就已经埋下了夭亡的伏笔。

人生如戏，全靠演技

曹丕只当了六年皇帝就去世了，临终前将太子曹叡托付给曹真、陈群、曹休、司马懿四人。曹丕在世时最为宠信的是吴质，临终托孤却没有吴质的一席之地，说明他对吴质的为人，其实还是很了解的。小人自有小人的用处，由曹丕本人来驾驭，不至于出什么乱子；如果要他来辅佐年少的嗣君，那就不合适了。

又据《晋书》记载，曹丕还是太子的时候，和司马懿、陈群、吴质、朱铄关系最为密切，每逢大事，必与四人商议，号称"四友"。临终托孤的四位"顾命大臣"中，"四友"占一半，曹氏宗亲占一半，这大概也是出于顾全大局、平衡关系的考虑吧。只不过这两位曹氏宗亲其实也不怎么亲。曹真自不用说，实际上是个外人。曹休亦不过是曹操的族子，也就是曹操的堂弟的儿子（据说是曹洪的亲侄子），相对于曹叡来说，差不多要出"五服"了。所以，曹丕留给曹叡的这个"亲友团"，亲是假，友是真。很显然，在曹丕眼中，亲戚是靠不住的，朋友才靠得住。

事实是不是正如他所想的那样呢？历史已经给出了答案。曹丕最大的失算是看错了司马懿。

但这也不能怪曹丕，因为司马懿委实是这个世界上最会伪装的人。

河内司马家，虽然不像汝南袁家、弘农杨家那么显赫，却也是人才辈出的名门望族。司马懿的曾祖父司马量曾任豫章太守，祖父司马儁为颍川太守，父亲司马防当过京兆尹，都是省部级的高官。司马防有八子，因字中都有一个"达"字，时人称为"司马八达"。司马懿在兄弟中排行老二，字仲达。

据《三国志》注引《曹瞒传》，曹操年轻的时候出任洛阳北部尉，便是因为司马防推荐。等到曹操当了魏王，还特意召司马防到洛阳饮酒欢聚，开玩笑问他："您看孤今天还能当个县尉吗？"司马防回答："老臣当年举荐大王的时候，正适合当个县尉。"

建安六年（201年），时任司空的曹操听说司马懿颇有才能，想将他召至司空府中任职。没想到司马懿还瞧不上曹操，诈称自己有麻痹症，不能正常起居，拒绝了曹操的召唤。曹操可不是那么好糊弄的，便派人晚上潜入司马懿宅中去打探，看他是不是真麻痹。司马懿早料到曹操会来这么一手，整晚都躺在榻上，一动不动，将密探给骗过去了。

司马懿做戏做全套，有一段时间都卧床不起。有一天家里人将书籍拿出来晾晒，突然下起了大雨。司马懿爱书如命，"垂死病中惊坐起"，想跑出去收书，被家中的一个婢女看到。他的老婆张春华也是个狠人，怕这件事泄露出去招致杀身之祸，便亲手杀了这个婢女灭口。

当然，司马懿骗得过密探，骗得过家僮奴婢，不一定骗得过曹操。到了建安十三年（208年），曹操当了丞相，又召司马懿出来做官，他直接告诉使者："如果司马懿还像上次那样躺着不动，就把他抓过来。"司马懿知道自己不能再违抗曹操的命令了，乖乖地应征，到丞相府当了文学掾，此后又改任黄门侍郎、议郎、丞相东曹属、主簿等职。

曹操一开始对司马懿没有戒心，甚至主动让他跟曹丕来往。但是，随着司马懿的才能不断释放出来，他越来越感觉这是一个可怕的人物，其心机之深、智谋之远甚至在自己之上。建安二十四年（219年），关羽水淹樊城，威震华夏，曹操吓得差点迁都，正是因为司马懿相劝才放弃这个念头。司马懿还看出孙、刘两家貌合神离，建议曹操向孙权示好，诱使孙权从背后进攻关羽，导致关羽败亡，可谓一言破局。曹操既欣赏司马懿的谋略，又忌惮司马懿的城府。他隐隐觉得，同为谋士，司马懿这位后起之秀和荀攸、荀彧、程昱、郭嘉、贾诩等人都不一样。后者城府虽深，他总能找到形迹；前者城门大开，看似空无一物，实则沟壑纵横，千回百折，令他捉摸不透。又有一桩奇事：曹操某夜做梦，梦见三匹马在同一槽中就食。虽然不知道其寓意，但心里总是不太舒服，于是提醒曹丕说："司马懿不是甘居人下者，将来必然会插手你的家事。"

曹丕已经是太子，插手曹丕的家事就是干涉国政，说穿了就是要夺权。但这只是猜测，连个捕风捉影的证据都没有，曹丕认为曹操是多虑了。而且，曹丕和司马懿相处得不错，自然要在曹操面前为司马懿说好话。司马懿觉察到曹操对他的怀疑，工作更加勤奋，行事愈加恭谨。无论大事小事，他都认真去办，甚至于"刍牧之间，悉皆临履"——喂马砍柴，也亲力亲为。这便是当年刘备在许都种菜的做法了。曹操却没有吸取教训，渐渐地也就对司马懿放下了戒心。

曹丕上位后，司马懿更得重用，先后任丞相长史、尚书、御史中丞、侍中、尚书右仆射。司马懿当尚书右仆射的时候，陈群是尚书令。一副一正，陈群尚在司马懿之上。到了黄初五年（224年），曹丕亲征吴国，命司马懿镇守许都，给他的职务是"抚军、假节，领兵五千，加给事中、录尚书事"，实际上也给了司马懿和陈群一样的权力。曹丕甚至下诏对司马懿说："吾东，抚军当总西事；吾西，抚军当总东事。"大有将国事相托之意。

曹叡当了皇帝，司马懿是四位"顾命大臣"之一，开府治事，并开始独当一面，领兵作战。他在曹叡手下，一如既往地尽忠王事，在上庸平定孟达的叛乱，在五丈原熬死诸葛亮，在辽东剿灭公孙渊，战功卓著，劳苦功高。他本来在四位"顾命大臣"中排名最后（前三位按顺序是曹真、陈群、曹休），但是随着战功的累积，他不但越发受到曹叡的重视，也在朝野之间获得了更高的威信。太和四年（230年），吴质入京为侍中，和曹叡论及左右大臣，就盛赞司马懿"忠智至公，社稷之臣也"，又批评陈群"从容之士，非国相之才"，更加重了司马懿在曹叡心目中的分量。

司马懿对曹丕忠不忠？应该是忠的。

司马懿对曹叡忠不忠？也应该是忠的。

曹叡是个聪明人，刘晔第一次见曹叡，给他的评价是"秦始皇、汉孝武之俦，才具微不及耳"。司马懿在聪明人面前，总是表现得人畜无害。他和曹叡的相处想必很融洽，君臣之间甚至建立了一种心照不宣的默契。五丈原一役，诸葛亮想尽各种办法引诱司马懿出战，司马懿坚决不出。诸葛亮于是派人给他送去一套妇人服饰，羞辱他像妇人一样胆小。司马懿大怒，上书曹叡请求出战，曹叡不批，并派卫尉辛毗持节奔赴军营节制司马懿。等到诸葛亮再来挑战，司马懿想出兵应战，辛毗便持节立于辕门，将其挡住。魏军将士即使再愤怒，也只能坚守营中，如此熬到诸葛亮病故，最终不战而胜。倒是诸葛亮一眼看破了曹叡君臣的把戏，对姜维说："司马懿压根儿不想出战，否则，将在外君命有所不受，哪有千里上书朝廷请求出战的道理！"

景初二年（238年），司马懿带兵四万远征辽东，恰好遇到大雨，部队进攻受挫。朝中众臣皆以为天时不利，纷纷请求曹叡下旨撤军。曹叡却很有信心地说："司马公临危制变，计日擒之矣。"果然，大雨一停，司马懿就指挥部队迅速行动，一举攻破襄平城，斩杀公孙渊。这件事充分说明，曹叡对司马懿是很了解的，也是很放心的。司马懿在曹叡的领导下，东征西讨，献计献策，为魏国做出了巨大的贡献。曹叡有驾驭司马懿的能力，问题是天不假年，只活了三十六岁便撒手而去。司马懿则活得够长，先后熬过了曹操、曹丕、曹叡"三曹"的羁绊，终于活到了挣脱缰绳、放马狂奔的时候。

以其人之道还治其人之身

景初三年（239年），魏明帝曹叡驾崩，指定八岁的齐王曹芳为继承人。

如前所述，曹叡的来历有些模糊，究竟是曹丕的儿子还是袁熙的儿子，恐怕连他的母亲甄氏都说不清。现在这位曹芳，又是个来历不明的——曹叡自己没有儿子，曹芳是他的养子，按《三国志》的说法是"宫省事秘，莫有知其所由来者"，再加上曹操的父亲曹嵩也是"莫能审其生出本末"，这曹家的血脉如何传承，只能说是一本烂账了。

曹芳不是曹叡的亲儿子，曹叡仍要关心他的未来。最初为曹芳指定的辅政大臣是燕王曹宇，后经刘放等人劝说，又改为曹爽和司马懿。这就说明，曹叡对司马懿的信任，其实也是有所保留的。但是，司马懿的演技又着实无可挑剔。据《三国志》注引《魏略》及《魏氏春秋》，曹叡临终时，宣召司马懿进宫，令曹芳上前抱着司马懿的脖子，将他托付给司马懿。曹叡又拉着司马懿的手说："死乃复可忍，朕忍死待君，君其与（曹）爽辅此。"司马懿则回答："陛下不见先帝属臣以陛下乎？"说得情真意切。于是大事确定，曹叡放心西去。

饶是如此，曹叡还是留了一手。两位"顾命大臣"中，曹爽的地位明显排在司马懿前面。曹爽是曹真的儿子，原本是武卫将军，曹叡将其一下子提拔为大将军，假节钺，都督中外诸军事，录尚书事。而司马懿此时的官职不过是太尉，虽然位居三公之首，毕竟不能跟大将军相比，而且又不录尚书事，不能掌控朝廷中枢。曹叡作此安排，自有持重之意，然而事实证明他错了，错在所托非人，看高了曹爽。

曹爽是个公子哥儿，一开始对司马懿很尊重，什么事情都跟司马懿商量。司马懿则报之以礼，尽心配合。曹芳登基后，司马懿"迁侍中，持节，都督中外诸军，录尚书事"，获得了和曹爽相当的实权。这自然是经过曹爽同意的，甚至就是曹爽本人的意思。但是，曹爽很快就发现自己干了傻事，于是又用明升暗降的手段，升司马懿为太傅，令尚书们有文件先送到他这里，由他来出具意见，以此将司马懿架空。对于曹爽做的这些手脚，司马懿摆出的姿态是逆来顺受，任其摆布。

既然司马懿如此识趣，曹爽就真的"爽"起来了。他将自己的弟弟都提拔起来，曹羲当了中领军，曹训为武卫将军，曹彦为散骑常侍，其他的弟弟"皆以列侯侍从"，表弟夏侯玄也是散骑常侍、中护军。中领军和武卫将军掌握皇宫禁卫，散骑常侍相当于皇帝的侍从。除此之外，曹爽还在朝中大肆安插自己的心腹，任命何晏、邓飏、丁谧为尚书，毕轨为司隶校尉，李胜为河南尹。换而言之，曹爽不但将皇帝牢牢地抓到了手里，还把控了京畿地区的军政、监察大权。司马懿一看，这都没自己啥事了，干脆称病不朝，任由曹爽放飞自我。

对于司马懿来说，曹爽就是一只风筝，就算飞得再高，也飞不出他的掌控。司马懿在朝中也安插了自己的人：他的长子司马师与曹羲同为中领军，次子司马昭与曹彦同为散骑常侍，弟弟司马孚则当了尚书令。司马懿躲在家里养病，朝中的大小事情却无不在他的监视之下。他时不时拉动一下手中的丝线，看着那只风筝越飞越高，嘴角露出一丝轻蔑的微笑。

曹爽确实是飘了。他不知道，风筝飞得越高，摔得越惨。他手下那几位谋士，学问各不相同，共同之处在于作风浮夸，眼高手低。他们想为曹爽立威，劝曹爽对蜀国用兵。曹爽于是不听司马懿劝阻，于魏正始五年、蜀延熙七年（244年）亲自率军自骆谷讨伐蜀国。由于准备不充分，后勤保障未能跟上，魏军进退维谷，被蜀军截断后路，最终惨败而归。

曹爽丧师辱国，却未得到教训。相反的，当他觉察到骆谷之败对他造成了政治上的失分和威望上的下降，他对权力的欲望便变得更加强烈。正始八年（247年），曹爽又听从何晏等人的建议，将郭太后（曹叡的皇后、曹芳的养母）与曹芳分开来，迁到永宁宫去居住。司马懿对此不闻不问，曹爽更加肆无忌惮，他的几位亲信也越来越不像话，仗着有人撑腰，到处胡作非为，损公肥私，索取无度，闹得天怒人怨。各级官员只要稍有得罪这帮人，轻则免职，重则坐牢。曹爽为追寻更大的刺激，竟然偷偷从皇宫带走先帝的才人七八人，藏在家中供自己享乐。这种胡天胡地的搞法，连曹羲都看不下去了，写了三篇劝诫骄奢淫逸的文章，不敢直接针对曹爽，借口是给族中子弟看，拿给曹爽提意见。曹爽这点阅读理解能力还是有的，知道曹羲在说他，很不高兴。曹羲见曹爽执迷不悟，痛哭而去。

朝廷九卿之中，有一位大司农桓范，因为是老乡的关系，颇受曹爽礼遇。桓范对曹爽并不感冒，但是既然受到人家的特别尊重，就难免要提醒一下：你们兄弟几个掌控禁兵，大权在握，却经常一起出城去活动，这样很危险。万一有人趁你们出去的时候关起城门，可怎么办呢？曹爽不以为然：谁敢！依旧我行我素。

话虽如此，曹爽还是留了一个心眼。放眼整个魏国，如果说有人敢对他们兄弟几个不利，恐怕只有司马懿吧！但是司马懿一直以生病为名把自己关在家里，不理朝政，也不知道究竟是不是这么回事。正始九年（248年）冬，曹爽的亲信李胜出任荆州刺史，故意跑去向司马懿告别。司马懿在两个婢女的搀扶下出来见客，给他披衣服，衣服就掉在地上；喂他喝粥，粥水就从嘴角流出来，沾满了前胸，一副老朽不堪的模样。李胜大为唏嘘："听说您旧病复发，没想到这么严重！"司马懿上气不接上气，颤颤巍巍地说："年老卧病，死在旦夕。你要去并州上任，那里靠近胡人，可要好好防备哦！"李胜纠正道："我是回本州，不是并州。"李胜是南阳人，南阳属于荆州，是以称荆州为本州。司马懿继续装聋卖傻，说："什么，你刚刚到过并州？"李胜说："是荆州。"司马懿这才说："怪我老糊涂了，没听明白你的话。如今你回到家乡，那好啊，可要好好地干，建立功勋哦！"李胜从司马家出来，便去对曹爽说："司马懿已经是行尸走肉，没什么人气了。"又说，"司马懿看来是再也好不起来了，这真让人感慨啊！"

曹爽于是放了心。正始十年正月，曹芳按惯例出城拜祭高平陵（曹叡的陵墓），曹爽兄弟几个都跟着去了。老朽不堪的司马懿立即精神矍铄起来，带着一群武士进宫拜谒郭太后，也许是说服她，也许是拿刀逼着她，下达了废黜曹爽兄弟的诏书。

到了这个时候，曹爽才回过神来。当曹芳问他怎么办，他竟然手足无措，完全拿不出主意。桓范冒死出城通报信息，劝他带着天子移驾许都，召集各地军队起来对抗司马懿。这倒是个不错的主意，司马懿在魏国并不能一手遮天，甚至还有很多政敌。那些手握重兵镇守吴、蜀前线的将帅们也有不少是对司马懿不服的。只要曹爽将天子牢牢抓在自己手上，乱臣贼子就是司马懿。真要打起仗来，谁胜谁负还不好说。可是，让桓范没想到的是，曹爽压根儿没有那个勇气。

曹爽的外强中干早在司马懿的预料之中。当桓范出城的时候，太尉蒋济曾经提醒司马懿，说他们的"智囊"逃出去了。司马懿一点儿也不担心，说："驽马恋栈豆，必不能用也。"意思是，曹爽就像劣马贪恋马厩里的豆料，目光短浅，贪图眼前利益，难堪大用。事实果然如此。司马懿控制了洛阳，带兵出城迎接曹芳，并派人向曹爽保证："只要交出权力，便可保留爵位。"曹爽喜出望外，对桓范说："司马公不过是想夺我的权力罢了，我投降回去，还可以做个富翁！"桓范气得捶胸顿足："曹子丹英雄一世，怎么生了你们这些狗崽子？因为你，我要被灭族了！"

司马懿信守承诺，让曹爽兄弟平平安安地回了家。可是过不了多久，宦官张当被司马懿逮捕。严刑讯问之下，张当供出曹爽和何晏等人密谋造反，准备于当年三月起事。于是，曹爽兄弟四人，以及何晏、邓飏、丁谧、毕轨、李胜、桓范，都被判了谋逆之罪，诛杀三族，死者数千人。

以"高平陵事变"为标志，司马懿成为魏国的实际控制人。清人王鸣盛读到这段历史，非常精辟地分析："懿取魏，即操取汉故智也。目所习睹，还用之甚便也。"司马懿夺取魏国的政权，与曹操夺取汉朝的政权，手段相当，如出一辙。这都是在曹操手下耳濡目染，以其人之道还治其人之身啊！王鸣盛又掰着指头算数，说曹操辛苦了大半辈子，最后得到的江山，儿子坐了六年，孙子坐了十二年（自曹芳开始，魏主皆为傀儡），不过是一瞬间的事而已。曹操如果早知道这样，大概会后悔自己没有终身为汉朝臣子，"春夏读书，秋冬射猎"，自得其乐，岂不好过给他人做嫁衣，白忙乎！

第十二章　孙权的真性情

如果将曹操、刘备、孙策视为魏、蜀、吴政权的创建者，曹丕、刘禅、孙权就可以说是魏二世、蜀二世、吴二世。

对比三位"二世"，孙权无疑是成功的一位。

曹丕子承父业，如果不是死得太早，或许能够有所作为，可惜历史没有如果。

刘禅就是个扶不起的阿斗，当了四十年皇帝，做了四十年"相公"。

孙权则在孙策创业的基础上，对内任贤与能，对外纵横捭阖，审时度势，进退自如，不但守住了江东六郡基业，还获取了荆州的大部分地方，亲手建立了吴国。而且，三国之中，吴国的国祚最长，自孙权称帝算起，延续了五十二年。

后人或许不应以长短论英雄，可长短毕竟摆在那里。

就连曹操也感叹："生子当如孙仲谋！"言下之意，自己那些个儿子都比不上孙权。

李宗吾论三国人物，说曹操心黑，刘备脸皮厚，孙权则兼二者之所长，心黑脸皮厚。只不过孙权的心黑又比不过曹操，孙权的脸皮厚又稍逊于刘备，所以三个人旗鼓相当，谁也吃不掉谁。

让这三个人活在同一个时代，老天真是"看热闹不嫌事大"！

孙权的所谓"佛系"

让我们来看看三国创建的时间。

魏国：建安十八年（213年），汉献帝封曹操为魏公，建宗庙、社稷，置尚书、侍中、六卿等官；建安二十一年（216年），曹操晋爵为魏王；建安二十五年、魏黄初元年（220年），汉献帝逊位，曹丕自称皇帝。

蜀国：建安二十四年（219年），刘备自称汉中王；魏黄初二年、蜀章武元年（221年），刘备自称皇帝。

吴国：魏黄初二年，蜀章武元年（221年），曹丕遣使封孙权为吴王。魏太和三年、蜀建兴七年、吴黄龙元年（229年），孙权自称皇帝。

无论称王还是称帝，孙权都是最后一人，晃晃悠悠，不紧不慢，可以说是相当佛系了。

他称吴王，是曹丕封的。称王之后，也不好再用汉献帝的建安年号，于是在魏国的黄初和蜀国的章武中各取一字，搞了个黄武年号，相当于昭告天下人：我是不想另起炉灶的，但是曹丕和刘备已经把原来的灶台拆掉了，我也只能有样学样，破旧立新了，饭总是要吃的嘛！

黄武二年（223年），群臣上书，劝孙权"即尊号"，也就是当皇帝，被孙权拒绝。据《三国志》注引《江表传》，孙权不肯当皇帝的理由是："汉家堙替，不能存救，亦何心而竞乎？"言下之意，还是对汉朝皇帝抱有故主之情，对不能挽救汉朝心怀愧疚，无心与曹、刘一争高下。群臣觉得孙权这是客气，都说天降祥瑞，是时候当皇帝了，大王一定不可推辞。孙权便说："往年是刘备在西边攻打我们，我不想两面受敌，才接受曹丕的册封，当了个吴王。现在看来，我屈居曹丕之下的用意，各位似乎还没理解，所以特别给你们解释一下。"他的意思是：我当吴王都是被逼无奈，又怎么会想当皇帝呢？

孙权真的不想当皇帝？恐怕不是，毕竟他最后还是当了皇帝。他只是体察人情，知道汉朝虽然气数已尽，但是毕竟有四百年的历史，天下士民作为汉朝曾经的臣民，对其还是怀有眷念之情，需要一定的时间冲刷，才能逐渐淡忘这种感情。孙吴的政权实质上已经建立，称不称帝，他都是江东六郡以及大半个荆州的主人。既然如此，他又何必急于一时，给世人留下一副难看的吃相呢？

　　早在建安初年，鲁肃第一次见到孙权的时候，便提出要孙权将来"建号帝王以图天下"。孙权对此的回应是："今尽力一方，冀以辅汉耳，此言非所及也。"他和鲁肃促膝谈心，谈的是王图霸业，但是表面上给自己的定位只是辅助汉室，不涉个人野心。

　　有这样的心态垫底，办什么事情都能淡然自若，能屈能伸，游刃有余。

　　孙权刚刚接手孙策的事业的时候，庐江太守李术不肯听命。有人从孙权的部队中开小差逃到庐江，孙权写信去要人，李术竟然答复："有德见归，无德见叛，不应复还。"意思是你如果有德，大伙儿都来归顺；你如果无德，自然有人叛逃，我也不应该把他们交还给你。孙权大怒，采取的第一个行动却不是用兵，而是写了一封告状信给曹操，痛斥李术的种种恶行，请求曹操不要支持李术。当时曹操的精力全放在北方，无暇南顾。为了拉拢孙权，曹操表奏朝廷，给孙权封了个讨虏将军，领会稽太守。收到孙权这封信，曹操自然不会插手江东内部事务。等到孙权派兵进攻李术的时候，李术向曹操求救，曹操置之不理，李术很快就被消灭了。

　　话说回来，没有孙权这封信，曹操也不一定顾得上帮李术。这封信表明的是一种态度：孙权尊重朝廷，也尊重天子的代言人曹操。但是尊重不等于服从，更不等于投降。等到曹操南下荆州，威胁江东的时候，孙权就果断地联合刘备，将曹操打得铩羽而归。

　　赤壁之战后，曹操和孙权在江淮一带又有几次交锋。两人一边打仗，一边书信来往。建安十八年（213年）正月，曹操进攻濡须，月余不下。孙权写信给曹操，说："春水方生，公宜速去。"又写了一张小字条，"足下不死，孤不得安。"曹操拿出来给众将看，说："孙权不欺孤。"然后就撤兵了。二人之间，既是势不两立的敌人，也是知根知底的对手，一局棋下到不分胜负，没有必要再费时费力，纠缠不休。相比之下，刘备就很难和曹操建立这种亦敌亦友的关系了，因为刘备把自己摆得太高，太在意维护自己的正统地位，很难和曹操平等对话。

孙权对得起名字里这个"权"字。权即变也，他既可对曹操俯首称臣，也能与曹操刀兵相见，战战和和，修短随化。刘备借了荆州不还，关羽不把他放在眼里，他便立即向曹操示好，背地里捅关羽一刀。猇亭之战后，曹丕要孙权遣子入质，被孙权断然拒绝，曹丕向孙权发动进攻，孙权马上又改变立场，向刘备伸出橄榄枝，双方化干戈为玉帛，一致对抗曹操。从此之后，蜀、吴之间果然再也没有发生战争（也没有理由发生战争）。但是，关系好归关系好，孙权却长期拖着没有和蜀国签订盟约，只是派使者来往于两国之间，小心维护着和蜀国的友好关系。另外一方面，他又"犹与魏文帝相往来"，随时准备改变立场。直到黄武二年（223年），诸葛亮派邓芝访问吴国，孙权才下定决心，彻底断绝与魏国的联系。

据《三国志》记载，邓芝到吴国，一度坐了冷板凳。后来孙权接见他，明确说出自己的担忧："我是有心与蜀汉友好，只不过担心蜀主幼小，国力薄弱，为魏国所逼，不能自保，所以才有所犹豫。"邓芝回答："吴、蜀两国拥有扬州、荆州、益州、交州，共计四州之地。大王是当世英雄，诸葛亮也是杰出人才。蜀国地势险阻，吴国有长江之险，两国长处互补，唇齿相依，进可攻，退可守，当然应该联合起来。大王不跟我们结盟，就只能委身于魏国，魏国必定要求您前去朝拜，至少也是遣质入质。您不答应的话，魏国就会兴师问罪。那时候，蜀国也将派兵顺流而下，与魏国争利。这样的话，江南就不是大王所有了。"孙权深思良久，说了四个字："君言是也。"

即便如此，与蜀国结盟，还是拖到了六年之后。

黄武七年（228年）八月，孙权采用诱敌之计，在石亭大败魏国名将曹休。曹休虽然逃脱，终因伤势太重（或是气急败坏），于九月去世。次年春天，诸葛亮派大将陈式北伐，攻克武都和阴平两郡。孙权受到两次胜利的鼓舞，终于接受臣下的劝进，也当了皇帝，改元黄龙。

既然已经光明正大地称帝，所有的虚与委蛇便没有必要再继续了，孙权痛痛快快地与蜀国派来的祝贺使者陈震歃血宣誓，宣告吴国和蜀国正式结成了同盟。当然,在双方的盟约里,蜀国不叫作"蜀",而叫作"汉",这一同盟的正式名称也应该叫作"汉吴同盟"。这个时候的孙权显然已经不再纠结于汉朝的旧情,也放下了所有的惺惺作态,顺理成章地将历史翻开一个新的篇章。

孙权的御人之术

孙权的相貌颇为奇特。据《三国志》注引《江表传》,孙权出生的时候,"方颐大口,目有精光",已经和一般人不太一样。成年之后,胡须是紫色的,颇似胡人。《三国演义》借此发挥,说孙权"碧眼紫髯",眼睛是绿色的,号称"碧眼儿"。

又据《三国志》注引《献帝春秋》,孙权的身材"长上短下",也就是上身长、下身短。在当时,这是让人服侍的富贵之相。相比曹操、刘备,孙权的富贵来得容易,也来得稳固。孙策临终之时,不但将江东六郡交给了他,还给他留下周瑜、张昭、程普、黄盖等一大批文臣武将,要土地有土地,要人才有人才,只差给他一套黄袍了。

当然,有人才,还得会使用人才。孙权之所以能够虎踞江东,与曹、刘争雄而立于不败之地,一个很重要的原因是他善于用人。江东在他的统治下,人心稳定,人才济济,人尽其用,这是孙吴政权能够在三国竞争中屹立最久的主要原因。

孙权善于用人,善在哪里呢?

首先是以真情待人。

建安二年(197年),十五岁的孙权奉孙策之命镇守宣城,手下不过数百人。一天晚上,山贼数千人突然杀到。周泰拼死保护孙权杀出重围,身中十二处创伤,差点战死。到了建安十八年(213年),周泰拜平虏将军。朱然、徐盛等人都归周泰节制,但是对周泰并不太服气。孙权得知后,特意到周泰军中大宴诸将。酒过三巡，孙权亲自到周泰案前给他敬酒，要周泰解开衣服，孙权指着周泰身上的伤疤，一处一处问他是哪次战斗中受的伤。周泰则一一作答，并回忆起当时作战的情景。孙权握着周泰的手臂，"流涕交连"，诸将无不动容。自此之后，军中没有人敢对周泰不尊重。孙权此举有没有作秀的成分？当然有！可是不得不说，他做得很成功，也很自然，不但解决了周泰军中诸将的思想问题，为周泰树立了权威，而且给他们上了生动的一课。将领们见到此情此景，恐怕都下定决心要以周泰为榜样，拼了命去为孙权服务吧！这是任何说教都不可能达到的效果。

建安二十四年（219年），吕蒙突得疾病（《三国演义》说是关羽的鬼魂作祟所致，纯属杜撰），孙权派人将其接至自己的驻地，安置在内殿，遍求名医为其诊治。医生为吕蒙针灸，孙权看到他痛苦的样子，自己就很难过。孙权每天都来探视吕蒙，又担心影响他休养，就在墙壁上穿了一个洞，暗中观察，看到吕蒙稍能进食就很高兴，否则就长吁短叹，夜不能寐。吕蒙回光返照，有几天精神特别好，孙权就赦免囚犯，让群臣都来祝贺。后来吕蒙病情转重，孙权亲自到床前探视。吕蒙去世后，孙权悲痛万分，"为之降损"，降低自己的伙食标准，不举行娱乐活动，以示哀悼。

人皆有生老病死，老病之时，特别希望得到安慰。《三国志》中，孙权关心臣下的病情、为臣下的去世而举哀的记录比比皆是——

张纮去世之前，给孙权写了一封长信，孙权"省书流涕"。

鲁肃去世，孙权"为举哀，又临其葬"。孙权称帝，将要上坛祭祀天地的时候，还念念不忘地说："当年鲁子敬曾经说过朕会有这么一天，可谓明于事理啊！"

陈武战死，孙权"自临其葬"。又据《江表传》，孙权还下令陈武的爱妾为其殉葬。这当然是荒谬的，必须大批特批。但在当时的价值观下，这无疑又是对陈武特别恩宠的表示。

董袭战死，孙权"改服临殡，供给甚厚"。

甘宁战死，孙权"痛惜之"。

凌统病逝，孙权"拊床起坐，哀不能自止，数日减膳，言及流涕"。凌统的两个儿子还小，孙权就"内养于宫，爱待与诸子同"，还经常在外人面前称呼这两个孩子"此吾虎子也"！

朱然生病，孙权"昼为减膳，夜为不寐"，派去给朱然送医药补品的使者多得"相望于道"。朱然去世后，孙权"素服举哀，为之感恸"。

吕范病逝，孙权"素服举哀"。后来，孙权经过吕范之墓，还叫着"子衡"（吕范字子衡），一边说着吕范的故事，一边流泪。

朱桓去世，家无余财，孙权下令赐给盐五千斛，给他们家办丧事。

阚泽去世，孙权"痛惜感悼，食不进者数日"。

当然，之所以有这些记录，还有一个重要的原因，那就是孙权活得够长，所以经常要为臣下探病送终。

孙权用人的第二个特点是"眼睛里进得了沙子"。

人皆常人，都有七情六欲，有各种各样的毛病。诸葛亮用人，显然是有些道德洁癖的，对于行为不端或是言论不当的人，必欲除之而后快。彭羕、廖立、刘琰之流，即因此见弃。孙权则不然。

《三国演义》中，鲁肃是个老实巴交的人。事实上，鲁肃是个相当豪放的人，意气风发，不拘小节，因此得罪了一些人。他来投靠孙权的时候，张昭就指出，鲁肃年少轻狂，不够谦虚谨慎，名声也不太好，这种人不可用。孙权却毫不在意，反而更加看重鲁肃，还赏赐给鲁肃的母亲很多钱财，让老太太过上安逸的日子。顺便说一句，孙权看重谁，就会跑到谁家里去拜访，请老人家出来，以晚辈之礼相见，并赠送各种礼物，把老人家哄得很高兴。孙权通过对别人的父母表达孝心，大大地拉近了他和臣下之间的感情距离。

潘璋年轻的时候"博荡嗜酒"，家里又穷，上门讨要酒钱的人络绎不绝，是个典型的无赖。孙权却主动将其招至麾下，先是让他当了小队长，随着战功的积累，逐渐升至别部司马、偏将军、平北将军、右将军。就算是当了高级将领，潘璋仍然习性不改，生活奢侈放纵，行为诸多不轨，甚至"吏兵富者，或杀取其财物"，这就不只是道德沦丧而是严重违法了。有关部门上奏到孙权这里，孙权总是想起他的战功，不予问责。孙权这种处理方式当然是有问题的，大道理在此不论。但是可以肯定的是，在激励将领们为其卖命这件事上，孙权的目的达到了。

又据《三国志》注引《江表传》，吕范和贺齐也是奢靡之人，喜欢穿名贵的服饰，"僭拟王者"。在封建社会，僭越是大罪。以穿衣服而论，王者有王者的服装，臣下有臣下的服装，绝对不可混淆。有人到孙权这里告状，说吕、贺二人心怀不轨，孙权的回答是："当年管仲也逾越礼节，齐桓公却'优而容之'，也无损他的霸业。而今吕范、贺齐这点事，和管仲比起来还差得远呢！只要他们率领的军队'器械精好，舟车严整'就可以了，他们穿得威严一点，更能增添军容，对于我的统治有什么影响呢？"于是再也没有人来打这一类的小报告。

孙权用人的第三个特点是以心交心，用人不疑。

诸葛瑾是诸葛亮的亲哥哥，孙权派他办理与刘备的外交事务，从来没有任何疑心。诸葛瑾也坦坦荡荡，即使与诸葛亮相见，也只谈公事，不涉私情。蜀章武元年（221年），刘备大举进攻孙权，战局对孙权不利，有个别宵小之徒在孙权面前告状，说诸葛瑾私下派遣家人与刘备偷偷来往。孙权回答："孤与子瑜（诸葛瑾字子瑜）有死生不易之誓，子瑜之不负孤，犹孤之不负子瑜也。"

又据《三国志》注引《江表传》，刘备入侵时，诸葛瑾奉命镇守南郡，在抗敌的第一线。当时流言蜚语颇多，不少人认为诸葛瑾凭借诸葛亮的关系私通刘备。陆逊为此上书孙权，担保诸葛瑾绝无二心，希望孙权能够有所表示，让诸葛瑾放下思想包袱。孙权回书："子瑜和我在一起已经有很多年了，亲如骨肉，我很了解他。他的为人，不合道义的事不做，不讲原则的话不说。当年刘玄德派孔明来访，我曾经希望子瑜能够将孔明留下来，为我所用。子瑜说，孔明已经跟随玄德，君臣大义已定，他不可能为我留下来，有如我不可能跟他走。这话犹在耳边，而今他怎么可能背叛我呢？我和子瑜，可以说是深交了，不是外人能够离间的。你的好心，我很了解，会将你的这封信转交子瑜，让他也知道你对他的关心。"君臣之间能够建立这样心无芥蒂的关系，孙权堪称三国时期第一人。

孙权对陆逊也是极其信任。猇亭之战的胜利，既是因为陆逊指挥得当，也是因为孙权敢于放权，任由陆逊在前线充分发挥。猇亭之战后，蜀、吴关系逐渐恢复正常。陆逊陪同太子孙登镇守武昌，但凡涉及两国关系的事务，孙权都委托陆逊办理。为了方便陆逊行事，他甚至刻了一方自己的印，交由陆逊保管。孙权写给刘禅、诸葛亮的书信，大多数先发给陆逊，由陆逊斟酌修改后，也不用再请示，直接盖印发出。

清代史学家赵翼评价孙权的用人之道，用了"意气相感"四个字。所谓意气相感，就是我用真心待你，用人格魅力感动你，和你建立一种生死与共的关系。刘备也与关羽、张飞生死与共，无奈他的这个兄弟圈太小，连诸葛亮都插不进来；曹操生性多疑，对谁都不放心，称得上生死与共的，恐怕只有夏侯惇、夏侯渊、曹仁、曹洪之辈；孙权则继承了孙策的仁爱与豪放，他更像《水浒》中的宋江，在潜移默化中，将手下的文臣武将都变成了自己的兄弟。他由此获得了超然的地位——表面上是江东之主，实际上是江湖大佬。《三国志》记载，有一次甘宁得罪了吕蒙，吕蒙击鼓聚众，准备火并甘宁。吕蒙的老娘光着脚跑出来拦住他，说："至尊（指孙权）待你如骨肉，托付你做大事，你怎么敢因为私人的恩怨攻杀甘宁？"吕蒙立马偃旗息鼓，跑到甘宁船上，笑着说："兴霸（甘宁字兴霸），我老娘等你吃饭，快来！"甘宁大哭，说："是我对不起你。"两个人和好如初。这样的故事情节就算直接移植到《水浒》中，也是没有半点违和感的。

江湖大佬的另一面

孙权确实像是江湖大佬，很多地方都像。

他和孙策一样，爱打猎，而且是爱猎虎。建安二十三年（218年）十月，他在庱亭亲自骑马射虎，老虎扑过来，抓伤了他的战马。虽然最终有惊无险，但还是将所有人都吓得不轻。张昭便直接批评他："你身为人君，应该驾驭英雄，驱使群贤，怎么能够驰逐于原野，与猛兽一较骁勇？万一有个闪失，岂不被天下人耻笑？"孙权赶紧道歉，说自己年少不懂事，请老人家原谅。可是说归说，老虎还是要打的，只不过变了个花样，他做了一辆专门射虎的车，大概和现代野生动物园猛兽区的游览车差不多吧，人坐在铁笼子里射虎。老虎如果扑上来，他就更为兴奋，亲手搏击以为乐。张昭再来劝谏，他就笑而不答了。

孙权还有一个终身爱好，饮酒。再聪明的人喝多了酒也变成糊涂蛋。孙权自己爱喝酒也就罢了，还喜欢逼着别人喝。有一次大宴群臣，把大臣都喝倒好几个了，他还意犹未尽，吩咐下人用冷水浇他们，浇醒了再喝，下令说："今天喝个痛快，必须喝翻才算数。"张昭在场一句话也不说，出门到车子上坐着生闷气。孙权叫人将他找回来，说："就是图个乐子嘛，老爷子干吗那么生气？"张昭说："当年商纣王和群臣饮酒，通宵达旦，也不过是图个乐子嘛！"孙权反驳不了，沉默了半晌，令人把酒席撤了。

当了吴王之后的欢庆宴会上，孙权又闹酒，举着酒杯亲自下去给群臣敬酒。虞翻不胜酒力，只好伏地佯醉。等到孙权过去，他又坐起来。孙权勃然大怒，拔出剑就要杀了虞翻。大司农刘基赶紧抱住他，说："大王酒后杀人，就算虞翻真的有罪该死，天下人也认为是大王的错了。"孙权说："曹操可以杀孔融，我为什么不能杀虞翻？"刘基说："曹操残害士人，所以天下人都唾弃他，大王的名声堪比尧舜，怎么可以学曹操呢？"孙权这才放过虞翻。酒醒之后，知道自己干了傻事，他又下令左右："今后酒后说要杀谁，都不能杀。"

从喝酒这件事可以看出，孙权身上的江湖气很重，如果脱掉身上的衮服冠冕，换上草莽服装，他就是一个山大王。只不过这位山大王虽然鲁莽，也会犯错误，终究知错能改，所以总体上还是可爱的。

嘉禾二年（233），魏国辽东太守公孙渊派遣使者经海路来到吴国，向孙权称臣。公孙氏世居辽东，山高皇帝远，自成体系。公孙恭虽于魏太和二年（228年）被曹叡敕封为扬烈将军、辽东太守，但在心理上仍然将自己当作割据一方的诸侯，不愿意服从魏国朝廷的号令。之所以不远万里地跑来向孙权称臣，无非是想借助吴国的力量牵制魏国，颇有"远交近攻"之意。孙权觉得这是个机会，便派张弥、许晏到辽东封公孙渊为燕王。仅仅是派遣使者，送点礼物也就罢了，孙权还兴师动众，组织了一万多人的部队，乘坐大海船一同前往辽东去给公孙渊撑腰。单以国力而论，在那个年代就能通过海路将上万人从江南运到东北，吴国可谓强盛！可是，这件事情很不靠谱。张昭就劝说孙权："公孙渊是因为背叛魏国，害怕曹叡兴师问罪，才来向我们求援，并非真的想投靠我们。现在您将一万多人派过去，假如公孙渊改变了主意，又要向魏国表忠心，那他们就危险了。"孙权坚持己见，张昭坚决劝谏，孙权就发飙了，拔出刀说："吴国的士人入宫就拜我，出宫就拜你，我对你的尊重可以说是到了极点了，可是你却总是在众人面前不给我面子，我怕有一天会伤到你！"张昭毫不害怕，看着孙权说："我知道你不会听我的，但我还是要说，是因为当年太后临终的时候托付我照顾你，言犹在耳，不敢忘怀。"张昭说着就流泪。孙权也将刀扔到地上，与张昭相对而泣——他就是这样一个性情中人。但是，哭过之后，孙权还是把部队派去了辽东。张昭一怒之下，称病不朝。孙权脑子一热，派人将张昭家的大门用土封上，意思是你既然不肯出来，那就一辈子待在家里吧。说到底，这还是山大王那一套做法。

结果正如张昭所料，公孙渊又背叛了孙权，杀了张弥和许晏，将首级送到洛阳去向曹叡邀功。孙权不但自取其辱，而且白白损失了一万多人以及粮草装备，丢人丢到了家。悔恨交加之下，他觉得自己很对不起张昭，但是又拉不下面子去道歉，于是几次派人去请张昭上朝，都吃了闭门羹。孙权亲自去张昭家里，站在门前请他，还是请不动。孙权就下令放火，想以这种方式逼张昭出来。张昭这老头儿的脾气也是硬，仍旧闭门不出。孙权彻底没招儿了，只好又下令把火灭掉。最后，孙权站在张昭门口不走，张昭这才让儿子扶着自己出来。孙权请张昭坐上自己的车进宫，深刻地检讨自己的错误。在这种情况下，张昭终于原谅了孙权，继续上朝工作。

辽东事件反映了孙权在政治上、谋略上的不成熟。他对待张昭的方式更是有如小孩在长辈面前耍赖一般幼稚。可正是这种幼稚，使得孙权的人格魅力进一步增加了。人非圣贤，孰能无过？君主也会犯错误！而且，偶尔犯点错误，让人感觉更真实。永远不犯错误的君主无非是堵住了大伙儿的嘴。正如子贡所言，"君子之过也，如日月之食焉"。君主犯错误，大伙儿都看得到；改正了错误，大伙儿就都仰视他。孙权不仅知错能改，而且以他的真性情赢得了更大的尊重。

孙权晚年犯的错误更多，特别是在立储问题上，和曹操一样，左右摇摆，导致人心不安，政局不稳（关于这件事，接下来还会专门讲到，暂不展开）。陆逊镇守武昌，多次上书孙权，强调嫡庶有别，希望孙权拿定主意，早定正统，避免兄弟相争的悲剧出现。孙权则认为陆逊参与了儿子们的权力纷争，打听了不该打听的机密，写信批评陆逊，导致陆逊"愤恚致卒"。说白了，陆逊是被气死的。

陆逊死后，其子陆抗继承爵位。孙权向他询问陆逊参与夺嫡之事，陆抗回答得清清楚楚。孙权是个聪明人，很快意识到自己冤枉了陆逊，但是也没有多说什么。到了太元元年（251年），陆抗回建业治病，将要离开的时候，孙权哭着与他告别，说："我过去听信别人的谗言怀疑你的父亲，因此辜负了你。前前后后问过你的那些事，（有关书信文字）请你一烧了之，不要让人看到。"

孙权始终是爱面子，不想让别人知道他冤枉了陆逊，更不想别人知道陆逊是被他气死的。他好歹是个有底线的山大王，虽然遮遮掩掩，但总归是认了错，而且相当照顾陆逊的后人。说他有情有义，应该不算太过分。

孙权在晚年干的另一桩糊涂事，就不是气死人那么简单了。

和中国历史上很多英雄豪杰一样，孙权年轻的时候充满热情，意气风发，既爱人，也被人爱；既信任别人，也受人信任，人格魅力无可抵挡。可是到了晚年，随着身体机能的退化，生命力不再旺盛，热情之火变得黯淡，仁爱之心变得迟钝，冲动变成了颟顸，自信变成了固执，整个人也变得平庸起来。他不再耳聪目明，对人情世故失去了正确的判断。他开始疑神疑鬼，时刻提防别人利用他，算计他，背叛他。在这种情况下，吕壹脱颖而出，成为孙权的心腹也就不足为奇了。

吕壹是吴国的中书典校郎，俗称"校事"，专司打探百官吏民的隐秘，发现并处置不法的阴谋，其职责类似于明朝的厂卫，换而言之就是皇帝的秘密警察。汉朝的官制中，并无校事一职，率先设置校事的是曹操，这也与其多疑的性格有关。曹操军中传言："不畏曹公，但畏卢洪；曹公尚可，赵达杀我。"卢洪、赵达是曹操的校事，吕壹则是孙权的校事总管。能够坐到这个位置上的人，必须具备两个条件，一是心思缜密，二是心狠手辣。《三国志》描写吕壹的为人只用了七个字："性苛惨，用法深刻。"

有这样一个人存在，大臣们当然战战兢兢，生怕有什么把柄落到他手上。孙登曾经多次劝谏孙权不要听信吕壹，孙权都不听。于是吕壹的权力越来越大，"举罪纠奸，纤介必闻，重以深案丑诬，毁短大臣，排陷无辜"。人皆常人，谁不会发个牢骚，谁没有隐私？只要被吕壹抓到一点儿线索，小事就变成了大事。他诬告江夏太守刁嘉"谤讪国政"，孙权就将刁嘉收监。吕壹审问相关涉案人员，问刁嘉有没有说过这样的话，人人都害怕吕壹的淫威，都说听到过，唯有侍中是仪说"无闻"，于是吕壹就对是仪严词逼问，是仪始终坚定不移。孙权也没办法，只得作罢。当时那种风气下，像是仪这样正直的官员毕竟不多。而且，是仪的坚守恐怕也是逼不得已。清代学者何焯就这样推测：如果是仪胡乱承认自己听到刁嘉说过这样话，说明是仪本人也是有问题的——听到就应该举报，怎么能够问到再说呢？

何焯生活在康熙年间，见识过文字狱的厉害。人人自危的环境下，自然会发展出一种高级的智慧，将人性的阴暗面研究得透彻入骨，从而小心翼翼地避开各种雷区，以免自己被炸得碎骨。吕壹得势的时候，吴国就是这样一种环境。没有人是安全的，连丞相顾雍都被举报，一度遭到软禁。而顾雍之所以侥幸无事，竟是因为吕壹担心顾雍被免职后，太常潘浚极有可能接任丞相。潘浚性烈如火，曾经打算不顾身家性命，在某次宴会上亲手刺杀吕壹以除国害，吓得吕壹不敢赴宴。

而吕壹最终垮台还是因为太过猖狂。孙权的女婿朱据时任左将军，吕壹怀疑朱据有贪污行为，将其手下一名军吏拷问致死。朱据不敢报复吕壹，只是将那名军吏厚葬以表哀怜。吕壹又向孙权告状，说那名军吏必是替朱据做了手脚，朱据才会如此厚待他。孙权多次追问朱据，朱据被逼得没办法，干脆将自己监禁起来，等着孙权来判罪。后来，孙权终于搞清楚朱据是清白的，猛然醒悟：连驸马爷都会被冤枉，何况其他人？下令将吕壹下狱，后又处死，并派人向朝中大臣致歉，请大伙儿对政务得失提出意见，态度之恳切，感人肺腑。无奈的是，一朝被蛇咬，十年怕井绳。吕壹横行多年，大伙儿都已经学聪明了：话可以不会说，闭嘴还不会吗？纷纷表示自己没意见，还是问别人吧！孙权知道问题大了，又下诏给诸葛瑾、步骘、朱然、吕岱等人，承认自己做错了事，伤了大伙儿的心，导致君臣之间产生了隔阂，恳请他们继续和他坦诚相见，有话就说，有意见就提，共同把吴国的事情做好。

孙权的诏书中有这么一段话："与诸君从事，自少至长，发有二色，以谓表里足以明露，公私分计，足用相保。尽言直谏，所望诸君；拾遗补阙，孤亦望之。"意思是：我与诸君共事，从少年到白头，可以说是互相了解，内外通透，于公于私，足以互相信赖。希望各位毫无保留地直言劝谏，弥补过失，改正错误。

说到底，还是在打感情牌，而且打得很漂亮。至于效果如何，那就不太好说了。毕竟，人是会吃一堑，长一智的。

有些事用来记起，有些事用来遗忘

孙权的优点归结起来就是四个字：重情重义。但是，再重情重义，孙权也是一国之君。国君的心思和常人总是不太一样的。

据《晋书》记载："（孙）权称帝三十年，竟不于建业创七庙，惟父（孙）坚一庙远在长沙，而郊祀礼阙。"宗法制度要求，一个人当了皇帝，要建立宗庙，将列祖列宗都请进来，定时祭拜。这不仅是为了表达皇帝本人对祖先的追念，也是国家政治生活中的头等大事，和祭拜天地同等重要。皇帝家族的始祖以及皇帝本人的父亲、祖父、曾祖及再往上三代，还要单独立庙，称为"七庙"。天子七庙是自古以来的定制。孙权称帝三十年，竟然没有在首都建业建立七庙，唯有父亲孙坚有庙，却又远在长沙，这是为什么呢？

清代史学家王鸣盛认为，孙权本是僭越为帝，不懂规矩。问题是，孙权不懂规矩，他手下那么多大臣难道都不懂？

大胆推测，问题出在孙策身上。

孙权的江山是孙策让给他的，他之所以能当皇帝，可以不感谢父亲孙坚，却一定要感谢哥哥孙策。孙策才是孙吴政权的缔造者。如果要立庙，是不是应该给孙策也立一座？当然应该。从感情上讲，孙权和孙策也是兄弟情深，非同一般。问题是，如果给孙策立了庙，那就意味着孙策的子孙也有皇位继承权，就算他们没有夺回权力的心思，也有可能在将来被别人利用，产生不必要的纠纷。为了防患于未然，孙权只能冷处理，淡化孙策是吴国实际创建者这一事实。但他又不想让人在背后指指点点，说他忘恩负义。因此，在建立七庙这件敏感的事情上，他干脆采取了回避的态度——七庙都不立了，免得给人留下议论的空间。

孙权称帝后，给孙策的谥号是长沙桓王。孙策的儿子孙绍也只封了个吴侯，后来又改为上虞侯。对此，连《三国志》的作者陈寿都认为孙权"于义俭矣"，也就是做得不够意思。然而，从政权的稳固考虑，孙权这样做倒也没什么好指责的。从史实上看，他不只淡化了孙策，也淡化了孙策给他留下的一文一武两位辅政大臣——张昭和周瑜。

先说周瑜。

三国鼎立局面的形成，赤壁之战是关键。赤壁之战的首功在周瑜，这是谁都不能否认的。孙权和周瑜的感情也是相当好，用周瑜本人的话来说是"外托君臣之义，内结骨肉之恩"。周瑜死后，孙权也时常念及周瑜的不世功勋，说："昔走曹操，拓有荆州，皆是公瑾，常不忘之。"周瑜有两个儿子一个女儿，女儿许配给太子孙登；长子周循，娶了孙权的女儿，拜骑都尉，不幸早卒；次子周胤，也是"妻以宗女"，娶了宗室女子，封都乡侯，拜兴业都尉，可谓圣恩隆眷。

后来，周胤因为犯罪，流放到庐陵郡。赤乌二年（239年），诸葛瑾、步骘联名上书，恳请孙权顾念旧勋，赦免周胤的罪过，恢复他的爵位。孙权回答："周胤'酗淫自恣，前后告喻，曾无悛改'，我虽然希望他好，却也没办法原谅。"诸葛瑾、步骘不停地上书，朱然和全琮也为周胤说情，孙权才勉强答应。可那个时候，周胤恰好就病死了。

从史料上看，孙权是个宽厚人，甚至宽厚到了不讲原则的地步。韩当的儿子韩综"淫乱不轨"，孙权因为韩当的缘故，不加问责。潘璋杀害属下兵吏，夺人钱财，孙权也是"不问"。再看周胤的罪过，也是酗酒淫乱，肆意放纵，怎么就不能原谅了呢？

王鸣盛推测，周胤必是跟人炫耀他父亲当年的功劳，孙权知道了非常恼火，才会这样对待他。可是，周瑜的功劳是孙权本人都承认的，就算周胤到处炫耀，也不至于得罪孙权。进一步推测（也许是妄测），周胤所炫耀的功劳恐怕不只是赤壁之战，而是溯及孙策年代，周瑜协助孙策打下江东六郡，为孙吴政权奠基的功劳。这一段历史正是孙权想极力淡化的，谁提谁倒霉，就算是周瑜的儿子也不例外。

再说张昭。

张昭可以说是孙家的"长老"。孙策去世的时候，周瑜不在身边，他将政权移交给孙权，在场的"顾命大臣"就是张昭。当时孙权才十八岁，遭此大变，又突然"黄袍加身"，未免紧张，一直在那里哭个不停。张昭上前对他说："孝廉，现在是哭的时候吗？从前周公立法，他的儿子伯禽却不遵从，不是伯禽想违背周公的意愿，而是形势所迫，逼不得已啊。现在天下大乱，豺狼满道，你却沉浸在悲痛中，顾念礼法，这就好比开门揖盗，不能算是仁德。"催着他换掉丧服，又扶着他上马，让他出去巡视部队，安定军心。

孙权能够顺利接班，张昭起到了关键的作用。孙策留给张昭的遗言和刘备留给诸葛亮的如出一辙："若仲谋不任事者，君便自取之。正复不克捷，缓步西归，亦无所虑。"这是客气话，但是能够说明张昭在孙吴政权中的地位有多重要。自打孙权接班，张昭一直就是他最重要的谋士。孙权称王后，设置丞相，众人一致推举张昭，没想到被孙权否定，理由是：如今事务繁多，丞相的责任重大，这不是优待他老人家。转而任命了名不见经传的孙邵。

孙邵虽然姓孙，却不是孙权的族人。孙邵是北海人，曾经先后在孔融、刘繇手下为官。刘繇失败后，又为孙策所用。孙权接班后，对孙邵颇为赏识。这个人的能力如何，做过什么了不起的事，史料上没有记载，只知道他黄武元年（222年）当丞相，黄武四年去世，干了三年左右。孙邵死后，众人又推举张昭当丞相，孙权说："我难道不舍得给他当个丞相吗？只是这位老先生性格耿直，如果他说的话我没有听从，他就会不高兴，这对他没有好处。"于是又任命了顾雍。

张昭活到了八十一岁，孙权一直对他礼遇有加。张昭死后，孙权"素服临吊，谥曰文侯"，也是给足了面子。但是，自打孙权称帝，张昭就以老病为由，辞去了官职和一切朝中事务，躲在家里研究《春秋左传》和《论语》。张昭这样做，有可能是因为心有愧疚——赤壁之战前，他是主张投降的。据《三国志》注引《江表传》，孙权称帝后，宴请文武百官，盛赞周瑜的功劳。张昭举着牙笏，准备说几句歌功颂德的漂亮话，被孙权打住，说："如果听从张公的建议，今天就是乞丐了。"张昭大为羞惭，伏地流汗。如果此事属实，那么张昭的愧疚实为孙权的逼迫。软刀子伤人，伤得最深。

孙权尊重张昭是因为张昭对他有恩；坚决不让张昭当丞相，则是因为张昭是孙策任命的"顾命大臣"。这一身份时刻在提醒大家，孙权的地位是孙策授予的。孙权称帝，感念周瑜的功劳，也是感念周瑜帮助他打赢了赤壁之战，将赤壁之战定义为孙吴建国的关键一战。但是谁都知道，孙策交给孙权的已经是一个完完整整的国家，只不过缺少一个名号罢了。而这个事实，却是孙权要极力淡化的。

张昭了不了解孙权的心思？应该是不了解的。孙权的城府太深，外人很难进入。退休之后，张昭每次入朝面圣，都"辞气壮厉，义形于色"，对孙权说话毫不客气。有一次他得罪了孙权，一度被禁止入朝。后来，蜀国派使者来访，自夸蜀国如何伟大，吴国群臣无人能反驳，孙权便又想起了张昭的好，说："假如张昭在这里，哪里轮得到蜀国使者这么嚣张呢？"第二天他就召见张昭，大有重新起用之意。君臣相见，张昭离席，向孙权赔罪，孙权赶紧跪坐起来制止他。张昭坐定，抬起头来说："从前太后、桓王不把老臣托付给陛下，而是将陛下托付给老臣……"后面的话，在此不赘，单凭这个开场白，孙权就不可能再起用张昭。等张昭说完，孙权只是就以前的矛盾向他表示了歉意，没有任何其他的表示。就算是蜀国的使者再来，恐怕他也不会再想起张昭了。

最难料理儿孙事

对比曹操、刘备、孙权的身后事，有一个共同的特点：都不太如意。

刘备不如意，是刘禅太弱，挑不起大梁。

曹操不如意，是二子夺嫡，兄弟相争，闹得很不愉快，也埋下了政权夭亡的伏笔。

刘备不如意，是因为没得选择。

曹操不如意，是因为选择太多，几个儿子都很优秀，以至于挑花了眼，反而搞乱了秩序。

孙权的不如意，其实和曹操也差不多。

据《三国志》记载，孙权有七个儿子：长子孙登、次子孙虑、三子孙和、四子孙霸、五子孙奋、六子孙休、七子孙亮。

魏黄初二年（221年），孙权受封吴王，立孙登为王太子。黄龙元年（229年），孙权称帝，又立孙登为皇太子。孙登为人谦和，对上对下都彬彬有礼，对兄弟也友爱，在朝中颇有威望，可以说是比较理想的继承人。孙权为了培养孙登，也是颇费心思，选择诸葛瑾的儿子诸葛恪、张昭的儿子张休、顾雍的儿子顾谭、陈武的儿子陈表为孙登的辅佐，号称"四友"；又让孙登镇守武昌，派陆逊当他的助手，实际上是让孙登跟着陆逊学习如何处理军国大事。可惜的是，孙登三十三岁就死了。时值赤乌四年（241年），孙权已经六十岁。

孙权的次子孙虑比孙登死得更早。于是孙权又于赤乌五年立皇三子孙和为太子。据《三国志》注引《吴书》，孙和也是个不错的人，"好文学，善骑射，承师涉学，精识聪敏，尊敬师傅，爱好人物"，颇受欢迎（陆逊就很喜欢他）。

立孙和为太子的同时，孙权又立四子孙霸为鲁王。这件事情本来不足为奇，奇的是，孙权特别宠爱孙霸，给孙霸的待遇等级与太子孙和无异。现代人或许觉得无所谓，反倒是应该一碗水端平，兄弟一视同仁。可是在封建社会，尤其是在皇帝家里，太子是有着特殊地位的。太子是未来的皇帝，如果和兄弟们享受的待遇一样，无从体现他的尊贵。而兄弟们一旦感觉太子和他们无异，将来也难降低身份，在太子面前称臣。对于国家来说，这就是埋下了动乱的根源。

事实上，孙霸也确实仗着孙权的宠爱，没把孙和放在眼里。朝中的一些宵小之徒看到孙霸受宠，觉察到了"商机"，纷纷依附孙霸，唆使他与孙和争风吃醋，将矛盾不断激化。孙和也不得不采取措施防范。兄弟之间，终成仇敌。在这种情况下，孙权正确的做法是稳定孙和的地位，教育其他皇子要尊重太子，兄弟和睦相处。可那个时候的孙权已经开始昏聩。陆逊劝他早定正统，反倒被他认为是窃取了机密，严厉谴责。太子太傅吾粲建议将孙霸派驻夏口，避免与太子冲突，竟被下狱至死。而他对孙和、孙霸的处理仅是"禁断往来，假以精学"，也就是禁止他们与朝臣来往，关起门来专心治学。这种处理连"和稀泥"都算不上，二人的矛盾不但没有消除，反而进一步加深。渐渐地，朝中大臣也分成了两派，陆逊、诸葛恪、顾谭、朱据等人"奉礼而行，宗事太子"；步骘、吕岱、全琮、吕据等人"附鲁王"。统治阶层分裂，吴国陷入严重的政治危机。

宫斗的事情少不了女人掺和。这个女人叫孙鲁班，是孙权的长女，原本嫁给周瑜的长子周循，周循死后改嫁全琮，因此又称为"全公主"。孙权对这个女儿，显然是过分溺爱了。孙和被立为太子后，孙权本来打算立孙和的母亲王夫人为皇后，因为遭到全公主的反对，竟然作罢。而全公主之所以反对，是因为她与王夫人不和，唯恐孙和将来当上皇帝，对自己不利。不仅如此，全公主还经常在孙权面前搬弄是非，诋毁王夫人母子。有一次孙权生病，孙和去祭祀祈祷，顺便看望张休，全公主便诬告孙和与张休私下沟通，心怀不轨；又造谣说王夫人见孙权病重，不但不担心，反而面有喜色（孙权死了，孙和便可即位）。孙权不问青红皂白，将王夫人臭骂了一通，致使王夫人忧郁而死。

孙和与孙霸相斗多年，最终的结果是两败俱伤。赤乌十三年（250年），心力交瘁的孙权下令废太子孙和，流放故鄣；赐鲁王孙霸死，并诛其党羽全寄、吴安、杨竺等人。同年十一月，另立年仅八岁的皇七子孙亮为太子。

太元二年（252年），孙权去世，孙亮即位，诸葛恪和孙峻（孙坚的弟弟孙静的曾孙）受命辅政。孙权的儿子们的"权力游戏"却仍未消停。皇五子孙奋于孙权去世前被封为齐王，在老臣吕范的辅佐下镇守武昌。这位王爷也不是省油的灯，不听吕范劝阻，在武昌大兴土木，为自己修筑宫殿。诸葛恪以孙亮的名义命令孙奋移驻豫章，孙奋竟然抗命。诸葛恪写了一封长信给孙奋，劝他以孙霸为戒，不要与朝廷对抗。孙奋掂量了一下自己的斤两，乖乖从命。

诸葛恪是个人才。孙亮即位后，魏国以为有机可乘，派三路大军入侵吴国。诸葛恪率军迎战，在东兴大败魏军，名震天下。可是，这一战也使得诸葛恪自信心爆棚，开始以为自己天下无敌，于建兴二年（253年）三月不顾群臣反对，动员二十万大军北伐魏国，结果惨败而回。回来之后，为了压制朝野之间的批评，诸葛恪又独断专行，推诿责任。十月，孙峻在孙亮的支持下发动政变，诛杀诸葛恪。

诸葛恪死后，孙峻大权独揽，当了丞相兼大将军。诸葛恪的外甥女张氏是废太子孙和的妻子，孙峻又以孙亮的名义，派人赐死孙和夫妇。但是孙峻也好景不长，于太平元年（256年）病死。孙峻的堂弟孙綝取而代之，成为吴国的权臣。

魏甘露二年、吴太平二年（257年），魏将诸葛诞在寿春举兵叛变，遭到司马昭进攻。孙綝派朱异率军救援诸葛诞，朱异屡战皆败，孙綝一怒之下，斩杀朱异。此时孙亮已经亲政，对孙綝擅自斩杀大臣的行为极为不满，也不甘心继续当任人摆布的傀儡，开始谋划除掉孙綝。不料机密泄露，孙綝先下手为强，于太平三年发动政变，废孙亮为会稽王，立孙权的第六个儿子孙休为君。两年后，孙亮被贬为侯官侯，死于押送途中。

孙休不是傻子，知道自己的皇位是怎么来的。上台之后，虽然对孙綝大加封赏，封他做了丞相、大将军兼荆州牧，却暗中与张布、丁奉等老臣商议，于永安元年（258年）十二月诛杀孙綝，并为诸葛恪等人平反。

孙休当了六年皇帝，政绩平平。永安七年（264年），孙休去世，将太子托付给丞相濮阳兴。濮阳兴和张布却认为太子年幼，不利于国政，自作主张立废太子孙和的儿子孙皓为皇帝。

孙皓是吴国的第四任皇帝，也是最后一任。孙皓上台的时候，孙权的七个儿子中，孙登、孙虑早死；孙和、孙霸赐死；孙休、孙亮过了把当皇帝的瘾，也死了；只剩下皇五子孙奋。

这位仁兄于建兴二年（253年）被废为庶人，太平三年（258年）又被封为章安侯，本来可以当个太平寓公，无忧无疾地安度余生。无奈天意弄人，到了建衡二年（270年），孙皓死了个心爱的妃子，悲伤过度，几个月不出来上朝。坊间谣言四起，以为孙皓已经去世。论及嗣君人选，只有章安侯孙奋和上虞侯孙奉（孙策之孙，孙绍之子）最有资格，预料二人之中必有一人成龙。孙奋本人倒没怎么兴奋，毕竟经历了诸多风雨，知道好事不一定是好事。没想到豫章太守张俊却动了讨好的心思，主动跑到孙奋母亲的坟头祭拜了一番，而且搞得很隆重，举国皆知。孙皓接到报告，勃然大怒，将张俊处以车裂之刑，并灭三族；又杀了孙奋和他的五个儿子。孙奉也在劫难逃，被孙皓处死。

第十二章

忠诚的水位

《三国演义》一百二十回，读到一百回之后，感觉颇为沉闷。沉闷的原因有三：

第一，那些叱咤风云的英雄人物都凋零了，主角的光环黯淡了；

第二，故事的情节不再像从前那样跌宕起伏，人物的命运被固化了；

第三，热血男儿的戏份减少了，阴柔小人成了舞台的主角。

演义不是历史，是根据历史改编的。

三国相继建立后，政权内部的斗争变得越来越激烈。在诸葛亮及其继承者的治理下，蜀国相对稳定，但也最早灭亡。吴国自打孙权去世，政局一直动荡不安，皇子皇孙以及宗室子弟们纷纷操刀上阵，斗得花样百出。魏国的情况又与吴国不同，高平陵事变后，宗室基本被排除在政权之外，司马氏与其他世族官僚的厮杀，更显世间险恶，人情淡薄。

大魏忠臣王彦云

正始十年（249年），司马懿发动高平陵事变，将曹爽赶下台，独揽国政。当时，曹爽的表弟夏侯玄正以征西将军的身份屯兵长安。司马懿以曹芳的名义召夏侯玄回京，要他将部队交给雍州刺史郭淮。夏侯玄和曹爽一样，没有进行任何反抗，乖乖地听命。后来，司马懿找借口诛杀曹爽兄弟四人，以及何晏、邓飏、丁谧、毕轨、李胜、桓范等党羽，却未牵连夏侯玄，而是让他担任了大鸿胪、太常等闲职。

夏侯玄的父亲夏侯尚是夏侯渊的堂侄，当过魏国的征南将军，领荆州牧。和夏侯玄一起镇守长安的还有夏侯渊的儿子夏侯霸。这位仁兄大概是对司马家的秉性颇为了解，不肯跟夏侯玄回京，而是逃到了蜀国。他在蜀国还颇受重视，成为姜维的得力助手，多次参与北伐。想当年，夏侯渊是在定军山被黄忠斩杀的，夏侯渊的儿子却为蜀国效力，成了魏国的敌人，天意真是弄人。更有意思的是，刘禅见了夏侯霸，还专门向他解释："令尊不幸阵亡于军中，可不是先皇亲手所杀哦！"刘禅又把夏侯霸请入后宫，与自己的妻子张皇后相见。原来，张皇后是张飞的女儿。张皇后的母亲夏侯氏，是夏侯霸的堂妹。建安五年（200年），夏侯氏才十三四岁，出门采集柴禾，被张飞掳走。不管是不是自愿，夏侯氏成了张飞的老婆。所以，张皇后是夏侯霸的侄外甥女。乱世之中的缘分就是这样藕断丝连，牵扯不清。

据《资治通鉴》记载，夏侯霸初到蜀国，姜维曾问他："司马懿既然掌握了朝政，会不会发动战争？"夏侯霸回答："他正忙于经营家业，恐怕还顾不上征伐之事。"

夏侯霸说得很对。司马懿虽然消灭了曹爽，控制了朝廷，却还没有控制整个魏国。那些手握重兵的将领们虽然对曹芳这个来历不明的主子没有几许忠诚可言，但是对司马懿这个"扮猪吃老虎"的暴发户也没有好感。司马懿想要将曹家的江山据为己有，还必须干掉几个刺头，拔掉几根硬茬，首当其冲是王凌。

王凌字彦云，是汉末名臣王允的侄子。曹操在兖州的时候遇到王凌，大概是顾念旧情吧，将他招至麾下，逐渐提拔至丞相掾属。曹丕称帝后，王凌先后担任过兖州、扬州、豫州刺史，并在对吴作战中表现突出，屡立战功。曹爽当政期间，任命王凌为征东将军、假节、都督扬州军事，成为淮南地区的军政一把手。高平陵事变后，司马懿为了笼络王凌，又给他加了一个太尉的官衔。

对于曹魏政权，王凌显然是有感情的。在他看来，曹芳并非曹操后人，不够资格当魏国的皇帝。司马懿以曹芳为傀儡，把控朝政，必须推翻。王凌理想中的皇帝人选是楚王曹彪。这位王爷是曹操的儿子，与曹植的感情颇深。曹植有首名诗叫《赠白马王彪》，就是黄初四年（223年）和曹彪在洛阳分手时写的，"离别永无会，执手将何时"之句，道尽曹丕统治下兄弟相会无期的惆怅与伤感。

王凌的外甥令狐愚时任兖州刺史，屯兵淮南的平阿，协助王凌防御吴军。令狐愚和王凌密谋，想立曹彪为君，事先派人与曹彪联系，话说得隐晦，意思却很明白："使君谢王，天下事不可知，愿王自爱。"曹彪心领神会，也隐晦相答："谢使君，知厚意也。"

嘉平元年（249年）十一月，令狐愚又派亲信张式去拜访曹彪，商议起兵的具体事宜。张式未回，令狐愚却病故了。这件事情就耽搁下来。到了嘉平三年正月，八十岁高龄的王凌终于按捺不住，以进攻吴国为名集结部队，并派亲信杨弘前去联络新任兖州刺史黄华，希望黄华和他一起举兵。可是杨弘却背叛了他，和黄华一道向司马懿报告了王凌将要反叛的信息。其实不用杨弘反水，司马懿早有准备——早在一年多前，令狐愚的亲信杨康就曾经在洛阳向司徒高柔告了密。高柔立刻报告司马懿，司马懿不动声色，却暗中加强了对王凌的监控，黄华就是司马懿派到淮南去监视王凌的。

司马懿立即行动起来。王凌刚刚起事，司马懿的大军就到了，简直是"说司马，司马到"，王凌反倒是猝不及防。两军尚未交战，王凌掂量了一下自己的实力，主动到司马懿营中投降，说："我如果有罪，您用一纸书信就可召我回去，何必亲自来呢？"司马懿回答："因为您不是一纸书信就请得动的人啊！"

一场处心积虑、谋划良久的兵变就这样轻而易举地瓦解了，楚王曹彪也因此而被赐死。究其原因，除了司马懿手段高超外，还有非常重要的一点，那就是世易时移，人情已变。

据《资治通鉴》记载，王凌举兵之前，曾派人到洛阳通知自己的儿子王广。王广劝王凌不要轻举妄动，说："凡举大事，应本人情。"人情是什么？是曹魏政权已经失去了民心。曹爽败亡，数千人被杀，魏国的百姓一点儿也不伤心难过。而司马懿父子大权在握，又能够任贤与能，收买人心，是不容易被推翻的。杨康和杨弘的先后背叛正是这种人情的体现。

王凌一心忠于魏国，这个魏国却变得虚无缥缈。他向司马懿大喊："卿负我！"司马懿强硬地回答："我宁负卿，不负国家！"将叛臣的帽子死死扣在了王凌头上。司马懿说得没有错，"朕即国家"，曹芳虽然只是一个傀儡，却是曹叡钦点的继承人，阴谋废去曹芳，难道不是背叛国家吗？

王凌说不过司马懿，大概是气不过吧，押解洛阳途中，路过贾逵之祠，王凌大声疾呼："贾梁道（贾逵字梁道），王凌一直是大魏的忠臣，只有你了解我啊！"又仰天长叹，"行年八十，身名并灭邪！"饮鸩而亡。

贾逵是王凌的好友。建安二十五年曹操去世，曹彰询问曹操的玺绶所在，正是贾逵义正辞严地说："太子在邺，国有储副。先王玺绶，非君侯所宜问也。"维护了曹丕的正统地位。王凌想废曹芳而立曹彪，也是为了维护魏国的正统，他在贾逵祠前这一呼，大有"大魏忠臣，唯你我二人"之意。王凌肯定没想到，正是这位大魏忠臣贾逵的儿子贾充，后来成了司马昭的爪牙，唆使部下杀死了曹丕之孙、魏国的第四任皇帝曹髦。

王凌主动投降的时候，将皇帝授予他的印绶、节钺都上交司马懿。司马懿还惺惺作态，命人将这些法器都还给王凌。押送王凌回京时，也没有将其装入槛车，而是派了步骑六百人"护送"。等到王凌自杀，司马懿立刻变脸，下令将王凌与令狐愚开棺戮尸，并诛三族。与此案有关联的人，一律处死。回想曹爽等人，也这等下场。秋后算账，毕竟是司马懿惯用的手段。

可是，过了不久，司马懿本人就生病了。据《晋书》记载，司马懿在病中，时常梦到贾逵和王凌的鬼魂作怪，大概是受了惊吓，很快就药石无医，于当年六月去世，享年七十三岁。

司马师之心，路人皆知

司马懿死后，长子司马师先是以抚军大将军的名义辅政，后又升为大将军，加侍中，持节，都督中外诸军，录尚书事，继承了司马懿的全副衣钵。

司马氏诗书传家，是典型的士族。司马师应该也读了不少书，年轻的时候就与何晏、夏侯玄齐名。顺便说一下，何晏和夏侯玄作为政客，只能说是平庸之辈，但是作为知识分子，却是中国思想史上的"大咖"。何晏主编的《论语集解》，在清朝被列入《十三经注疏》，是解读《论语》的权威著作。何晏又与夏侯玄同为魏晋玄学的开山鼻祖，自两汉经学之后，大开思辨之门，对后世儒学的发展以及儒、释、道三教合流起到了重要的作用。司马师一度与这两个人齐名，却没在学术界占有一席之地，恐怕是被凡尘俗务给耽误了。

据《三国志》注引《魏氏春秋》记载，司马懿去世后，有人对夏侯玄说，这下你可不用担心了。夏侯玄回答："这您还真不了解，司马懿尚能以世家的交情待我，司马师和司马昭可就容不了我啦！"

果然如夏侯玄所料，到了嘉平六年（254年），司马师便杀了夏侯玄。

事情的起因是曹芳长大了，不愿意任人摆布了。他的岳父光禄大夫张缉和中书令李丰密谋，想杀掉司马师，让夏侯玄代替他为大将军，张缉则为骠骑将军。结果消息走漏，三个人都被司马师诛杀，并夷三族，张皇后也被废除。

对于这一项阴谋，夏侯玄是否知情或参与其中，史料没有记载。从他在高平陵事变后的表现来看，笔者倾向于认为他并没有这个野心，甚至有可能是司马师栽赃于他。

司马师为什么要置夏侯玄于死地？《三国志》注引《魏晋春秋》有这样的记载：夏侯玄被捕后，司马昭还哭着为他求情，司马师说："你忘记赵司空葬礼上的事了吗？"赵司空即赵俨，是曹魏政权的老臣。赵俨去世的时候，群臣都去吊唁，在座有数百人，司马师和司马昭也在其中。夏侯玄晚到，但是他一出现，几乎所有客人都站起来去迎接他，场面好不热闹！司马师看到此情此景，估计当时就起了杀心。换而言之，夏侯玄死因是风头太盛。

夏侯玄之所以如此受欢迎，不是因为他官做得大，而是因为他的学问渊深，谈吐不凡，风度翩翩。令司马师嫉妒的也就是这一点。别忘了，司马师年轻的时候可是与夏侯玄齐名的。文无第一，武无第二。想必司马师也曾暗暗较劲，想让世人认为他比夏侯玄更有学问。无奈做学问这件事，不但要用功，还要有天赋。司马师搞政治甩夏侯玄几条街，夏侯玄做学问也甩司马师几条街。偏偏司马师自视甚高。王弼（玄学大师，与何晏齐名）去世，司马师连日哀叹："天丧予！"这句话是孔子原创的。颜渊去世的时候，孔子便说"天丧予"，以示悲痛。以王弼的学术地位，司马师有什么资格以王弼的师长自居？难不成因为他的名字里有个"师"字，就可以恬不知耻地把自己当成老师？由此可知，司马师对夏侯玄的不满源自他内心的自负。如果遇到打击，这种自负又很容易转变成极度的自卑和扭曲的嫉妒。只要夏侯玄落在他手上，必死无疑。

司马师当然不满足于杀几个人，他对权力有进一步的要求。曹芳已经长大，开始有自主意识，控制起来难免困难。于是司马师向郭太后提出，曹芳"耽淫内宠，沉漫女色，废捐讲学，弃辱儒士"，并列举曹芳在宫中组织淫乱活动等种种劣迹，请求废黜曹芳，另立皇帝。郭太后怎敢不答应？于是将曹丕的孙子高贵乡公曹髦搬出来，取代了曹芳，改元正元。

王凌想废曹芳，被司马懿打成了叛贼。仅仅过了三年，司马师却又把曹芳废了。人也是你，鬼也是你，本来就是个笑话。台上人鬼情未了，台下有人鼓掌，也有人喝倒彩。正元二年（255年）正月，镇东将军毌丘俭、扬州刺史文钦举起了反旗。起兵的地点还是王凌曾经镇守的淮南。

毌丘俭是曹叡当太子时的东宫侍从，深受曹叡信任。曹叡当了皇帝，毌丘俭自然平步青云。司马懿讨伐公孙渊，毌丘俭是副统帅。司马懿回朝后，毌丘俭继续镇守辽东，远征高句丽，屡立战功。后来，毌丘俭升任左将军，假节，领豫州刺史，在南方与吴国作战。嘉平五年（253年），诸葛恪动员二十万大军北伐，司马师亲自指挥防御反击。毋丘俭和文钦奋力作战，为这一战的胜利立下汗马功劳。

毋丘俭和文钦起兵造反，罗列了司马师的十一条罪状，"矫废君主"当然是最重要的一条。残杀李丰、夏侯玄等人，又是一条。事实上，毋丘俭"与夏侯玄、李丰等厚善"。后者的惨死导致毋丘俭物伤其类，又害怕司马师总有一天会把屠刀架在自己脖子上，恐怕这才是这次造反的主要原因。

有意思的是，十一条罪状的第一、二条，先是对司马懿大加赞赏，说他"匡辅魏室，历事忠贞"，辅佐曹芳"心勤尽忠"；再批判司马师拥兵自重，以下犯上，"为臣不忠，为子不孝"。这也算是批到了点子上。中国人最讲孝道，司马懿拥护曹芳，以捍卫曹芳为"不负国家"；司马师却将曹芳废黜，另立新主，当然是大大的不孝。不过，司马师也可以搬出孔子的话来反驳："三年无改于父之道，可谓孝矣。"毕竟司马懿已经去世三年，那就可以改了嘛！

毋丘俭是魏国名将。文钦则"骁果粗猛"，是一员虎将。两个人联手起兵西进，声势颇为浩大。司马师沉着应对，摆开几路大军：荆州刺史王基正面拦截；镇南将军诸葛诞率豫州军渡过淮河，直取寿春，抄毋丘俭的老巢；征东将军胡遵率青州、徐州的部队拦腰截击；征南将军王昶北上夹击，断敌后路。战争的结果是，毋丘俭大败，死于箭下；文钦逃脱性命，投奔了吴国。

毋丘俭虽然失败，但也不是毫无战果。在他起兵之前，司马师因为眼睛上长了个瘤子，刚请医生做完摘除手术。起兵之后，司马师亲临战场督战。文钦的儿子文鸯带兵突袭，想对司马师实施"斩首行动"，虽然没砍到司马师的脑袋，却将他吓得伤口破裂，眼珠子都掉出来了。为了安定军心，司马师强忍疼痛，用被子蒙住头，继续坐镇军中。正元二年（255年）正月，司马师在许都去世，享年四十八岁。

代表太后消灭你

司马师去世后，司马昭继任大将军，加侍中，都督中外诸军，录尚书事，又继承了司马师的全副衣钵。父死子替，兄终弟及，司马氏已经成为魏国的实际控制人，这是秃子头上的虱子——明摆着的事。至于金銮殿上坐着的那位皇上，倒也不完全是个任人摆布的傀儡。至少，他是个有思想的人。司马师刚刚在许都去世，司马昭前去奔丧的时候，曹髦立即给司马昭下了一道圣旨，以防范吴国进攻为名，令他留在许都镇守，将部队交由尚书傅嘏带回洛阳，想借此夺走司马昭的兵权。司马昭岂肯就范？他采用钟会的计谋，令傅嘏上奏朝廷，亲自带兵回朝，驻扎在洛水南岸，逼迫曹髦接受事实，将辅政大权授予了他。

甘露元年（256年），曹髦又加封司马昭为大都督，加九锡，假斧钺，允许"奏事不名，剑履上殿"。司马家族在通往权力巅峰的道路上狂奔，但是障碍并未完全清除。五月，镇守淮南的征东将军诸葛诞举起了反旗。这也是继王凌、毋丘俭后，淮南魏军的第三次反叛，合称"淮南三叛"。

诸葛诞这个人有点儿让人难以理解。王凌反叛的时候，他坚定地站在司马懿这边，率军进剿扬州。毋丘俭、文钦起事之前派人联络诸葛诞，希望他起兵响应，他又毫不犹豫地将来使斩掉，而且"露布天下，令知（毋丘）俭、（文）钦凶逆"，立场十分鲜明；司马师击败叛军，诸葛诞出力甚多，战功赫赫，所以在战后被封征东将军，并委以镇守淮南的重任。按理说，他是司马家的忠实拥趸，怎么会跳出来反对司马家呢？

简单地说，就一个字：怕！

《三国志》记载，诸葛诞年轻的时候，"与夏侯玄、邓飏等相善，收名朝廷"。他们不仅关系好，而且仿照东汉士人的作风，互相推崇，"以玄、畴四人为'四聪'，诞、备八人为'八达'"。不料司马懿大刀一挥，砍了邓飏；司马师大刀一挥，又砍了夏侯玄。诸葛诞"忍看朋辈成新鬼"，内心怎能不怕？王凌和毋丘俭的败亡以及株连三族的下场，更加重了这种恐惧。诸葛诞以畏惧之心事奉司马氏，又以畏惧之心为自己准备了后路——在淮南期间，倾尽家财收买人心，蓄养死士数千人，并在寿春城内积聚了足够军民开支一年的粮食物资。

以司马昭的精明，怎么会觉察不到诸葛诞的异常？他决定试探一下诸葛诞的心意，派贾充以私人身份来到淮南与诸葛诞会面。贾充和诸葛诞谈及时事，故意说起："洛阳城中诸位贤君都想司马公禅代曹氏，不知道您有什么看法？"诸葛诞立刻变了脸色，说："您难道不是贾豫州（贾逵曾任豫州刺史）的儿子吗？我们世受魏恩，怎么能够背叛国家，将江山移交他人？这是我听都不忍听到的。如果朝廷有难，我当以死相报。"贾充默然无语。回到洛阳，他就向司马昭汇报，说诸葛诞必然反叛，必须铲除，而且宜早不宜迟，建议司马昭征召诸葛诞入朝担任司空，逼反诸葛诞。

诸葛诞果然反叛，杀死与他素来不和的扬州刺史乐綝，并派儿子诸葛靓前往吴国当人质，请求吴国发兵相救。诸葛诞的军事路线和王凌、毋丘俭完全不一样，他的计划是以吴国为后盾，固守寿春，以逸待劳，吸引司马昭前来决战。吴国派文钦与全怿、全端、唐咨等人领兵救援，在魏国大军到来之前进入寿春城。事实证明，这是一个完全错误的战略。吴军的最佳选择是驻扎城外，与城内的叛军互相呼应，并守护吴国对寿春输送军粮物资的通道，通过打持久战拖垮远道而来的魏国大军。

司马昭亲自讨伐诸葛诞，而且带上了郭太后和曹髦。于是，平定叛乱的军事行动变成了太后和天子的御驾亲征。司马昭当然不需要谁来给他壮声势，将这两个人带上的最主要原因是害怕他们在背后做手脚，给自己致命的一击。

战争从甘露二年打到甘露三年，魏军将寿春围得水泄不通，又击败了吴国派来的援军。司马昭还采用钟会的计谋，对寿春发起了攻心战，导致城中军心涣散。是年二月，寿春城破，诸葛诞被杀，吴将唐咨、孙曼等人投降。司马家族取得了第三次平叛的胜利。战后，曹髦下诏封司马昭为晋公，加九锡。司马昭九次推辞，没有接受，改为增加封邑一万户。

甘露五年（260年），曹髦再度下诏封司马昭为晋公，加九锡，司马昭再次推辞。诸葛诞死后，魏国从中央到地方已经完全被司马昭把控。曹髦要加封司马昭，也必是司马昭的主意。按照自古以来的规矩，司马昭推让几次，差不多就得了，这演戏还上瘾了不成？曹髦气不过，对侍中王沈、散骑常侍王业、尚书王经说了一句千古名言："司马昭之心，路人皆知！"召集了一群甲士，要带着他们亲自去讨伐司马昭。

曹髦勇气可嘉，旁人可都被吓坏了。"三王"之中，倒是有两王（王沈和王业）跑去向司马昭告了密。司马昭也没料到小皇帝会来这么一出，赶紧要贾充带兵戒备。曹髦带着几百号人，吵吵嚷嚷杀往相府，在路上被贾充拦住。曹髦已经豁出去了，拔出宝剑，驾车冲过来。一时间，众人都愣住了。不管怎么说，曹髦都是皇帝啊！谁敢抵挡皇帝，不就是造反吗？万一皇帝有个闪失，谁担得起这个罪？有的人受不了，放下武器就跑。这个时候，太子舍人成济冒冒失失地问了贾充一句："情况紧急，该怎么办？"贾充说："司马公养着你们，不就是为了今天吗？"成济恍然大悟，挥舞着长戈上前，斩杀曹髦于车中。

《三国志》注引《汉晋春秋》记载，司马昭听到曹髦被杀的消息，"大惊，自投于地曰：'天下其谓我何！'"司马昭这一惊，应该是发自内心。司马氏要取代曹氏，就如曹氏要取代刘氏，只是时间早晚的问题。可是，取代不是主动去抢夺，而是被动地接受、温文尔雅的禅让。要等到水到渠成，瓜熟蒂落，一个坚决让贤，一个坚决辞让，如此反复多次，最后逼不得已才接受。这样才符合"礼"的精神，才能顺应天下的人情。现在倒好，曹髦被杀了。这就好比过春节拜年去收红包，长辈还没把红包掏出来呢，晚辈就伸手去抢了，成何体统！

又据《魏氏春秋》，曹髦死后，太傅司马孚（司马懿的弟弟）赶到现场，伏尸大哭。不久，司马昭也到了，也摆出一副悲痛欲绝的样子，与征西将军陈泰（陈群的儿子，字玄伯）相对而泣。司马昭问陈泰："玄伯，天下人会怎么看我？"陈泰很直接地回答："只有杀掉贾充，才能谢罪天下。"司马昭说："没其他退一步的办法了吗？"陈泰说："我只有更进一步的办法，没有退一步的办法。"所谓更进一步的办法，当然是要追究司马昭的责任。司马昭听明白了，对于陈泰等世受魏恩的大臣，以及他们背后的世家大族来说，祖辈、父辈遗留下来的情义还在。他们可以支持司马氏，也有一天终会对司马氏俯首称臣，可是对于曹操的子孙，他们始终还保留着一丝故主之情。曹髦被杀，如果没有一个像样的交代，无论如何是说不过去的。

但司马昭还是舍不得拿贾充当替罪羊。假如贾充因为这件事被杀，一定会影响很多人对他的忠诚；更重要的，还会从客观上强化曹氏政权的合法性，影响日后的禅代。既然不能丢车保帅，那就只能丢卒保车了。于是，成济被拉出来杀掉。还有一种说法，是成济和他哥哥成倅不服罪，光着膀子爬上屋顶大骂，被士兵射杀。

有意思的是，《三国志》中记载曹髦之死，只用了一句话："五月己丑，高贵乡公卒，年二十。"究竟怎么死的，完全不予交代。紧接着又记载了郭太后颁布的诏令，堪称一大奇文，在此照抄不误：

"吾以不德，遭家不造，昔援立东海王子髦，以为明帝嗣，见其好书疏文章，冀可成济，而情性暴戾，日月滋甚。吾数呵责，遂更忿恚，造作丑逆不道之言以诬谤吾，遂隔绝两宫。其所言道，不可忍听，非天地所覆载。吾即密有令语大将军，不可以奉宗庙，恐颠覆社稷，死无面目以见先帝。大将军以其尚幼，谓当改心为善，殷勤执据。而此儿忿戾，所行益甚，举弩遥射吾宫，祝当令中吾项，箭亲堕吾前。吾语大将军，不可不废之，前后数十。此儿具闻，自知罪重，便图为弑逆，赂遗吾左右人，令因吾服药，密因鸩毒，重相设计。事已觉露，直欲因际会举兵入西宫杀吾，出取大将军，呼侍中王沈、散骑常侍王业、尚书王经，出怀中黄素诏示之，言今日便当施行。吾之危殆，过于累卵。吾老寡，岂复多惜馀命邪？但伤先帝遗意不遂，社稷颠覆为痛耳。赖宗庙之灵，沈、业即驰语大将军，得先严警，而此儿便将左右出云龙门，雷战鼓，躬自拔刃，与左右杂卫共入兵陈间，为前锋所害。此儿既行悖逆不道，而又自陷大祸，重令吾悼心不可言。昔汉昌邑王以罪废为庶人，此儿亦宜以民礼葬之，当令内外咸知此儿所行。又尚书王经，凶逆无状，其收经及家属皆诣廷尉。"

郭太后在这封诏书中，先是谴责自己不带眼识人，选了曹髦这样一个大逆不道的孩子当皇帝。说曹髦性情暴戾，不听管教，言行失常，荒诞不经，她早就有密诏给大将军（司马昭），表示要废除曹髦。大将军觉得曹髦还小，还是希望他知错能改。他却变本加厉，甚至于举弩遥射郭太后的宫殿，祈祷上天能够射中她，弩箭就掉在她的脚下。郭太后跟大将军说了几十次要废除曹髦。曹髦听到消息，竟然想用毒药害死郭太后。事情败露，又铤而走险，下达诏书给王沈、王业、王经，要举兵杀死郭太后和大将军。幸赖祖宗保佑，王沈、王业出来就向大将军报告了情况，大将军有所防备，曹髦被前锋所杀。曹髦大逆不道，又自取其祸，让郭太后十分伤心，建议将他以庶民之礼下葬。

以郭太后的名义来贬损曹髦，不仅杀其人，还要诛其心，将一个寡妇的价值利用到灯枯油尽，司马昭的心肠确实是够狠的。但是，从政治逻辑上讲，从汉到魏，再到司马家族本身，都是强调以孝治天下。只有以郭太后的名义，才能在曹髦的尸体上再踏上一只脚，让他永世不得翻身，从而减轻司马昭的罪恶。对于司马昭来说，找人写这么一篇指鹿为马的诏书，恐怕也是没有办法的办法了。至于真实的曹髦是个怎样的人，倒是有司马昭的亲信钟会的一句评价可以说明："才同陈思，武类太祖。"

文才有如曹植，武略类似曹操。显然，这是一个聪明的孩子，只可惜选错了时代投错了胎，完全没有表现的空间。他那自杀式的最后一搏当然幼稚可笑，但是在如此险恶的世道人情中，他选择以这种惨烈的方式倒下，又何尝不是一种解脱？

或者背叛才是体贴的

曹髦死后，司马昭又在皇室子弟中找了个年轻人来当皇帝。此人名璜，是曹操之孙，燕王曹宇之子，本封常道乡公，时年十六岁。当了皇帝之后，奉郭太后之命改名为奂，改元景元。

司马昭继续他的表演。景元元年（260年）六月，曹奂拜司马昭为相国，封晋公，食邑增加两个郡，总计十个郡，并加九锡。司马家族的子弟尚未有爵位者皆封亭侯，赐钱千万，帛万匹。司马昭仍是极力推辞，坚决不接受。换个角度来思考这件事，过不了多久，整个魏国都是司马家的，他又何必急于一时，去要那相国的虚名和两个郡的封地呢？

景元四年（263年），司马昭发动了对蜀国的最后一战。魏军主力兵分三路：征西将军邓艾从狄道到沓中进攻姜维，雍州刺史诸葛绪从祁山出发断绝姜维的退路，镇西将军钟会从骆谷进攻汉中。这一战的胜利早在司马昭的"庙算"之中，他分析：蜀国的部队总共有九万，驻守成都及后方各郡占了四万，在前方作战的不过五万。只要将姜维牵制在沓中，使之不能东顾，然后大军直指骆谷，袭击汉中。蜀军顾此失彼，兵力必然分散。魏军则可以灵活机动，集中优势兵力破其城池。以刘禅之无能，外面城池陷落，内部就会动摇，他的灭亡是必然的。

果如司马昭所料，姜维被钟会的大军牵制住，邓艾趁机兵行险道，直取成都。刘禅根本没心思抵抗，很快开城投降。而此时，姜维率领的部队仍在前线苦战。收到刘禅命令他们投降的诏书，将士们只能"拔刀砍石"，发泄心中的郁闷。但是也没办法，姜维还是听从命令，向钟会投降。

钟会对姜维甚为尊重，没有把他当作败军之将，而是当作自己的朋友来对待。钟会还对自己的长史杜预说，姜维的能力远在诸葛诞和夏侯玄之上。这个时候的钟会恐怕已经有了背叛司马昭的想法。在此之前，他已经向司马昭打小报告，说诸葛绪作战不力。司马昭便派人将诸葛绪逮捕，押解回京，诸葛绪的部队则交由钟会统领。整个蜀国境内，除了邓艾的三万人马，其余十五六万魏军都归钟会指挥，他已经具备造反的条件。

站在姜维的角度，他是不愿意投降魏国的。他和钟会在一起久了，钟会对他无所不谈，两个人便有了一套大胆的计划：联起手来，先杀掉邓艾，再讨伐司马昭，推钟会做皇帝。当然，姜维本人的计划还有最后一步：杀掉钟会，让刘禅再登宝座，使"社稷危而复安，日月幽而复明"。

钟会向司马昭诬告邓艾图谋不轨，有造反之意。司马昭便下令逮捕邓艾，押往京师。但是，司马昭绝对不是傻瓜。他马上又给钟会写了一封信，说他担心邓艾不肯就范，已经派贾充带兵由斜谷经汉中入蜀，自己也带了十万大军进驻长安，不久就可以和钟会相见了。钟会读到这封信，对左右亲信说："仅仅是为了邓艾，哪里用得着兴师动众，相国这是怀疑我了。"

顺便说一下，就在魏国大军攻入蜀国的时候，曹奂已经封司马昭为晋公，晋位为相国，加九锡。这一次，司马昭接受了。灭掉蜀国是大功一件，他可以堂而皇之地接受任何封赏。

司马昭的这封信迫使钟会加快了造反的步伐。景元五年（264年）正月十六日，钟会将魏军将领召集起来，宣布奉郭太后遗诏（郭太后于景元四年十二月去世，时间正好）讨伐司马昭。但是，这些将领们都不吃他这一套。钟会于是将他们都囚禁起来，想逼迫他们就范。事情发展到这一步，钟会其实已经失败了。淮南三叛，好歹将士们都是愿意跟着主将去造反的，尚且以失败而告终；现在钟会要用强迫的手段押着将士们去造反，怎么可能成功？两天之后，魏军造了钟会的反，群起而攻之，杀了钟会和姜维。

钟会原本是司马昭的亲信，为司马昭出点子想办法，自称"画无遗策"，可以说是尽心尽力。司马昭带兵打仗，钟会是军师；司马昭与朝廷角力，钟会是高参；司马昭党同伐异，钟会亦与有荣焉。

嵇康之死，就是因为钟会在司马昭面前说三道四。嵇康是中国历史上著名的"竹林七贤"之一，为人恬静无欲，与世无争，因为娶了曹操的孙女，一度出任魏国的中散大夫。司马氏掌权后，嵇康辞官不做，和几个朋友一道过着优哉游哉的日子。就是这么一个人畜无害的人，钟会偏要说他曾经想帮助毋丘俭，后经人劝说才没去；又说他"言论放荡，非毁典谟"，请求司马昭杀了嵇康，"以淳风俗"。钟会究竟是出于什么目的才非要置嵇康于死地呢？很难说。但有一点可以肯定，他这样做是投司马昭所好，是得到了司马昭的赞许的。而且，他在生杀予夺中享受到了权力给他带来的乐趣。

权力越大，越难满足。对于钟会来说，他的权力都是司马昭给的，本来应该报之以忠诚才对。可是自打曹丕篡汉自立，忠诚的概念便变得模糊起来。人人都知道忠君爱国是一种美德，可究竟是爱汉朝之国还是魏朝之国，却是一团糨糊。从逻辑上讲，既然曹家能够取代刘家，司马家也能取代曹家。那么，钟家为什么不能取代司马家呢？

吕思勉先生在《三国历史的教训》一书中写道："钟会的效忠于魏，姜维的效忠于汉，又可称为封建道德之下的两个烈士了。"窃以为，钟会绝非效忠于魏，而是效忠于权力。如果效忠于魏，他就不会在曹髦企图剥夺司马昭的兵权的时候，出主意要司马昭和傅嘏一道带兵进逼洛阳。说到底，钟会就是一个聪明人，通过玩弄谋略而尝到了权力的滋味，一发不可收拾，以至于野心膨胀，举兵造反。

至于姜维对蜀汉的忠诚也是让人有些难以言说的。东晋史学家孙盛批评道："姜维本为魏臣，却投降了蜀国，不可谓忠；抛弃母亲，不可谓孝；多次兴兵讨伐故国，不可谓义；战败之后又不为蜀国而死，不可谓节；不施德政而穷兵黩武，受命御敌却被人端了老巢，不可谓智勇。"说白了，就是魏国的叛贼，亡国的乱臣。孙盛的批评或许过于极端，却不是没有道理。姜维作为魏国培养起来的将领却为蜀国效忠，这种忠诚又该如何界定呢？当然，按照吕思勉先生的说法，姜维效忠的不是蜀汉，而是汉朝，他和诸葛亮一样，以复兴汉室为终身奋斗目标，那就基本说得过去了。只不过，到了蜀国灭亡的那个年代，对汉朝忠诚已经不合时宜了。据《三国志》记载，司马昭兴兵讨伐蜀国的时候，有人劝他："钟会不可信任，不能让他当讨伐蜀国的大将。"司马昭笑道："消灭蜀国易如反掌，而大家都说不可，只有钟会与我意见一致，派他去必能取胜。灭蜀之后，如果发生你所担心的事情，那又有什么关系呢？败军之将不可言勇，亡国的臣子不可以商量大事；而中原的将士只想回家，也不肯跟他作乱。他如果作恶，只有死路一条！"事实果如司马昭所言。蜀国的军民并没有谁会把对汉朝的忠诚放在心上，早就想结束战争，过太平日子了。钟会和姜维还想利用他们去打仗，完全是不通人情，也违背了常理，怎么可能成功？

景元五年三月，就在平定钟会之乱后不久，曹奂下诏封司马昭为晋王。几乎与曹魏代汉的故事一样，第二年八月，司马昭病死，其子司马炎即位为相国、晋王。到了十二月，司马炎便"接受"曹奂的禅让，建立了晋朝。曹操花费了大半辈子心血创建的魏国就此寿终正寝。

魏、蜀、吴三国之中，只剩下一个吴国还偏安一隅。但是，留给吴国的时间也不多了，统一是人心所望，大势所趋，任谁都阻挡不了。

石头城下，波澜不兴

吴国的末代皇帝孙皓是中国历史上有名的暴君。

孙皓的父亲孙和是孙权的第三个儿子，于赤乌五年（242年）被立为太子，又于赤乌十三年（250年）被废，流放故鄣。建兴二年（253年），孙峻弄权，派人赐死孙和夫妇。孙皓和三个同父异母的弟弟由孙和的侧室何姬抚养成人。

孙皓少年时代的这段经历无疑是痛苦的。痛苦可以令人坚强，也能令人残酷。永安七年（264年）孙休去世，孙皓被丞相濮阳兴、左将军张布立为皇帝，他的残酷便很快展现在世人面前。即位不到三个月，他就恩将仇报，杀了濮阳兴和张布，原因是他听说这两个人见他贪酒好色，有了后悔立他的意思。而且，他杀了张布之后，又把张布的女儿召进宫，封为美人。

让一个女人天天在自己的杀父仇人面前强颜欢笑，这已经不是好色，而是心理扭曲了。

甘露元年（265年），孙皓又逼死了孙休的妻子朱太后。这也是一个有恩于他的人。当濮阳兴、张布要立孙皓为帝的时候，朱太后只说了一句："我一介妇人，哪里知道国家大事？只要是对江山社稷有利就行。"分明是给孙皓上台开了绿灯。孙皓不但不感激她，反而置她于死地，真不知道他的心是怎么长的。更过分的是，孙休的四个未成年的儿子也被孙皓流放到偏远之地。不久，其中较为年长的两个又被孙皓派人杀死。

孙皓贪酒好色并非传闻。他下令朝中所有大臣的女儿都送进宫来任他挑选，挑剩下的才允许回去嫁人。当然，和他唱对手戏的司马炎也不遑多让。据《晋书》记载，晋灭吴后，司马炎将孙皓的后宫佳丽数千人席卷而去，将自己的后宫扩充至上万人。由此而造成的问题是，他实在难以决定每天晚上该跟哪位美人睡觉，只好坐着羊车在宫中随意游荡，羊车停在谁的门口就临幸谁。有的女人为了邀宠，就将盐水洒在地上，引诱羊来舔食。"羊车望幸"作为成语，就出自这档子荒唐事。

宝鼎二年（267年），孙皓下令营建昭明宫，命两千石以下的官员都到山里监督伐木。宫殿方圆五百丈（孙权兴建的太初宫才三百丈），设计奇巧，穷奢极欲，花费"以亿万计"。孙皓在昭明宫中举行酒宴，莺歌燕舞，通宵达旦，并且规定每个人喝酒必须达到七升以上。

到了宝鼎三年，孙皓又主动向晋国发动进攻。自此多年征战，却又徒劳无功，将祖宗留下来那点家底几乎全部打空。国势每况愈下的同时，"祥瑞"倒是层出不穷。什么天降甘露、凤凰来仪、奇石现世、天玺出函等，令人目不暇接，眼花缭乱。每有祥瑞，便更改年号。孙皓在位十七年，年号多达八个，多为甘露、凤凰、天玺这一类的祥瑞之名。只可惜再多的祥瑞也掩盖不了一个事实：吴国经历了多年的内耗，再加上孙皓的折腾，已经灯枯油尽了。

　　反观长江对岸的晋国，这个时候倒是君臣和谐，百姓安乐。曹魏历经曹丕、曹叡、曹芳、曹髦、曹奂五朝，实际由曹氏控制的仅仅是前两朝。权柄倒持的主要原因是曹丕以亲为仇，自剪枝叶，将亲兄弟完全排除在政权之外。司马炎吸取这一教训，一方面强化皇权，提升尚书台的地位和职能，让皇帝的秘书机构成为总揽各官署事务的实权部门；另一方面大封宗室，将自司马懿以下的宗室子弟都封为王，王不但有封地，还有自己的军队，多则五千人，中则三千人，少则一千五百人，借以拱卫朝廷，保护皇帝。这种分封制度的弊病将在司马炎死后迅速发作，但至少在当时，营造了一种兄弟相亲、宗室稳固的氛围。相比孙皓的孤家寡人，司马炎显然更具有"亲亲仁民"的亲和力。

　　司马懿、司马师、司马昭在世的时候，为了篡夺曹家的政权，杀伐异己，排挤政敌，动不动就诛人三族，闹得人心惶惶。司马炎上台，有意弥补先人的过失，缝合人情的裂缝。曹奂逊位后，被封为陈留王，食邑万户，司马炎许他仍居邺城故宫，使用天子的旌旗，以天子之礼祭祀天地，上书不称臣，受诏不下拜，可以说是相当优待。汉献帝逊位后，被魏国封为山阳公，此时已经去世，由其孙刘康承袭爵位；刘禅投降后，被魏国封为安乐公，居住在洛阳。司马炎更赐刘康、刘禅子弟各一人为附马都尉，接着又废除对汉朝、魏国宗室的禁锢，也就是许他们出来从政做官。对于曾经的叛臣、罪臣，司马炎也大加宽待，赦免了王凌、邓艾等人的家族，使他们得以延续香火。一系列的举措大大地缓解了国内的矛盾，改善了司马家族的形象。

　　内政方面，司马炎主张无为而治，推行休养生息政策，扩大生产，降低赋税，放宽对百姓的控制，减少对百姓的压榨。对于偏安东南的吴国，他也不急于立刻出兵讨伐，而是积极准备，等待时机。泰始五年（269年），他派车骑将军羊祜坐镇荆州，着手实施灭吴大计。直到晋咸宁五年、吴天纪三年（279年），经过长达十年的准备，他才调动六路大军，向吴国发动全面进攻。

不能否认的是，伐吴之所以一等十年，与晋国内部的意见不统一也有关系。羊祜、杜预、王浚等前线将领以及朝中的中书令张华等人，是主张早日进军的。早在咸宁二年（276年），羊祜就上书说，长江之险不如剑阁，孙皓之暴过于刘禅，吴国的困境甚于蜀国，而晋国的兵力胜过以往，如果分几路进军，很容易突破长江天险，将吴国一举消灭。但是朝议不以为然，贾充、荀勖等人竭力反对，于是暂时搁置。到了咸宁五年，羊祜已经去世。益州刺史王浚上书痛陈："老臣在益州造船七年，做好了一切准备，这些船放在水里都快腐烂了，而且老臣也七十岁了，等不及了！"镇守襄阳的镇南大将军杜预也上书司马炎，直指贾充、荀勖等人误国。杜预的奏折送到时，司马炎正和张华下棋。张华一把推开棋盘，说："陛下英明神武，吴主荒淫无道，现在出兵讨伐他正是时候，请不要再犹豫了！"司马炎这才下定决心，下令出兵。

果然，晋军分头前进，几乎没有遇到像样的抵抗。吴国各地的官吏，甚至远在交州、广州的地方官，都派人向杜预送来印绶和降书，游击将军张象干脆带着一万多水军投降了王浚。晋太康元年、吴天纪四年（280年）三月，当王浚的八万大军坐着战船来到建业的石头城下，抬头看到的是城墙上插满的降旗。

说起这石头城，乃是当年孙权下令营建的都城，凭借长江天险，扼守江南要冲，有"石城虎踞"之称。可是，真正坚固的城墙不是用石头造的，而是用人心、人情构筑的。人心所向，无坚不摧；人情所恶，迟早垮台。

接下来是题外话了。

孙皓投降后，司马炎对他也还不错，给他封了一个归命侯。加上山阳公刘康、安乐公刘禅和陈留王曹奂，这些亡国之君可以凑齐一桌麻将了。

据《资治通鉴》记载，孙皓刚到洛阳朝见司马炎，向司马炎叩首行礼，司马炎指着他的坐席说："朕设这个座位等你很久了。"孙皓回答："臣在南方，也为陛下设了这个座位。"

孙皓一语成谶。三十七年后，五胡乱华，衣冠南渡，司马家的后人果然在建业建立了东晋王朝。

（全文完）